A^tV

Die Ausstellung des Hamburger Instituts für Sozialforschung *Vernichtungskrieg. Verbrechen der Wehrmacht 1941 bis 1945* brach mit der Legende von der »sauberen« Wehrmacht, auf die sich das Selbstverständnis vieler Deutscher bis heute gründet. Militärhistoriker und Publizisten beschreiben die Folgen der Vergangenheitspolitik seit der frühen Adenauer-Ära für den Aufbau und das Traditionsverständnis der Bundeswehr sowie das geistige Klima in der Bundesrepublik. Ihr Fazit: Mit den Debatten über den Holocaust in den 90er Jahren haben sich neue Deutungen des Nationalsozialismus etabliert. Das Jahrhundertverbrechen wird zur Erinnerungskultur und Teil der nationalen Identität in der neuen Bundesrepublik. Die Machtbeschränkung, in der Politiker der alten Bundesrepublik die Lehren aus der Vergangenheit gezogen wähnten, ist aufgehoben. Der Kampf um Bilder und Deutungen der Vergangenheit wird von einer unbelasteten Generation mit wachsendem Selbstbewußtsein weitergeführt.

Detlef Bald
Johannes Klotz
Wolfram Wette

Mythos Wehrmacht

Nachkriegsdebatten
und
Traditionspflege

Aufbau Taschenbuch Verlag

Mit einem Geleitwort
von Manfred Messerschmidt

ISBN 3-7466-8072-7

1. Auflage 2001
© Aufbau Taschenbuch Verlag GmbH, Berlin 2001
Einbandgestaltung Preuße & Hülpüsch Grafik Design
unter Verwendung eines Fotos
von dpa Deutsche Presse-Agentur GmbH
Druck Elsnerdruck GmbH, Berlin
Printed in Germany

www.aufbau-taschenbuch.de

Inhalt

Manfred Messerschmidt
Geleitwort 7

Mythos Wehrmacht. Einleitung 11

Detlef Bald
Kämpfe um die Dominanz des Militärischen 17
  1. Der Gründungskompromiß von 1950: Vorbild
     Wehrmacht 17
  2. Die Erfolge der Traditionalisten beim Aufbau der
     Bundeswehr 33
  3. Nach der Reform: Die neue Etappe der Politisierung 48

Wolfram Wette
Die Bundeswehr im Banne des Vorbildes Wehrmacht   66
  1. Hitlers und Adenauers Generale 66
  2. Wehrmacht-Bilder in der Bundeswehr 79
  3. Mythos Stalingrad 93
  4. Judenretter Anton Schmid: Symbol für eine Wende
     in der Traditionspolitik? 104

Johannes Klotz
Die Ausstellung »Vernichtungskrieg. Verbrechen der
Wehrmacht 1941 bis 1944«. Zwischen Geschichtswissenschaft und Geschichtspolitik 116
  1. Zum Stand der Geschichtswissenschaft 116
  2. Marsch auf München 123
  3. »Und die Fahne flattert uns voran!« 134
  4. Vorbild Wehrmacht? 136

5. Die Tagung des MFGA zur Wehrmachtsdebatte .. 142
6. Wehrmachtsdebatte und neue Bundeswehr 144
7. Deutsches Aufarbeiten 149
8. Zwischen Aufklärung und Verdrängung 152
9. »Wehrmachtsausstellung« im Verdacht 157
10. Historische Wahrheit und Bilder-Kritik 163
11. Mythos Wehrmacht in der Gegenwart 173

Anmerkungen 177
Zu den Autoren 211

Manfred Messerschmidt

Geleitwort

Drei Fachleute, ausgewiesen durch zahlreiche Arbeiten zum Thema Wehrmacht – Bundeswehr, beschreiben den »Mythos Wehrmacht« mit seiner Wirkungsgeschichte in Politik, Gesellschaft und Militär der Bundesrepublik und der »Berliner Republik«.

Zehn Jahre ohne Militär in der Nachkriegszeit, sechs Jahre war die Bundesrepublik alt, als im Kalten Krieg die Bundeswehr aufgestellt wurde – es war alles gänzlich anders als nach dem Ersten Weltkrieg. Am Anfang stand keine Oberste Heeresleitung, die mehr oder weniger herablassend einer machtungewohnten Regierung Forderungen stellen konnte, um für die Zusammenarbeit einen hohen Preis – Machtteilhabe – zu erzielen.

Detlef Bald und Wolfram Wette beschreiben, was aus den bescheidenen Anfängen gemacht worden ist. Vertraut mit Dokumenten und Literatur, beleuchten sie kritisch die Nachwirkungen der militärischen Tradition in der Bundeswehr, die dazu führte, daß die Wehrmacht zum großen Vorbild der neuen Streitkräfte werden konnte. Graf Baudissin konnte mit seinen Reformideen gegen die Generale der Wehrmacht nicht durchdringen. Deren Kriegsbild, Feindbild und Auffassung von der Position des Militärs in Staat und Gesellschaft trugen wie einst nach 1918 das Markenzeichen dogmatischer Unbelehrbarkeit. Sie brachten es fertig, daß die Prinzipien der »Inneren Führung« in Ausbildung und Lehre nicht zum Tragen kamen, aber in der öffentlichen Diskussion als Feigenblatt dienen konnten für die dominanten Wertmaßstäbe aus dem traditionellen Arsenal ihres suigeneris-Denkens. Die weit in die Bundeswehrzeit hineinreichende personelle Kontinuität erwies sich als Störfaktor des strukturellen Neuanfangs. Eine »Stunde Null« gab es nicht. Bald erinnert daran, daß es der einstige Wehrmachtsoffizier Verteidigungsminister Franz Josef Strauß war, der Schluß machen wollte mit dem »inneren Gewürge«. Und das Parlament schwieg dazu.

Beide Autoren heben die viel zu wenig bekannte Planungsarbeit der von Adenauer berufenen militärischen Beratergruppe im Herbst 1950 hervor. Auf der Geheimtagung im Eifelkloster Himmerod produzierten Generale und Stabsoffiziere der Wehrmacht ein Geheimpapier für die Aufrüstung, das der Bundestag nie zu sehen bekam. Die versammelten Experten betrauten sinnigerweise den Exgeneral Hermann Foertsch mit dem Entwurf des »inneren Gefüges« der neuen Streitkräfte. Foertsch war schon unter Reichenau Chefplaner für die NS-Indoktrination des Heeres gewesen. Neben ihm besaß Baudissin keine Chance, Ideen in die »Himmeroder Denkschrift« einzubringen, und schon gar nicht konnte er gegen die »Traditionalisten« mit der Forderung durchdringen, die Rolle der Wehrmacht vor allem im Ostkrieg kritisch zu hinterfragen. Ihm war selbstverständlich, daß ihre verbrecherischen Befehle es unmöglich machten, sie als Bestandteil einer »wahren europäischen und deutschen Soldatentradition« zu akzeptieren. Seine Gegner waren anderer Meinung. Schon in der »Denkschrift der Generale« für den Nürnberger Militärgerichtshof hatten sie ihre Unschuld und Ahnungslosigkeit beteuert und sich als unpolitische Nur-Soldaten präsentiert.

Wette und Bald machen die Konsequenz zwischen Apologie, Himmerod-Planung und Wehrmachtsakzeptanz deutlich. Diese militär-politische Ideologie vermittelte sich weiten Teilen der bundesdeutschen Gesellschaft. Wehrmachtskritische Publikationen wurden von der militärischen Führung als Querschläger angesehen, auch als schädlich für das Ansehen der Bundeswehr im Bündnis. Zu sehr hatte man sich auf den Schulterschluß mit der Wehrmacht kapriziert: Kasernennamen, Mythologisierung von Schlachten

(Stalingrad, Opferideologie, Heldenepos), Bewunderung operativer Führungskünste. Der erste Kommandeur der Führungsakademie verkündete: »Sie erfüllt die gleiche Funktion wie die Kriegsakademie in Berlin.« General Schmückle sprach den Kern der Probleme 1971 an, als er die große Mehrheit der Generale und Offiziere als Traditionalisten bezeichnete. Eine ihrer wichtigsten Figuren, der für die Ausbildung zuständige General Karst, hatte bezeichnender Weise 1967 seine politischen Perspektiven in die Formel gefaßt: »Freiheit und Demokratie sind keine letzten Werte.« Generale forderten 1969, die Gesellschaft müsse sich einer Restauration an Haupt und Gliedern unterziehen. In der Politik der sozialliberalen Koalition sah der militärische Traditionalismus eine Gefahr für Geist und Gefüge der Armee.

Die Autoren interpretieren diese Entwicklung zu Recht auch als Resultat der Scheu vor einer Auseinandersetzung mit der Geschichte der Wehrmacht des NS-Staates, ihrer Rolle als Säule des Systems auch im Vollzug des Vernichtungskrieges. Sie machen plausibel, daß der »Kämpfer-Kult«, die »Kämpfer-Gesinnung«, die selbst vom »Zentrum Innere Führung« im Jahre 1997 konstatiert wurde, gerade zu der Zeit besonders irritiert worden ist, als die Bundeswehr in die neue Dimension der »out of area«-Einsätze hineinging. Die Reaktionen auf die 1995 eröffnete Ausstellung »Vernichtungskrieg. Verbrechen der Wehrmacht 1941 bis 1944« erregte bei Traditionalisten wegen der Perspektive auf die Täter Aufregung und Widerspruch. Der Täter spielt seit Jahrzehnten im Geschichtsbild und Selbstverständnis der Bundeswehr eine völlige Nebenrolle trotz des Traditionserlasses des Ministers Apel.

Detlef Bald verweist auf eine um sich greifende Kritik am geistig-politischen Habitus der Bundeswehr. »Zentrum Innere Führung« und Stimmen aus militärischen Akademien warnen vor dem Motivationskonzept des »Kämpfers«. Wolfram Wette sieht Chancen für ein Heraustreten der Bundeswehr »aus dem belastenden Schatten von Hitlers Wehrmacht«. Immerhin hat der Verteidigungsminister eine Kaserne umbenennen lassen. Die Rendsburger Heeresflugabwehrschule heißt seit dem 8. Mai 2000 »Feldwebel-Schmid-Kaserne«. Schmid hatte etwa 300 Juden in Wilna gerettet und wurde zum Tode verurteilt. Noch manche Kaserne wäre umzutaufen, wie bei Jakob Knab nachzulesen ist. Vielleicht war es doch eher ein Signal des Ministers als »der« Bundeswehr. Bezeichnend ist schließlich, daß sich die Bundeswehr nicht um das Vermächtnis der Helfer und Retter aus den Reihen der Wehrmacht kümmert. Auf diesem Gebiet arbeitet Wolfram Wette mit einem Team seit längerer Zeit.

Die Ausstellung hat die Legende von der sauberen Wehrmacht zerstört und eine Debatte um Selbstverständnis und Verantwortung Deutschlands und der Deutschen in der heutigen Zeit entfacht. Johannes Klotz, der die Geschichtsdebatten in der Berliner Republik von Beginn an verfolgt und untersucht hat, beleuchtet die Dimensionen eines geschichtspolitisch geprägten Streits. Hinter den Auseinandersetzungen, den verbalen Attacken und sogar Anschlägen der (extremen) Rechten gegen die Ausstellung, um Tradition und Mentalität, sieht der Autor die eigentlich politisch brisante Problematik: daß diese Etappe deutscher Nachkriegs- und Vergangenheitspolitik unwiederbringlich beendet ist und sich Deutschland von macht- und militärpolitischen Beschränkungen löst.

Mit ihrem Buch über den Mythos Wehrmacht zeigen Bald, Klotz und Wette, was noch zu tun ist für eine »neue Geschichtspolitik«. Vielleicht hat Altbundeskanzler Helmut Schmidt, der als Verteidigungsminister der Bundeswehr einen Reformschub verordnet hatte, ähnlich gestutzt, als er im Dezember 1997 Anstrengungen für einen neuen Aufbruch einforderte, damit nicht eine Gefährdung von Militär und Politik erfolge. Angesichts der von Bundeskanzler Gerhard Schröder in den ersten Oktobertagen 2001 angekündigten Einsatzperspektiven deutscher Soldaten bleiben Helmut Schmidts Gedanken besonders bedenkenswert.

Mythos Wehrmacht
Einleitung

Das Jahr 1995 besitzt in vielerlei Hinsicht hohen historischen Symbolcharakter. Fünfzig Jahre zuvor endete der Zweite Weltkrieg, in Hiroshima detonierte die erste Atombombe und in New York traten die Vertreter der Vereinten Nationen erstmals zusammen. Zwanzig Jahre vorher wurde der Vietnam-Krieg beendet und in Helsinki die Schlußakte der Konferenz über Sicherheit und Zusammenarbeit in Europa unterzeichnet. Zweihundert Jahre war es her, daß Immanuel Kants pragmatische Schrift »Zum ewigen Frieden« erschienen war. Angesichts der Interventionskriege seit 1991 und nach dem Terroranschlag auf das World Trade Center in New York am 11. September 2001, bei dem mehr als 5000 Menschen den Tod fanden, stellt sich im Sinne des Kantschen Aufklärungsdenkens die Frage: Was müssen wir fürchten?

Vor allem müssen wir fürchten, daß bei den Planungen und Vorbereitungen vermeintlich »gerechter Kriege« die Wahrheit das erste Opfer bleibt und Geschichte und Schlagworte als Waffe[1] eingesetzt werden, um politisches Handeln zu rechtfertigen beziehungsweise zu delegitimieren. ›Geschichte‹ wird eben nicht nur wissenschaftlich erforscht, sondern aus ihr werden Mythen und Legenden gemacht und mit ihr wird Politik betrieben. Das gilt – wie immer deutlicher zu Tage tritt – in besonderer Weise für die Zeit nach 1990, die sich mehr und mehr und in jedweder Hinsicht als epochale Wende zeigt. Delegitimiert und revidiert werden Traditionen, Verhaltensweisen und Wissensbestände der Bonner Republik. »Lehren« aus der NS-Vergangenheit werden umgedeutet, schon überwunden geglaubte politische Theorien über den »Totalitarismus« erneuert, Hitler wieder zum Erklärungsmodell für die Verbrechen des NS-Staates erklärt. Ein pazifistisches oder antimilitaristisches »Sichraushalten« gilt der neuen Rolle Deutschlands als nicht mehr angemessen. Zur Rechtfertigung des Bundeswehr-Einsatzes im Kosovo-Krieg wurde auf Auschwitz und die NS-Verbrechen verwiesen: »die Deutschen als Nachkommen der Nazigeneration dürften ethnischen Säuberungen nicht tatenlos zusehen, wenn sie nicht schuldig an den Opfern werden wollten.«[2] All das mischt sich mit Aufrufen nach der selbstbewußten Nation und der Normalisierung deutscher Macht, denen – seltsam genug – die »Holocaustdebatten« in den neunziger Jahren entgegenzuwirken scheinen. In Wirklichkeit zeigt sich aber darin die neue Vergangenheitspolitik – nicht der Kriegs- oder Nachkriegsgeneration, sondern der nachgeborenen »Kinder der Bundesrepublik«, die sich durch Unbefangenheit gegenüber der deutschen Geschichte auszeichnet: Nicht geschichtsblind, aber persönlich unbelastet und mit einem aufrechten Gang, freien Willen und einem neuen Selbstbewußtsein gesegnet. Die Bonner Tradition der »Vergangenheitsbewältigung« und der Kultur der Zurückhaltung geht zu Ende, doch die Bilder der Vergangenheit, mit denen zukünftige Optionen bestimmt werden sollen, bleiben weiterhin Teil politischer Auseinandersetzungen und Diskurse.

Die 1995 eröffnete Ausstellung »Vernichtungskrieg. Verbrechen der Wehrmacht« sprengte alles bisher Dagewesene an historischen Debatten in der Bundesrepublik Deutschland. Das wäre bei nahezu 18 Millionen deutscher Soldaten in der Wehrmacht nicht verwunderlich, da jede Familie Angehörige hatte, die im Krieg gewesen waren. Gleichwohl war nicht diese Tatsache der eigentliche Grund für das landesweite Aufsehen, das die Ausstellung erregte, sondern ihre Instrumentalisierung durch Politik und Medien. Erst dadurch wurde offenbar, daß die Aussagen ein Tabu verletzt hatten, das in weiten Teilen der deutschen Bevölkerung noch immer gewahrt wurde: die Legende von der »sauberen« Wehrmacht. Nicht nur jene, die den Umbau der neuen Bundeswehr im Zeichen des Neotraditionalismus betrieben, reagierten verstört. Über den Charakter des Krieges und über die Verbrechen, die von Wehrmachtsführung und Wehrmachtssoldaten begangen worden waren, hatte man 50 Jahre lang den Mantel des Schweigens und Verdrängens gelegt. Mit den Bildern der Ausstellung wurde der Mythos Wehrmacht enttarnt.

Die Hartnäckigkeit, mit der Politiker, Medienleute sowie Historiker den Mythos Wehrmacht verteidigten, zeigt, daß der innen- und außenpolitische Kurs, den das neue machtbewußtere Deutschland seit 1990 eingeschlagen hatte, durch die Geschichtsdebatten in Frage gestellt wurde. Das Erlangen der nationalen Souveränität hatte der Berliner Republik außen- und innenpolitische Bewegungsfreiheit verschafft und Fragen nach der deutschen Nation und nach nationaler Identität erneut ins Zentrum gerückt. Man trachtete danach, Deutschland endlich von der Erblast der Vergangenheit zu befreien, die der Bonner Republik macht- und außenpolitische Fesseln angelegt hatte.[3] Neue außen- und machtpolitische Konzepte von historischen Vordenkern wie Christian Hacke[4], Karl Kaiser[5], Hans-Peter Schwarz[6], Gregor Schöllgen[7] und Arnulf Baring[8] und von jungen Intellektuellen der neuen Rechten wie Rainer Zitelmann[9], Karlheinz Weißmann und Michael Großheim gewannen an Attraktivität. Die einen forderten ein neues Machtbewußtsein globaler »Verantwortung«, die anderen ein selbstbewußtes Deutschland, das anknüpft an eine staatliche Politik der Interessen, wie sie zwischen 1871 und 1945 kennzeichnend war. Sie alle unterstützten damit Bestrebungen der konservativen politischen Klasse und eines Teils der Medien nach nationaler Interessenwahrnehmung. Die NS-Vergangenheit dürfe keine hemmende Wirkung auf die aktuelle Politik mehr haben. Die *selbstbewußte Nation* wurde zur vielbeachteten und beschworenen Metapher.

Auch erscheint es nicht als Zufall, daß der prominente neokonservative Historiker Arnulf Baring nicht etwa an die Zeit vor 1933 anknüpfen wollte, sondern an die »guten Seiten« der NS-Herrschaft. Er glaubt – im Gespräch mit dem Verleger Wolf Jobst Siedler –, die osteuropäischen Staaten erwarteten von Deutschland »die Regelung ihrer Angelegenheiten«[10]. Deutschland werde für die Tschechoslowakei, Ungarn und Polen Führungsmacht sein.[11] Auch in Bezug auf die neuen Bundesländer gehe es um nichts weniger als um eine erneute »Ostkolonisation«: »Es handelt sich um eine langfristige Rekultivierung, eine Kolonisierungsaufgabe, eine neue Ostkolonisation, obwohl man das öffentlich fast nicht sagen kann.«[12] Mit der Aussage, die Schlüsselindustrien des Ostens werden Teil der westdeutschen Industrie werden, offenbarte er unverblümt seine Hegemonialphantasien, die schon mehrere Male von Deutschland aus militärisch umgesetzt worden waren. Daß die Durchdringung des Ostens heute weitaus »zivilisierter« geschehen könne, bedeute allerdings nicht, daß man sich nicht auch militärisch wappnen müsse.[13] Barings neue Unbefangenheit ließ einen revisionistischen Blick auf den deutschen Faschismus zu, wie ihn der Historiker Ernst Nolte schon in den achtziger Jahren propagiert hatte.[14] Der Weg zur Renationalisierung im Zeichen neuer machtpolitischer Konstellationen war eingeschlagen worden.[15] Die erneute Thematisierung der NS-Vergangenheit erwies sich als Schranke. Im Rahmen der Wehrmachtsdebatte wurden nicht nur der Mythos Wehrmacht dechiffriert und enttarnt, sondern der Zusammenhang von Vergangenheits-, Militär- und neuer Machtpolitik neu diskutiert. Die Integration der alten Eliten war von Anfang an verquickt mit der Abwehr von Verantwortung für die Verbrechen des NS-Staates, leitete das Ende der Entnazifizierung ein und ermöglichte die Wiederbewaffnung der Bundesrepublik. Noch während der Entnazifizierungs- und Demilitarisierungspolitik drängte Bundeskanzler Adenauer die Westalliierten zur Ehrenrettung der Wehrmacht. Im Kampf gegen den Kommunismus setzte die Führung der Bundeswehr auf die »Rehabilitierung des deutschen Soldaten« und die »Einstellung jeder Diffamierung des deutschen Soldaten (einschließlich der im Rahmen der Wehrmacht eingesetzten Waffen-SS) und die Umstellung der öffentlichen Meinung im In- und Ausland.«[16]

Ein Beispiel für den Erfolg der Kampagne: Auch der frühere Feind der Westalliierten, der als Kriegsverbrecher verurteilt worden war, wurde zum Verbündeten: Generalfeldmarschall Kesselring, der 1947 von einem britischen Militärgericht wegen völkerrechtswidriger Erschießung von Partisanen zunächst zum Tode verurteilt, zwei Wochen später zu lebenslanger und dann zu 20 Jahren Haft begnadigt worden war, durfte im Oktober 1952 die Luft der Freiheit atmen. Dafür bedankte er sich auf schier unglaubliche Weise. In seinen Memoiren »Soldat bis zum letzten Tag« schrieb er: »Ich ... glaube, daß das deutsche Volk und die anderen Völker der westlichen Welt erfahren sollen, daß die deutschen Soldaten trotz des blutigen Kriegshandwerks sich in einem Ausmaß von humanen, kulturellen und wirtschaftlichen Gesichtspunkten haben leiten lassen, wie sie Kriege dieses Ausmaßes ganz selten zeigen dürften.«[17] Gleichwohl ist Kesselring kein Einzelfall. Vielmehr gab er ein plastisches Beispiel dafür, wie Verantwortliche der Wehrmacht die Verbrechen leugneten und beschönigten.[18]

Mit »Mythos Wehrmacht« sind noch andere Legenden offenbar geworden: Die Forschung gibt mehr und mehr Anlaß, daran zu zweifeln, daß im Kriegsbild und in der Kriegsführung zwischen nationalkonservativen Offizieren, NS-fernen wie Hoepner und Stülpnagel und dem Hitler-Regime nahestehenden wie Reichenau oder Schobert große Unterschiede existierten.[19] Für sie alle war der »jüdische Bolschewismus« der Todfeind, und sie sahen den rücksichtslosen Einsatz gegen ihn als unabdingbare »Kriegsnotwendigkeit«.[20] Diese Einstellungen und der Wunsch nach Realisierung ihrer hegemonialen Träume hatte die deutsche

Militärelite dazu gebracht, einen besonderen, auf Vernichtung der Feinde ausgerichteten Raubkrieg zu führen.[21]

Mythen und Legenden über die Wehrmacht sind ein hochbrisantes Politikum, da die entsprechenden Geschichtsbilder in der Gegenwart wirksam sind. Wir stellen die Frage nach Kontinuitäten und Traditionslinien von der Wehrmacht zur Bundeswehr und nach ihrer Bedeutung, die sie beim Aufbau der neuen Bundeswehr in den neunziger Jahren erlangt haben. Nur in diesem Kontext ist auch die enorme Aufregung um die Ausstellung »Vernichtungskrieg. Verbrechen der Wehrmacht 1941 bis 1944« angemessen zu verstehen und einzuordnen. Sie erschütterte nicht nur viele Menschen, sondern sie löste die Debatte aus um die nationale Identität der Deutschen, ihre Traditionen und die Rolle Deutschlands in der Welt.

Oktober 2001   *Detlef Bald, Johannes Klotz, Wolfram Wette*

Detlef Bald

Kämpfe um die Dominanz des Militärischen

Die zivilen und militärischen Massaker des 20. Jahrhunderts, die sich über den ganzen Globus erstreckten, sind in Deutschland mit der Epoche des Nationalsozialismus verknüpft. Diese bis dahin einzigartigen Katastrophen in der modernen Geschichte gaben dem Jahrhundert den Namen »Jahrhundert der Barbarei«. Sie erlauben nicht, einfach weiterzumachen und den Eindruck zu erwecken, hier sei gleichsam nur etwas schiefgegangen, man sei den eigentlichen Idealen nicht treu genug verpflichtet gewesen – in Zukunft werde man es besser machen müssen.

Die Verwerfungen in Deutschland, als Freiheit und Moral mit Füßen getreten wurden, sind vom nationalsozialistischen Regime zu verantworten. Einen Teil des Systems der Macht stellte die Wehrmacht dar. Sie war an den Verbrechen des Staates beteiligt, sie war verstrickt in manche Machenschaften und auch verantwortlich für Taten gegen Recht und Menschlichkeit – vom vermeintlichen »Röhm-Putsch« bis hin zu den Etappen des Vernichtungskrieges.[1]

1.
Der Gründungskompromiß von 1950: Vorbild Wehrmacht

Die internationale Geschichtswissenschaft hat die Rolle der Wehrmacht seit Jahrzehnten erforscht, sie hat sowohl den spezifischen politischen Kontext analysiert als auch das militärische Geschehen insgesamt rekonstruiert. Das Ergebnis ist zwar eindeutig, sorgt aber in auffallendem

Maße auch unter Experten für Beunruhigung, wie der Historikerstreit nach 1987, die Thesen von Goldhagen über die willigen Vollstrecker in Deutschland oder die Debatten über den Vernichtungscharakter des von der Wehrmacht geführten Krieges zeigen.[2] In allen Kreisen der Gesellschaft wird über Fakten und Bewertungen der Geschichte gestritten, aber das Militär hat ein besonderes Verhältnis zu seiner Geschichte, aus der es Tradition und Identität gewinnt. Auch die Bundeswehr betreibt eine eigenständige Vergangenheitspolitik, in der die Kontinuität zu Wehrmacht und Reichswehr wichtig ist.

Wehrmacht als Träger des Militarismus

Schon ein flüchtiger Rückblick auf die Nachkriegszeit zeigt, wie das nach der Kapitulation allseits vorhandene Wissen um die Beteiligung der Wehrmacht an den Verbrechen des NS-Regimes mehr und mehr aus dem öffentlichen Bewußtsein der Bonner Republik schwand und damit aus dem breiten Diskurs über die jüngste Geschichte verdrängt worden ist.[3] Das anfängliche Schweigen der militärischen Welt über die dreißiger und vierziger Jahre fällt deutlicher auf als das der zivilen Gesellschaft und sagt viel über ihr ureigenes Selbstverständnis, definiert sich das Militär doch wie kaum eine andere Institution von Staat und Gesellschaft über seine historische Überlieferung.

Direkt nach Kriegsende 1945 schien jegliche Fortsetzung des Militärs der nationalsozialistischen Vergangenheit obsolet. Die bedingungslose Kapitulation sowie das Verdikt von Potsdam, den preußisch-deutschen »Hort des Militarismus« ein für allemal auszurotten, signalisierten die »Stunde Null«: Alle Einrichtungen der Wehrmacht wurden aufgelöst. Die alliierte Politik einer Sicherheitsordnung strebte schon während der Besatzungszeit eine Machteindämmung an. Dem Konzept lag die Idee zugrunde, die deutsche Politik präventiv zu bändigen und langfristig zu kontrollieren. Seit 1949 wurde dieses System in Etappen etabliert und bis zum Jahr 1990 aufrechterhalten. Als im Zuge der Entwicklung des Kalten Krieges von einer De- zu einer Remilitarisierung übergegangen wurde, gaben die Westalliierten den Rahmen für Aufrüstung und Militärpolitik vor.

Die internationale Forschung hatte eindeutig belegt, daß seit mehr als einem Jahrhundert von der militärischen Tradition des Autoritarismus starke antiliberale, antiparlamentarische und antirepublikanische Kräfte ausgegangen waren, deren Akzeptanz in Politik und Gesellschaft eine Unterdrückung bürgerlicher, individueller und freiheitlicher Ideen zur Folge hatte. Eine solche militaristische Kontinuität ließ sich mit den alliierten Plänen zur Entwicklung einer demokratischen Gesellschaft in Deutschland nicht vereinbaren. Dasselbe galt für die Kriegsstrategien des deutschen Generalstabs, der seit Generationen die nationale Expansionspolitik geplant und mitgestaltet hatte.

Der konservative Historiker Gerhard Ritter erklärte auf dem Historikertag im Jahr 1953, die Wehrmacht habe geradezu den extremsten Militarismus der deutschen Geschichte verkörpert.[4] Die Geschichtswissenschaft schloß sich diesem Urteil einhellig an. Friedrich Meineckes Standpunkt, »Haltung und Gesinnung« der Vergangenheit seien unvereinbar mit der demokratischen Zukunft, verwies auf den »radikalen Bruch mit unserer militärischen Vergangenheit«[5]. Danach konnten Alliierte und Deutsche im Konsens ihren Frieden machen. Die Geschicke des Landes schienen gerichtet.

Wege zur Macht mit einer sauberen Wehrmacht

Allein – so einfach verlief die Geschichte nach 1945 nicht. Die Vertreter des Militärs schwiegen zwar, agierten aber wirksam und verdeckt. Im geheimen wurde die Aufstellung von Streitkräften beraten und betrieben. Kaum war er zum Kanzler gewählt, ernannte Konrad Adenauer im Winter 1949/50 seinen ersten Sicherheitsbeauftragten. Ex-Panzergeneral Gerhard Graf von Schwerin sollte Modelle für die Sicherheitskräfte der Bonner Republik ausarbeiten. Was das Kanzleramt mit den angelsächsischen Geheimdiensten hinter den Kulissen verabredete, galt im internationalen politischen Diskurs als absolutes Tabu: ein Konzept zur Verteidigung Westeuropas, verfaßt im amtlichen Auftrag im Oktober 1950 von der Militärelite des »Dritten Reiches«. Im abgelegenen Eifelkloster in Himmerod wurde die »Magna charta der deutschen Wiederbewaffnung« erstellt – die Quintessenz der militär- und sicherheitspolitischen Expertisen, die ehemalige Offiziere der Wehrmacht seit Jahren in diversen Zirkeln angefertigt hatten.[6] Darüber hinaus verfügte diese Militärelite über verblüffend enge Kontakte zu den westlichen Alliierten, die sie als verläßliche »Experten der Gewalt« an der Seite des Westens auswiesen.

Der »Mythos Wehrmacht« wurde unmittelbar nach der Kapitulation begründet. Er diente der politischen Exkulpation und dem Andenken an eine siegreiche Armee. Diese Botschaft ließ Großadmiral Dönitz bereits im Wehrmachtbericht am 9. Mai 1945 anklingen, als er den Kampf der Wehrmacht als »heldenhaft« und »ehrenvoll« charakterisierte.[7] Die obersten Generale und Feldmarschälle setzten die Tendenz in ihrer Denkschrift für das »Internationale Nürnberger Militärtribunal« fort. Der Stellenwert des Dokuments kann kaum hoch genug eingeschätzt werden. Die Motive sind klar, die Aussagen eindeutig. Die Generale kamen zu dem Schluß, »daß das Heer gegen Partei und SS eingestellt gewesen sei, nahezu alle wichtigen Entscheidungen Hitlers mißbilligt und gegen Kriegsverbrechen opponiert hatte«[8]. Die Legende vom »unbefleckten Waffenrock« der Wehrmacht war geboren.

Dieses Bild der Wehrmacht wurde wenig später untermauert, als die Amerikaner in einer eigens dafür geschaffenen Organisation mit Hunderten von deutschen Generalstabsoffizieren den Weltkrieg auswerteten. Aufgabe der deutschen Sektion der »Historical Division« war es, Taktik, Operationen und Organisation sowie Normen und Motive des gerade geführten Krieges akribisch zu analysieren und zu dokumentieren, aber auch – gemäß den Intentionen vom »Mythos Wehrmacht« – zu retuschieren. Eine entscheidende Rolle spielte dabei neben dem Leiter, dem prominenten General und Mitverfasser der Nürnberger Denkschrift, Franz Halder, der renommierte Generalfeldmarschall Erich von Manstein.[9] Wie ein roter Faden zieht sich die allgemeine Tendenz durch das geheime Werk der »Historical Division«, die Pflicht-, Kampf- und Opfergesinnung des Rußlandfeldzuges zu idealisieren und die rein handwerkliche Effizienz der Leistung der Truppe zu unterstreichen.[10] Die Bedeutung »ewiger« beruflicher Tugenden, eine saubere militärische Ethik, brauchte kaum weiter beschworen zu werden.

Dabei wurde der Zweite Weltkrieg umgedeutet: Siege der Wehrmacht wurden »erschrieben«, ihr Erfolg und ihre Effizienz hervorgehoben und ihr Mythos bekräftigt. Trotz der noch ungetrübten Erinnerung an den Krieg gelang es, Traditionslinien aus dem »ewigen« Kampf des Abendlandes gegen die Bedrohung aus dem Osten herzuleiten. Der historische Kontext des Eroberungskrieges wurde nicht thematisiert, statt dessen wurde, wie Halder vorgeschlagen hatte, der Krieg der Wehrmacht zum aktuellen Kalten Krieg in Beziehung gesetzt. Das heißt, in dieser Präsentation der ›Leistung‹ der Wehrmacht fielen die Elemente der Kriegführung, die vom völkerrechtswidrigen und rassistischen Vernichtungsdenken geprägt waren, fast vollständig der selbst auferlegten Zensur zum Opfer. Sie wurden ausgeblendet, weggelassen, übersehen, beschönigt.[11] Die tatsächliche Rolle der Militärelite im NS-System und in der NS-Politik wurde bereinigt und die Geschichte absichtlich systematisch geglättet. Ein militärinternes Geschichtsbild war erarbeitet und etabliert, das in der Bonner Republik bald als Teil einer offiziellen »Vergangenheitspolitik« relevant werden sollte.[12] Die politische und moralische Verantwortung des Militärs im NS-Regime sollte eliminiert und sein (Mit-)Tun aufs vermeintlich rein Militärische reduziert werden. Einzelne Arbeiten aus der »Historical Division« wurden später veröffentlicht und untermauerten scheinbar fachlich die Legendenbildung über den Krieg.

Man kann zusammenfassen: Lange vor der Gründung der Bundesrepublik hatten kleine Zirkel der Elite der Wehrmacht wichtige Positionen und Modalitäten entwickelt, um die Wehrmacht in Frieden und Krieg neu zu definieren. Die Grundlagen der militäreigenen Vergangenheitspolitik waren formuliert. Die Konstruktion einer an den Verbrechen des »Dritten Reiches« unschuldigen Wehrmacht führte zum gewünschten Resultat: die Meinungsbildung der deutschen Bevölkerung und der internationalen Öffentlichkeit sollte von ihr nachhaltig in der sicherheitspolitischen Situation am Ende der vierziger Jahre beeinflußt werden. Die Militärelite wurde von den amerikanischen Militärs als Partner der Zukunft akzeptiert. Der Erfolg war greifbar nahe, als der seit Jahren informierte Adenauer zum Kanzler gewählt wurde.

Geheimplanung in Himmerod: Vorbild Ostfeldzug

Jene ausgewählte Gruppe, die im Herbst 1950 mit der »Himmeroder Denkschrift« das Konzept für Rüstung und Organisation, Ausstattung und Ausrichtung der Bundeswehr verfaßte, konnte auf die Vorarbeiten seit 1945 bauen.[13] Dabei kam das »Vorbild Wehrmacht« voll zum Tragen. Die Leitung der Tagung übernahmen die zwei höchsten Generale der Bundeswehr des nächsten Jahrzehnts: Adolf Heusinger, ab 1955 Vorsitzender des Führungsrates im Verteidigungsministerium, zwei Jahre später erster Generalinspekteur der Bundeswehr, nach 1961 Vorsitzender des Ständigen

Militärausschusses der NATO (bis 1964), und Hans Speidel, 1955 Leiter der Abteilung Gesamtstreitkräfte, danach Oberbefehlshaber der NATO-Landstreitkräfte in Mitteleuropa (bis 1963). Beide waren in der Wehrmacht Generalleutnants, typische Generalstäbler in höchsten Funktionen: Heusinger im Oberkommando des Heeres immerhin Chef der Operationsabteilung, jahrelang in engster Verbindung zu Hitler; Speidel als Chef des Kommandostabes beim Oberbefehlshaber in Frankreich, 1942 Stabschef des V. Armeekorps und dann, nach Stalingrad, in gleicher Funktion in der Armeeabteilung Lanz an der südlichen Ostfront. Diesen »Gründungsvätern« der Bundeswehr gelang eine aufsehenerregende Karriere von der Reichswehr über die Wehrmacht zur Bundeswehr, die schließlich mit obersten Ämtern in der NATO gekrönt wurde.

Die operativen Experten des Ostfeldzuges der Wehrmacht gaben der künftigen Bundeswehr das Format. Der Stellvertreter von Halder in der »Historical Division«, Heusinger, organisierte den Transfer der Informationen. Als Verbindungsmänner zum »Naval Historical Team« fungierten die Admiräle Ruge und Schniewind. Ein einzigartiges Panorama: Die Auswertung der Kriegführung gegen die Sowjetunion der vierziger Jahre kam dem Konzept der Bundeswehr der sechziger Jahre zugute: Sie sollte gewissermaßen eine durch die Kriegsanalyse optimierte Wehrmacht sein, zugleich moderner, nämlich mobiler und mit hoher Rüstungstechnologie ausgestattet, wie sie die Wehrmacht selbst erst in den letzten Kriegsphasen hatte nutzen können. Gemäß den überlieferten Maximen der generalstabsmäßig angelegten Bahnen der operativen Kunst wurde die Bundeswehr in Himmerod auf einen den gesamten Kontinent Europa umfassenden Kampf ausgerichtet, auf eine »Gesamtverteidigung von den Dardanellen bis nach Skandinavien«.

Genau darin liegt das Problem. Dieser Ansatz verknüpfte geradezu symbiotisch den »Ostfeldzug« mit dem Kalten

Krieg – eine Szenario vom Kap bis zum Kaukasus, in dem Verteidigung »von vornherein offensiv« durch Intervention im Hinterland des Gegners verstanden wurde, und sei es – bereits in Himmerod – mit Atomwaffen.[14] Sogar diese internationale Dimension der deutschen Militärpolitik im Dokument von Himmerod ist auf eine Übertragung der Vernichtungsdoktrin im militärischen Denken der Wehrmacht auf die Gegenwart zurückzuführen. Jahre später entwickelten einzelne Offiziere aus den Stäben der Bundeswehr, denen die Geheimpläne von Himmerod ja nicht bekannt waren, Gegenentwürfe zur NATO-Konzeption. Es war jedoch unrealistisch und aussichtslos, auf eine defensiv ausgerichtete Strategie der Verteidigung oder die Vermeidung der Atombewaffnung zu setzen. Diese kritischen Obersten und Generale aus dem Amt Blank wurden still oder mit Eklat wie Bogislaw von Bonin gefeuert.[15] Die militärische Führung demonstrierte Einmütigkeit und schützte sich vor Verfechtern alternativer Militärdoktrinen.

Das Erbe des militärischen Traditionalismus

Die Militärexperten von Himmerod legitimierten den vergangenheitsbezogenen Standard auch bezüglich der inneren Verhältnisse im Militär und der zivil-militärischen Beziehungen. Sie hatten den Auftrag erhalten, Streitkräfte für die Demokratie der Bonner Republik zu entwerfen. Diese Aufgabe war hoch brisant. Das Grundgesetz, Garant von Demokratie und Liberalismus, schrieb immerhin eine fundamental andere Konstitution vor als die Verfassungen des preußisch-deutschen Kaiserreichs oder die des Nationalsozialismus. Aufgrund der Strategie des Generals Hans von Seeckt hatte die Reichswehr in der Weimarer Republik die Verfassung weitgehend ignoriert und unterlaufen, wenn es erforderlich schien, auch offen bekämpft und ausgehebelt. Das begründete die Macht des Militärs als »Staat im Staate«. Die zentrale Frage zur Bestimmung des Verhältnisses von Militär, Staat/Politik und Gesellschaft stand erneut in Himmerod zur Debatte: Wie könnte eine Dominanz des Militärischen verhindert und die Reichweite der Werte des bürgerlichen Parlamentarismus und der liberalen Gesellschaft aufs Militär gesichert werden?

Die Antwort in Himmerod war eindeutig: Wo immer es möglich war, sollte an das politisch-militärische Konzept der Wehrmacht und Reichswehr angeknüpft werden. Um dies zu erleichtern, wurden zunächst die Kritik an der Vergangenheit zurückgewiesen, die »Einstellung der Diffamierung« der Wehrmacht in der Öffentlichkeit und schließlich die »Rehabilitierung des deutschen Soldaten« gefordert.[16] Dieses Schlagwort bestimmte in den folgenden Jahren auch die Kampagnen zur versorgungsrechtlichen Absicherung von Angehörigen der Wehrmacht. Folglich wurden entsprechende Sprachfiguren – »Wehrwille«, »Wehrkraft«, »wahres Soldatentum« – bemüht. Dieses »Ethos« sollte das »gesamte Volk erfassen«[17]. Der Grenzbereich zur militaristischen Gesinnung wurde berührt. Die besondere, von der Gesellschaft abgehobene Welt des Militärischen, die Welt eines soldatischen Berufes sui generis mit eigenen Werten und Gesetzen wurde beschworen.

Graf Baudissin, Hoffnungsträger der Militärreform

Allein, die klaren Absichten einer unverhohlenen Übernahme des Vorbilds der Wehrmacht erfuhren in Himmerod unverhofft eine Einschränkung. Dies ist das ausschließliche Verdienst einer einzigen Person, die sich der Demonstration der alten »military mind« widersetzte. Es ist ein Ereignis von historischen Rang, daß Wolf Graf von Baudissin (1907–1993) Einfluß auf der Tagung in der Eifel gewinnen konnte.[18] Baudissin hatte mit dem Militär überhaupt nichts mehr zu tun haben wollen, nachdem er im Stab von

Rommel in Nordafrika 1941 in der Nähe von Tobruk hoch dekoriert in britische Gefangenschaft geraten und erst 1946 aus Australien heimgekehrt war. Er hatte sich neu orientiert und im künstlerischen Umfeld seiner Frau, Dagmar Gräfin zu Dohna-Schlodien, einen Beruf gefunden.

Schwerin, der die Tagung für den Kanzler organisierte, und Axel von dem Bussche, also alte Freunde, deren Familien mit dem Widerstand des 20. Juli verbunden waren, hatten Baudissin zur Mitarbeit gedrängt, da sie aufgrund der personellen Zusammensetzung die Gefahr sahen, daß »vergangenheitsbelastete Empfehlungen« erarbeitet werden könnten. Sie suchten ein demokratisch reformerisches Gegengewicht. Die Begründung für ihr Anliegen traf Baudissin gewissermaßen ins Herz, denn, sollte er nicht zustimmen, sagte von dem Bussche, sei er »von Stund' an mitverantwortlich auch dafür [...], was ein Anderer vermutlich falsch machen werde«. Daher nahm der ehemalige Major i. G. die Herausforderung an.[19] Mit dieser Entscheidung war jedoch mehr verbunden, als daß ein rangniedriger Offizier sich zusätzlich zur Schar der exponierten Generale gesellte; denn Baudissin fühlte sich aufgrund der Tradition seiner alten Familie dazu verpflichtet, für die Zukunft zu arbeiten. Er wollte Strukturen verändern, damit sie nicht erstarrten und der gute Kern bewahrt werde. So fuhr er nach Himmerod, um dort, wie er in freundlichen, aber bestimmten Worten sagte, »behilflich« zu sein, »die 1819 steckengebliebene Reform« von Scharnhorst »wieder aufzunehmen«.[20]

Der Kampf um die Reform in Himmerod

Das war ein Paukenschlag, der den Traditionalisten in Himmerod noch im Kopf dröhnen sollte. Zunächst hatten sie angenommen, mit Berufung auf Scharnhorst solle die Bundeswehr ganz in den typischen Traditionen des preußischen Militärs aufgebaut werden, da die Anfänge der modernen Armee, wie jeder wußte, in den Befreiungskriegen gegen Napoleon lagen. Standen dafür nicht die Namen der Generale Neithardt Graf von Gneisenau und Gerhard von Scharnhorst? Doch da täuschten sie sich. Baudissin bezog sich auf den Scharnhorst der Freiheitskriege, der nach dem Debakel von Jena und Auerstädt 1806 unter Federführung von Freiherr Karl vom und zum Stein, Reichsgraf Karl August von Hardenberg und vielen anderen daran mitwirkte, Deutschland politisch zu reformieren. In jener ersten, wenn auch defensiv gestalteten Reformära nach der Französischen Revolution sollte immerhin eine bürgerlich-freiheitliche Verfassung eingeführt werden.[21] Scharnhorst übernahm diese Aufgabe für das Militär.[22] Das war genau die Tradition, die Baudissin wiederbeleben wollte. Ihm ging es um die Zivilisierung des Militärs, um die »Kongruenz« von Militär und Gesellschaft; zugleich um den Primat der demokratischen Politik, also um ein Militär als Parlamentsheer. Scharnhorst hatte das Reformprogramm vom »Staatsbürger in Uniform« entwickelt. Die Bürgertauglichkeit des Militärs war allerdings nicht vereinbar mit den meisten Phasen des 19. und 20. Jahrhunderts, weil die Dominanz des Militärischen Staat und Gesellschaft prägte – bis 1945.

Baudissin vertrat den Standpunkt, daß Wehrmacht und Reichswehr grundsätzlich kein Vorbild für die Streitkräfte der Bonner Republik sein könnten. Er forderte die Chancen der »Stunde Null« zu nutzen und erklärte die Reform des Militärs zu einer »Schicksalsfrage der Gegenwart«[23]. In zeitgenössischer Sprache formulierte er: »Denn an der Verfassung orientiert sich die Legitimität der Entscheidungen und Verhaltensweisen innerhalb einer demokratischen Armee, an den Gesetzen und Vorschriften die Legalität der Maßnahmen, an der politischen Zielsetzung die Loyalität der Soldaten«[24]. Ein revolutionäres Ansinnen, hatte doch bislang das deutsche Militär niemals die Werte einer demokratischen Verfassung als oberste Norm akzeptiert!

Die Gegensätze waren in Himmerod vorprogrammiert, war doch die Macht eindeutig verteilt. Zwei »Fronten« bildeten sich – »die gleichen übrigens«, »wie sie in der einen oder anderen Form« in der gesamten Geschichte der Bundeswehr bestehen bleiben sollten.[25] Im Geist der Restauration wurde das traditionalistische Bild vom Militär im Sinne von Reichswehr und Wehrmacht eindeutig und einseitig festgelegt.[26] Dies war nicht verwunderlich, denn jene Arbeitsgruppe wurde von General Hermann Foertsch geleitet, der Anfang der dreißiger Jahre in seinem Buch »Die Wehrmacht im nationalsozialistischen Staat« die Identität von NS-Regime und Reichswehr propagiert hatte. Foertsch, General der Infanterie, war im Reichswehrministerium für das »Innere Gefüge« zuständig gewesen; dort hatte er als erste Leistung den persönlichen Eid auf den »Führer« erarbeitet. In Himmerod oblag dem bekennenden braunen Repräsentanten die uneingeschränkte Zuständigkeit über alle Bereiche der Denkschrift, in denen unter erneuter Verwendung des Begriffs »Inneres Gefüge« die Ausrichtung der Bundeswehr festgelegt wurde.

Man könnte sagen, hier wurde der Bock zum Gärtner gemacht, wenn man unterstellt, daß es um die Integration des Militärs in die demokratische Republik von Bonn gehen sollte. Doch Foertsch war offensichtlich der richtige Mann am richtigen Platz. Die Leitung und die Expertenrunde für die Endfassung akzeptierten seine Entwürfe, während die Vorlagen von Baudissin in den Papierkorb wanderten. Auf diesem Forum wurde Baudissin bewußt, daß er nur dekorativ als demokratisches Feigenblatt diente. Er hatte nicht einen einzigen Satz zur Reform in die Denkschrift einbringen können. Der militärische Traditionalismus hingegen wurde programmatisch festgeschrieben. David hatte die falschen Waffen gewählt und gegen Goliath verloren.

Der »Gründungskompromiß« für die Bundeswehr

Baudissin wollte sich nicht als Alibi mißbrauchen lassen. Für die Ziele, eine Kontinuität von der Wehrmacht zur Bundeswehr zu konstruieren und traditionalistische Werte zu propagieren, gab er seinen Namen nicht her.

Als in der Abschlußrunde der Tagung sein letzter Versuch, den Text doch noch zu ändern, gescheitert war, stand für Baudissin fest, daß er diese Denkschrift nicht unterzeichnen würde. Er verabschiedete sich ultimativ. Heusinger, der den politischen Segen des Kanzleramtes für dieses Dokument der Aufrüstung benötigte, kalkulierte schnell, wie abträglich es sei, wenn bekannt würde, daß sich gerade Baudissin, der ja als Vertreter des »anderen« Militärs der Widerstandskreise gelten konnte, von dieser Denkschrift distanzieren würde. Um das Gesamtprojekt des Militärs nicht zu gefährden, folgte er Baudissin nach draußen und bot einen Kompromiß an. Baudissin ging darauf ein. Der Text der Himmeroder Denkschrift wurde nun nochmals umgeschrieben. Als Ergebnis entstand der »Gründungskompromiß« der Bundeswehr. Das Resultat war bescheiden: Baudissin konnte einige wenige Regelsätze anhängen, Versatzstücke liefern und Intentionen andeuten, die anschließend durch den traditionalistisch aufbereiteten Kontext wieder aufgehoben wurden.

Das Ziel einer prinzipiellen Distanzierung von der militaristischen Vergangenheit wird zum Beispiel in der Formulierung deutlich, daß »ohne Anlehnung an die Formen der alten Wehrmacht heute grundlegend Neues zu schaffen« sei sowie in dem Satz »Das deutsche Kontingent darf nicht ›Staat im Staate‹ werden.«[27] Zugleich, und positiv gewendet, wird die Akzeptanz von Demokratie und Pluralismus gefordert: »Das Ganze wie der einzelne haben aus innerer Überzeugung die demokratische Staats- und Lebensform zu bejahen.« Baudissin hatte darauf vertraut, mit derartigen Kernsätzen ausreichende Barrieren gegen die Einflüsse der Traditionalisten errichtet und die Fundamente für »ein Einlaßtor der Demokratie in die Streitkräfte« gelegt zu haben.[28]

Baudissin präsentierte im Herbst 1950 kein ausformuliertes Programm der Militärreform, hatte jedoch mit dem Rekurs auf die Reformen von Scharnhorst die Richtung gewiesen, die »zeitgemäß«, wie er immer wieder betonte, anvisiert werden sollte. Sie ließ sich in dem Satz erkennen: »Streitkräfte repräsentieren die gesellschaftlich-politischen Herrschaftsformen, deren Instrument sie sind.«[29] Im Mai 1951 trat Baudissin seinen Dienst im Amt Blank (benannt nach Theodor Blank) in Bonn an. Schwerin hatte bereits seinen Abschied genommen, auch von dem Bussche resignierte angesichts der Widerstände. Die Reformkonzeption mußte Baudissin allein ausgestalten.

Tradition zu verbrecherischen Befehlen?

In Himmerod hatte Baudissin formuliert, ein Neubeginn müsse »ohne Anlehnung an die Formen der alten Wehrmacht« stattfinden. In diesem Zusammenhang galt es, die heiklen Fragen nach Verbrechen im Vernichtungskrieg zu klären.

Baudissin suchte die Antwort in der Offizierausbildung zu geben. Seit der »Grundverfügung« vom Oktober 1952 wurden viele Entwürfe einer Reformausbildung für die »Schaffung fundierter, einheitlicher Auffassungen über wesentliche Gegenwartsprobleme« vorgelegt. Es ging darum, die »Keimzelle des neuen Geistes« zu bilden, zuletzt 1956 in den Sonthofener Lehrgängen. »Richtungsweisend« sollte das Modell der »Gründungsversammlung des neuen deutschen Offizierkorps« den »Charakter der neuen Streitkräfte« bestimmen.[30] Doch die militärische Abteilung, in der die Traditionalisten saßen, schmetterte das Modell und die Inhalte dieser Reformen ab.

Inhaltlich ging es Baudissin gerade um das politisch-militärische Grundverständnis der Wehrmacht, um »den Krieg, die Art der Kriegführung und die Haltung zum Gegner«[31]. In allgemeinen Worten unterstrich er, »daß eine Kriegführung ohne Respektierung gewisser – sittlich begründeter – Regelungen nur blindes Wüten und Zerstören ist« und den politischen Zweck verdirbt, »auch den letzten Akt jedes Krieges, die Gewinnung des Friedens, in das Kalkül« einzubeziehen. Die NS-Ideologie vom »totalen Krieg« habe die »Politik zur Dienerin des Krieges degradiert« und »den Krieg mit erschreckender Konsequenz zur Norm« gesetzt.

Die Verabsolutierung des Militärischen führe zu einem massiven ethischen Verlust und weiter zu »radikalen Haltungsänderungen«, so bei der Wehrmacht in der »Praxis – etwa bei der Behandlung der Zivilbevölkerung und der Gefangenen«. Als Beispiel wurde der »Führerbefehl« vom 1942 angeführt, der mit »allerbrutalsten Mitteln« die Bandenbekämpfung »ohne Einschränkung auch gegen Frauen und Kinder« regelte. Baudissin wandte sich gegen die in die Vernichtungsbefehle übernommene »Sprache der Ideologie« bei der »Behandlung der polnischen Minderheiten, der Juden und kirchlichen Dinge«. Das konnte keine Tradition begründen. »Die Erteilung verbrecherischer Befehle durch die Spitze« und die »Weitergabe bis in die untersten Befehlsbereiche« in der Wehrmacht verbiete es daher, sie als Bestandteil einer »wahren europäischen und deutschen Soldatentradition« zu akzeptieren.

Die Gegensätze zwischen Reformern und Traditionalisten konnten nicht größer sein. Das Thema »Verbrechen im Vernichtungskrieg der Wehrmacht« war ein zusätzlicher Streitpunkt zwischen Reformern und jenen, welche die Ehre der »sauberen« Wehrmacht gerade erst hergestellt hatten. In Sonthofen kam es zum Eklat. Baudissin erfuhr, daß seine historisch-ethische Aufklärung von den Offizieren der Bundeswehr als »Zumutung« abgelehnt wurde. Statt einer Auseinandersetzung gab es nur die Publikation der »lehrstofflichen Reste des didaktischen Konzepts«[32].

Zur Bedeutung der Geheimplanung von Himmerod

Der Kanzler sanktionierte die Himmeroder Denkschrift als zentrales Dokument für die Bundeswehr. Tagung und Denkschrift blieben streng geheim. Letztere fungierte als Masterplan und begründete das verdeckte Herrschaftswissen der Führungsetagen der Bundeswehr. Bei ihrem Aufbau folgte das Militär für Jahrzehnte klamm-heimlich den Vorgaben von Himmerod.

Im Streit in Himmerod haben sich die konträren Positionen manifestiert, welche die gesamte spätere Diskussion um die Bundeswehr prägten. Der in der Literatur verwendete Begriff »Gründungskompromiß« von Himmerod ist problematisch, da weder ein Neuanfang für das Militär eingeleitet noch ein Kompromiß geschlossen wurde, noch ein ernsthaftes Ringen um die inhaltliche Vermittlung stattgefunden hat. Die Traditionalisten konnten die Gunst der Stunde nutzen und ihr Konzept vollständig durchsetzen. Sie legten wohl 99,9 Prozent des Textes fest und hatten angesichts des drohenden Scheiterns lediglich minimale Revisionen durch ein paar Ergänzungen zugestanden. Die Reformer hatten überhaupt keine Chance, auf den Gesamtduktus einzuwirken. Die Schlußversion des Dokuments spiegelt die Machtverhältnisse unter den Experten realistisch wider, darin sind kaum Spuren des »grundlegend Neuen« zu entdecken.

Bei der Veröffentlichung der Himmeroder Denkschrift im Jahr 1977 kam das »Militärgeschichtliche Forschungsamt der Bundeswehr« zu dem Ergebnis, es handele sich um »vergangenheitsbelastete Empfehlungen«. Das wiegt schwer. Bei näherer Betrachtung erweist sich jedoch das Wort »Empfehlungen« als viel zu schwach, um den politischen Charakter dieser Denkschrift zu bezeichnen. Es bagatellisiert zudem den außerparlamentarischen geheimen Konsens von Militär und Exekutive. Ebenso erscheint das Urteil, die »vergangenheitsbelastete« Übernahme des Vorbilds Wehrmacht sei bedenklich, eher verharmlosend. Vergleichsweise deutlich urteilte Schwerin, der den marginalen Einfluß von Baudissin auf die Denkschrift in der Warnung an den Kanzler zum Ausdruck brachte, der Bundeswehr drohe »ein Aufbau in Form einer Restauration«[33].

Die Abläufe in Himmerod im Oktober 1950 haben exemplarische Bedeutung. Die Positionen für die Militärkonzeption waren gegensätzlich, unvereinbar, inkompatibel. Der Spagat der Militärpolitik begann: Nach außen suggerierte man ein Ringen um die Reform, im Innern galt Himmerod. Das erzeugte Illusionen in der allgemeinen Diskussion um den »Wehrbeitrag«. Als im Jahr 1955 der Satz die Runde machte, die Bonner Republik schaffe sich ihr eigenes Militär, während die Weimarer Republik vom alten, undemokratischen Militär des Kaiserreichs habe gestützt werden müssen, klang die Botschaft überzeugend. Doch hat sich erwiesen, daß die griffige Formulierung das Bündnis von Politik und Militär unterschlug, mit dessen Hilfe in Himmerod die (Gruppe aus den Stäben der) Wehrmacht ihr Bild vom guten Militär als Geisteserbe der Vergangenheit konstruiert hatte.

2.
Die Erfolge der Traditionalisten
beim Aufbau der Bundeswehr

Bei der Aufstellung der Bundeswehr ahnte niemand, daß das Militär dem Geheimplan von Himmerod folgte. Beim Kampf um die Remilitarisierung (wie die Opposition sagte) oder um die »Wiederbewaffnung« (wie die Regierung sagte) wurde mit ungleichen, wenn nicht mit gezinkten Karten gespielt. Dies beeinflußte natürlich die parlamentarische Erörterung und die öffentliche Diskussion.

Die politische Funktion der Militärreform von 1955

Die Planungen für die Streitkräfte wurden in Bonn im verborgenen betrieben: unter Schwerin in der »Zentrale für Heimatdienst«, ab Oktober 1950 im Amt Blank (offiziell: »Bevollmächtigter des Bundeskanzlers für die mit der Vermehrung der alliierten Truppen zusammenhängenden Fragen«) und nach 1955 auf der Hardthöhe in der Nachfolgeorganisation, im Verteidigungsministerium. Die »Wehrgesetzgebung« wurde im Bundestag zwischen 1954 und 1957 verabschiedet. Den Abgeordneten war nicht bekannt, daß wesentliche Fragen der Militärstruktur, der Militärorganisation und des Selbstverständnisses von der Führung des Militärs schon 1950 festgelegt worden waren.

Immerhin war Theodor Blank ein Minister, der das große Konzept der Militärreform auf der legislativen Ebene vorantrieb und parlamentarisch verantwortete. Aus seiner Biographie – von Jugend an in der Arbeiterbewegung – versteht sich die Distanz zu jeglicher militaristischen Vergangenheit und die Kritik am Vorbild der Wehrmacht. Mit Baudissin verband ihn, trotz der geschürten Intrigen zwischen dem »katholischen Westdeutschen« und dem »protestantischen Junker aus Preußen«, eine Art natürlicher Koalition, um die demokratische Militärreform erst einmal auf der Ebene der Gesetzgebung voranzubringen.

Die Kodifizierung gelang, wie Blank im Juni 1955 vor dem Bundestag erklärte: »Aus dem Willen der Bundesregierung, die Streitkräfte nach rechtsstaatlichen Grundsätzen aufzustellen, ergibt sich die Notwendigkeit, mehr Gebiete der gesetzlichen Regelung zuzuführen, als dies früher der Fall war [...]. Die Streitkräfte [...] unterstehen der dem Parlament verantwortlichen Bundesregierung und damit der Kontrolle des Parlaments.«[34] Das Ziel, der Bundeswehr ein fortschrittliches, starkes Korsett rechtlicher Bindungen und grundgesetzlicher Regelungen zu verpassen, wurde erreicht. Letztere berücksichtigten die Erfahrungen der zwanziger

Jahre, in denen die Reichswehr sich verselbständigt hatte. Prinzipiell wurde die Bundeswehr auf die demokratische Bahn gebracht – auch wenn schon bald die Klagen kamen, die Instrumente der parlamentarischen Willensbildung würden umgangen oder allenfalls nur formal gehandhabt.

Die Ideen, Ziele und Prinzipien der Militärreform, die mittlerweile mit den Begriffen »Staatsbürger in Uniform« oder »Innere Führung« bekannt waren, wurden allerdings nicht in einem gesonderten Gesetz abgesichert. Dies war auf den Einfluß der Traditionalisten zurückzuführen. In Politik und Öffentlichkeit wurde die Bedeutung der Militärreform groß herausgestellt, um Widerstände und Vorbehalte in der Bevölkerung und den Verbänden abzubauen.

Mit Verabschiedung der »Wehrgesetzgebung« hatten die Reformer ihre Schuldigkeit getan. Baudissin wurde 1958 zur Truppe versetzt. Der zum linken Spektrum der CDU gerechnete Blank hatte seine Aufgabe als Konsensbeschaffer für die »Wiederbewaffnung« in Öffentlichkeit und Parlament erfüllt. Er sollte nicht die Gelegenheit erhalten, die »Innere Führung« beim Aufbau der Bundeswehr durchzusetzen. Die Gegner im Ministerium hatten sich längst formiert. Die von den militärischen Experten selbst zu verantwortenden Planungsmängel und -fehler schob man auf Blank. Die Ablehnung der Reform wurde kaschiert. Man brauchte nur zu diffamieren: »der unselige Herr Blank!« Die Front gegen seine Politik war längst geschlossen. Prompt wurde er von Adenauer fallengelassen.

Das Engagement von Baudissin, Mitstreiter und Verbündete für diese Reform zu werben, war nutzlos. Nur bis zum Abschluß des legislativen Werkes hatte er den Hebel der Einflußnahme in der Hand. Mochten die Besorgten in der Bevölkerung reden und debattieren, mochten die Jugendverbände Entwurf auf Entwurf zur Reform spezieller Fragen des Militärs vorlegen, mochten Tagungen an den Akademien der Kirchen und Länder einander folgen, mochten Vorträge an den Universitäten für einen grundlegenden Neuanfang beim Militär werben – nach der symbolträchtig installierten »Gründung« der Bundeswehr am Geburtstag von Scharnhorst am 11. November 1955 blieb von der Reform kaum mehr als der Dunst von gestern. Die Führung der Bundeswehr feierte demonstrativ die Fassade einer »neuen« Armee.

Der öffentliche Schulterschluß von Politik und Militär

Mit Franz Josef Strauß kam die eindeutige Wende. Er, längst heimlicher Minister für das Militär, seit 1951 »Sprecher für den militärischen Bereich, in einer Art Geschäftsführung ohne Auftrag«, hatte diesen Bereich »besetzt« und war anerkannt worden. Er (und nicht Blank) hatte die erste Militärdebatte im Bundestag – am 7. Februar 1952 (anderthalb Jahre nach Himmerod) – bestimmt. Er gehörte seit langem zu der vertraulichen Beraterrunde des Kanzlers, in der »über die großen Linien und taktischen Einzelheiten der Militär- und Sicherheitspolitik« entschieden wurde.[35]

Strauß brachte also die Wende. Endlich bescherte ein Minister den Militärs, was sie bislang nur intern einfordern konnten. Die Wehrmacht wurde in der offiziellen Politik der Bundesregierung als Vorbild für die Bundeswehr akzeptiert. Gleich nach Übernahme des Amtes im September 1956 wurde der Politikwechsel in Entscheidungen zur Ausbildung deutlich. Die Ausbildung ist der zentrale Bereich, in dem die Meinungsprägung, die Ausrichtung der Ideologie oder der Gesinnung erfolgt, wo also das militärische Milieu entsteht. Nicht zufällig waren hier die Positionen von Traditionalisten und Reformern aufeinandergeprallt. Der Konflikt schwelte, nachdem Baudissin Vorlagen für die Ausbildung eingebracht hatte. Ostentativ ergriff Strauß nun die Initiative. Für Heer, Marine und Luftwaffe legte er »eine Art Reichswehrqualität in der Ausbildung« verbindlich fest. Dabei sei nur am Rande darauf verwiesen, daß es diese Qualität an sich überhaupt nicht gab; die professionellen Standards waren unterschiedlich ausgeprägt und wurden ganz typisch in der Wehrmacht verwässert.[36]

Strauß handelte nicht halbherzig. Er ließ bei der personellen Auswahl der Bundeswehr freie Hand. Denn Personalpolitik prägt – die zweite Seite der Medaille – das militärische Milieu. Bis dahin hatten die Reformer verhindern können, daß die weitere Rekrutierung der Bundeswehr pauschal aus dem Grenzschutz erfolgte, wo sich eine spezifische Kaderung von Wehrmachtsgruppen und -ideologie gebildet hatte. Machtvoll klang die Rechtfertigung: »Der Grenzschutz war in seiner Qualität eine Art Reichswehr [...]. Gegen die Eingliederung des Bundesgrenzschutzes in die Bundeswehr liefen die Reformer bei Blank Sturm.« Strauß war stolz auf die politische Richtungsentscheidung gegen die Reform. In seinen Erinnerungen bekräftigte er: »Die Gegner dieser Maßnahmen trugen vor, daß [...] der Grenzschutz noch im alten Geiste, im Drill der Reichswehr und der Wehrmacht, ausgebildet sei und deshalb nicht in die neue ›Reformarmee‹ passe.«[37] Der »alte Geist« von Reichswehr und Wehrmacht in der Bundeswehr mußte nicht mehr verdeckt angestrebt werden: politische Leitung und militärische Führung waren eins. Den letzten Uneinsichtigen wurde demonstriert, daß ein anderer Wind wehte. Die »Innere Führung« wurde endgültig ad acta gelegt, nachdem Strauß die Parole ausgab, die »Innere Führung« sei das politische Heiligtum im Amt Blank gewesen – nun sei Schluß mit dem »inneren Gewürge«.

Ein weiteres Beispiel der Machtlogik dieser Koalition von Politik und Militär war die Reorganisation des Ministeriums. Die Kompetenzen in der Militärstruktur wurden nach altem Vorbild verteilt, die Reformer de facto aus allen Entscheidungsabläufen ausgegliedert. Dies gelang auf dreierlei Weise:

– Die Inspekteure von Heer, Marine und Luftwaffe erhielten jeweils ihre separaten Führungsstäbe mit uneingeschränkter Befehlsgewalt;

– Minister Strauß führte sie unmittelbar in einer besonderen persönlichen Abhängigkeit;

– der mögliche Primat eines Oberbefehls des Generalinspekteurs wurde verhindert. Heusinger wurde erst 1957 ernannt, als die Inspekteure längst die Weichen gestellt hatten. Er bekam nicht die Befugnis, in die Kompetenzen der Inspekteure einzugreifen.[38]

Muß noch betont werden, daß organisatorisch die »Innere Führung« in die Zuständigkeit des Generalinspekteurs fiel? Da er machtlos war, erfolgten alle Erlasse und Maßnahmen für den konkreten Aufbau der Bundeswehr ohne Ein- oder Mitwirken der »Inneren Führung«. Fazit: Personal- und Ausbildungspolitik sowie Organisation und Struktur der Bundeswehr waren im zweiten Jahr ihres Bestehens nach dem Vorbild der Wehrmacht geformt worden. Im Spiel der Macht war die Niederlage der Militärreform besiegelt, sie fristete eine Existenz am Rande der Bundeswehr.

Die personelle Kontinuität zur Wehrmacht

Die Rekrutierungspolitik der Bundeswehr ist ein Politikum von hoher Brisanz. Adenauer hatte damals erklärt, er würde international belächelt werden, wenn er Jugendliche zu Generalen ernennen würde – was anderes bleibe ihm übrig, als auf erfahrene Offiziere der Wehrmacht zurückzugreifen? Dem ist nicht zu widersprechen. Doch ignoriert diese Aussage die erforderlichen Differenzierungen. Es sei an den Gesamtbestand von einigen Tausend Generalen sowie Admiralen und einigen Hunderttausend Offizieren in der Wehrmacht erinnert, aus denen die Auswahl zu treffen war. Über die Kriterien wurde man sich im Ministerium nach Prüfung »theoretisch verschiedener Möglichkeiten« einig. Im »politischen Auftrag«, der intern im Ministerium erteilt wurde, um Generale und Offiziere aus der Wehrmacht zu rekrutieren, wählte man die neutralen Worte vom »erwünschten Ersatz«.[39]

War dies die Lösung, »grundlegend Neues« für die Bundeswehr aufzubereiten? Ein Blick zurück. Der Militarismus hatte seit dem Kaiserreich eine feste soziale Basis gehabt und ein komplexes Modell der Inkorporation bestimmter bürgerlicher Gruppen in ein ansonsten adliges Offizierkorps entwickelt. Es hatte erfolgreich die Systemgrenzen im 20. Jahrhundert überdauert und sogar bis 1944 die Spitzen der Wehrmacht kontrollieren können.[40] Die Selektion der Militäreliten war seitdem systematisch betrieben worden, um eine korporative Geschlossenheit und eine ideologische Abgrenzung von der Gesellschaft sicherzustellen. In einem Erlaß von Kaiser Wilhelm II im Jahre 1890 war von den »erwünschten Kreisen« des »Adels der Gesinnung« die Rede.[41] »Gesinnungsoffiziere« dieser Art hatten die »military mind« der Distanz zu den demokratischen Idealen und die Ideologie vom Beruf sui generis sozial untermauert. Bei der Personalsuche ließ sich die Bundeswehr von diesen Zielen leiten, wie in Himmerod vorgegeben: »Anreize für die Werbung des erwünschten Ersatzes« zu schaffen.[42]

Ein anderes Raster betrifft die Kaderung. Um eine Kerngruppe aus Stäben des Ostfeldzuges und der Bendlerstraße (Generalstab) herum, die aus 40 Generalen und Admiralen im Amt Blank und 4 im Bundesgrenzschutz bestand, wurden bis Herbst 1955 kaum mehr als etwa 500 Offiziere ernannt. Direkt danach erfolgte die Einstellung »einer großen Zahl« ehemaliger Wehrmachtsoffiziere, deren Umfang bis 1960 weitgehend stabil gehalten wurde – bei einer Größenordnung von knapp 15000 Offizieren, darunter 300 Offiziere aus dem Führerkorps der SS. Das Einstellungsalter der ersten Generation der Generale aus der Wehrmacht lag zwischen 48 und 62 Jahren; das heißt, sie hatten vor 1945 eine steile Karriere in der Wehrmacht hinter sich. Diese Gruppe bestimmte anfänglich den Aufbau der Bundeswehr. Sie setzte darüber hinaus die Akzeptanz und »Bewährung« der zweiten Führungsgeneration gemäß der Formel der »erwünschten Kreise« durch. Das Vorbild Wehrmacht bestimmte ebenso die Ausbildung, die einseitig in extremem Maße als Lehre der Taktik betrieben wurde. Ungeniert fanden die Lehrpläne der Wehrmacht »aus Friedenszeiten« Berücksichtigung, wie sie beispielsweise »zu Beginn der Heeresvergrößerungen im Jahr 1933 entwickelt« worden waren.[43] »Ziel und Inhalt« der Schulung zum Generalstabsdienst liefen, wie Generale noch in den achtziger Jahren kündeten, »annähernd wie an ihren Vorläufer-Institutionen« der Wehrmacht ab. So rühmte der erste Kommandeur denn auch die Führungsakademie stolz: »Sie erfüllt die gleiche Funktion wie die Kriegsakademie in Berlin.«

Massive Kritik des Wehrbeauftragten

Die erste überwältigende Auseinandersetzung um die Zustände in der Bundeswehr kam aus einer nicht erwarteten Richtung. Überraschenderweise suchte ein ehemaliger General der Wehrmacht die Öffentlichkeit, um seine Beobachtungen vorzutragen. Er war dazu berufen, aber niemand wollte ihn hören. Die Politik gegen ihn hatte schon vor seiner Ernennung begonnen. Wie die »Wehrgesetze« die Militärreform unterstützten, zeigte sich in dem demokratischen Anspruch des Parlaments gegenüber der Bundeswehr, insbesondere im Gesetz über den »Wehrbeauftragten des Deutschen Bundestages«. Nach der Verabschiedung der Gesetze verlor die Reform die Unterstützung, denn der Auftrag des Wehrbeauftragten lautete, die »Grundrechte« der Soldaten und die »Grundsätze der Inneren Führung« zu schützen.

Der Zeitgeist im Militär folgte der autoritativen Kanzlerdemokratie. Es sollte Ruhe herrschen. Strauß hatte das Ende der »Inneren Führung« verkünden können, ohne daß bei dem »Gewürge« ein Aufschrei durchs Land gegangen wäre oder der Bundestag seine restaurative Wende gerügt hätte. Der Kalte Krieg forderte Tribut; die Aufstellung der

Streitkräfte gewann Vorrang. Adenauers Beschwörungsformel »Keine Experimente!« bewirkte, daß die Reihen enger geschlossen wurden. Seit 1955 war die Republik souverän, jedenfalls grundsätzlich. Die internationale Reputation im Westen wuchs. Auch deutsche Generale sah man beinah täglich auf internationalen Foren: Die NATO hatte sich auf die Deutschen eingerichtet, deren Truppen nun endlich aufgestellt werden sollten. Warum sollte die Öffentlichkeit in dieser Situation Querelen um die Akzentuierungen in der inneren Politik bei der Bundeswehr überbewerten? Was war denn schon die »Innere Führung«? Es gab nicht einmal eine befriedigende Übersetzung ins Englische.

Die Sozialdemokratie hatte das Gesetz über den Wehrbeauftragten durchsetzen können. Damit hatte das Ideal eines Parlamentsheeres ein reales, politisches Instrument erhalten. Doch nicht nur das Militär empfand diesen Ansatz als unzulässige Provokation ziviler Anmaßung.[44] Es verwundert nicht, daß Strauß im Klima der »Wieder-Bewaffnung« die Besetzung des Amtes drei Jahre verhinderte. Er war zuversichtlich, mit dem ehemaligen Generalleutnant Helmut von Grolmann einen angepaßten milieukonformen Mann gewählt zu haben. Der Eklat folgte, als Grolmann eigenständig, im Bewußtsein der Verantwortung seines Amtes dem Parlament 1960 seinen ersten Bericht vorlegen wollte, in dem er für die Normen der Militärreform eintrat. Doch im Ministerium, beim Minister und beim Militär biß er auf Granit. Niemand war bereit, den parlamentarischen Anspruch auf Transparenz des Militärs einzulösen. Dort zeichneten sich im inneren Betrieb längst die Skandale und Affären ab, die bis Ende der sechziger Jahre das Jahrzehnt der Schleifermethoden nach 08/15-Manier mit dem Schlagwort Nagold bestimmten.

Grolmann wurde auch 1961 die öffentliche Plattform verweigert. Er resignierte. Sein Nachfolger, ein ebenso rechtschaffener Soldat, Vizeadmiral Hellmuth G. Heye, war irritiert, weil seine Vorschläge zur Verbesserung der militärischen Zustände als Sakrileg empfunden wurden. Doch Heye ließ nicht locker. Seine schärfste Kritik galt dem militärischen Sonderleben, das sich »unpolitisch« nannte, aber Distanz zur demokratischen Politik hielt. Er erkannte, daß das Militär sich im Innern nach alter Art des Traditionalismus formiert hatte. Draufgängertum und Schinderei bestimmten den Alltag. »Härte« zeichnete die »Armee im Abseits« aus. Die Wehrmacht war selbstverständlicher Bezugspunkt einer ideologisierten Romantik.[45]

Heye fürchtete um die Militärreform insgesamt. Es erhob sich jedoch kein Publikum, in dem seine Mahnungen Resonanz fanden, selbst nicht, nachdem durchgesetzt war, den Jahresbericht im Plenum des Bundestages vorzutragen. Heye nutzte die Mittel des Medienzeitalters und wandte sich 1964 über Zeitschriften direkt an die Öffentlichkeit. Denn nicht »Technokraten in Uniform« hatten in der Bundeswehr die Macht übernommen, sondern die einseitigen Traditionalisten. Sie hatten es sogar geschafft, den nationalkonservativen Heusinger auszugrenzen, der seit 1959 unter größten Anstrengungen – allerdings ohne Erfolg – versucht hatte, gegen Minister und Inspekteure anstelle der simplen Taktikschulung eine neue Qualität militärischer, liberaler Bildung durchzusetzen. Dabei hatte er sich nolens volens auf die profilierten Bildungsprogramme der »Inneren Führung« bezogen, die Baudissin noch konzipiert hatte. Obwohl Heusinger nicht polemisch in die Ecke der »Inneren Führung« gestellt werden konnte, scheiterten seine Modernisierungen auf der ganzen Linie.[46] Auch ihm wurde nun klar, was es bedeutete, das krude Vorbild der Wehrmacht in die Bundeswehr zu übernehmen.

Der Jahresbericht des Wehrbeauftragten bezog sich auf die skandalösen Entwicklungen. Heye war besorgt über das Wiederaufleben der »military mind«: Die Öffentlichkeit dürfe die Augen nicht vor der geistigen Enge und Spießigkeit unter den Offizieren verschließen. Um aufzurütteln und zu warnen, spitzte er drastisch zu: »Aber wir brauchen nicht den uniformierten Schrumpfkopf.« Er befürchtete eine eigenständige Politik des Militärs gegen den Pluralismus der Gesellschaft. In einer Welt des Militärischen sui generis könnten die Offiziere der Bundeswehr zum Fremdkörper in der Bonner Republik werden: »[...] dann sind sie isoliert, ausgestoßen, wirklich Staat im Staate. Dann sind sie für unseren Staat gefährlich.«[47]

Ein großer Aufschrei folgte. Reformfeindliche Kräfte im Militär und unter den verantwortlichen Vertretern der Politik attackierten Heye, den Träger der ungewollten Botschaft. Die zaghaften Rufe der Opposition gingen in der Hektik der Kampagnen unter, die Regierung und Militärführung zwecks Diffamierung der Mahnungen des Wehrbeauftragten auslösten. Nach der Devise »jetzt erst recht« wurden die Reihen fester geschlossen. Die Traditionalisten entwickelten einen neuen Aktionismus und zimmerten weiter am Bild der Wehrmacht. Ein neuer Maßstab hatte Konjunktur: die »Fronterfahrungen«. Auch suchte die Militärführung ihr Profil auf der internationalen Szene der nuklearen Strategie zu stärken, drohte gar mit nuklearen Optionen.[48] Doch damit schwanden keineswegs die Friktionen in der Bundeswehr. Überzogene Verrohung und übertriebene Disziplinierung bedrohten die »Bürger« in Uniform – dazu konnte es nur kommen, weil idealtypisch konstruierte Umstände des Krieges im »Ostfeldzug« mit militärischer Professionalität verwechselt wurden. Die permanenten Skandale waren das Produkt der Militärpolitik selbst.

Während der sechziger Jahre hatte sich in der Bundeswehr allmählich eine zwischen den Reformern und Traditionalisten stehende Gruppe herausgebildet, die »Technokraten in Uniform«, welche für die Reform als eine Form der Modernisierung eintrat. Sie konnte Schmidt mit der Reform überzeugen. Die Traditionalisten rückten politisch endgültig an den rechten Rand, da die handwerkliche Fraktion in der Mitte die Mehrheit darstellte. Diese Entwicklung trug wesentlich dazu bei, daß das Militär sich wandelte und die Bundeswehr von der Bevölkerung als »normale« Armee akzeptiert wurde. Aber die allgemeine Krise der Bundeswehr war offensichtlich.

Das Aufbäumen des Traditionalismus gegen die Demokratisierung

Auf die innere Krise der Bundeswehr am Ende der sechziger Jahre reagierte die verunsicherte Militärelite mit vielerlei Aktivitäten. Die Beziehungen des Militärs zu Staat und Gesellschaft rückten dabei in den Vordergrund. Diese Debatte veranlaßte Gerd Schmückle, damals einer der wenigen der Militärreform verpflichteten Generale der Bundeswehr, die nach außen bislang verschleierte Kontroverse innerhalb des Militärs erstmals offen zu dokumentieren. Er charakterisierte die große Mehrheit der Generalität und des Offizierkorps als »Traditionalisten«, die die »Reformer« um Baudissin von Anfang an konsequent bekämpft hätten.[49]

Die Traditionalisten hatten zwar einen effizienten Weg der bürokratisch-administrativen Einflußnahme gefunden, der ihnen – im Einvernehmen mit dem rechten Parteienspektrum in der CDU, CSU und in der FDP im Ministerium – die Macht gesichert hatte. Nun bröckelte jedoch der Halt. Diese Führungsgruppe analysierte ihre von Krisen erschütterte Lage und gelangte zu dem Ergebnis, nicht ihre Perzeption vom Vorbild der Wehrmacht habe die Probleme verursacht, sondern eigentlich käme die Bedrohung von außen, vom Pluralismus in Gesellschaft und Politik. Damit gingen sie in die Offensive.

Heinz Karst, für die Ausbildung zuständiger General, gab im Jahr 1967 die Parole aus: »Freiheit und Demokratie sind keine letzten Werte«![50] Diese Botschaft sollte zugleich dem Protest gegen das im Jahr zuvor der Gewerkschaft des öffentlichen Dienstes (ÖTV) gewährte Recht dienen, in Kasernenanlagen Material auszulegen. Es gärte in der Bundeswehr. Man sorgte sich um die gewohnte Sonderstellung des Militärischen und deutete das Recht der ÖTV als Zeichen, daß der Beruf des Soldaten nicht mehr als gesonderter »Stand«, ein Beruf sui generis, anerkannt werde. Dagegen wurde Widerstand laut: Mehrere Generale und ein Inspekteur traten zurück, weil gesellschaftliche Rechte nicht auf das Militär zu übertragen seien. Vordergründig grenzte man sich gegen Ansprüche »linker« Gewerkschaften ab, aber in der Sache ging es um die Gültigkeit der liberalen Rechtsordnung des Grundgesetzes im Militär. Baudissin, der die Symbolik spürte, unterstützte daraufhin die ÖTV.

Karst also legte seine Programmschrift vor. Erneut war der Satz von Halder en vogue, mit dem er das politische Resultat der Arbeiten der »Historical Division« umrissen hatte, man sollte in der Bonner Republik eine Art autoritäre Demokratie »ohne übertriebene parlamentarische Kontrolle« für das Militär anstreben. Korpsgeneral Heinz Trettner setzte sich für die Gleichrangigkeit von Militär und Politik ein; 1970 griffen die Hauptleute von Unna in ihrem Protestpapier die Forderung nach dem Vorrang des Militärs wieder auf, da ihm eine einzigartige »Verantwortung« im »Staat« zukomme.[51] Das Unbehagen in der Öffentlichkeit wuchs. Der Rubikon wurde überschritten, als Albert Schnez im Frühjahr 1969 nach Absprache mit obersten Generalen die Forderung aufstellte, die Bundeswehr müsse sich auf die Werte einer »Kampf-, Schicksals- und Notgemeinschaft« besinnen. Der Pluralismus sei Gift. In Anlehnung an die klassischen Worte Martin Luthers kulminierte alles in dem Satz, Militär und Gesellschaft müßten sich einer Restauration »an Haupt und Gliedern« unterziehen.[52] Schließlich offenbarte General Hellmut Grashey, die Zeit sei reif dafür, die »Maske« der »Inneren Führung« nun »endlich abzulegen« und das Symbol der Militärreform auch aus dem Alltag der Bundeswehr zu verbannen.

Damals gelangten die inzwischen aus der Bundeswehr aus Altersgründen ausgeschiedenen Generale Heusinger, Speidel und Baudissin, die Planung und Aufbau der Bundeswehr begleitet hatten, gemeinsam zu dem besorgniserregenden Urteil, die Militärreform der Bonner Republik sei »gescheitert«.[53]

Die innere Reform des Militärs

Die Manifestation des Ewig-Gestrigen im Militär im Frühjahr 1969 wurde mit dem Satz kommentiert: »Die Restaurateure bliesen zum letzten Gefecht.«[54] Dieser Eindruck konnte bei einem Betrachter der fünfziger und sechziger Jahre aufkommen, da die Militärelite sich gewissermaßen noch in ungebrochener Kontinuität wähnte, als sie für eine nach altem Vorbild formierte Welt kämpfte. Man könnte die Plädoyers des Traditionalismus – »Maske« der Reform – auch als politisches Signal für den im Herbst 1969 anstehenden Wahlkampf bewerten. Das in Himmerod konstruierte Vorbild für die Bundeswehr war zu eng, geradezu realitätsfremd gewesen, verkrustet und verödet, ohne Leben. Die verbalen Attacken waren ein letztes Aufbäumen, in gewohnter Weise an der Wehrmacht anzuknüpfen: die »Perfektionierung eines Anachronismus«[55].

Es folgte ein Politikwechsel. Unter dem Leitmotiv der Regierungserklärung von Kanzler Willy Brandt – »Mehr Demokratie wagen!« – war der Republik der sozial-liberale Aufbruch beschieden. Im Spätherbst des Jahres 1969 übernahm Helmut Schmidt das Ministerium. Er holte die Armee aus dem politischen und gesellschaftlichen »Abseits« heraus.[56] Sein Name ist in der historischen Bewertung herauszuheben, da er programmatisch die fundamentalen Reformen der Bundeswehr verankert hat, deren Grundlinien im berühmten Weißbuch 1970 vorgelegt wurden: »die Einordnung der Streitkräfte in die freiheitlich-demokratische Verfassungsordnung« sowie die »Garantie der Grundrechte« für die Soldaten als »Staatsbürger in Uniform«.⁵⁷ Aus Politik, Wissenschaft und Wirtschaft kamen Impulse für die zweite Phase der Militärreform, in der die Bundeswehr ihre normale, in großen Zügen akzeptierte Gestalt gewann. Heftige Kontroversen hingegen begleiteten für Jahre die Umsetzung der Reformpolitik. Das Fundament legten umfassende Innovationen im militäreigenen Bildungssystem, bei der sozialen Rekrutierung der Offiziere, den Beteiligungsrechten, in der Verwaltungsorganisation und in der Militärstruktur.

Auch nach außen trat ein Wandel ein, als der Auftrag der Bundeswehr aufgrund der sicherheitspolitischen Definition der Entspannungspolitik, deren Übernahme die NATO schon im Dezember 1967 beschlossen hatte, modifiziert wurde. Die NATO hatte die Strategie der »Massiven Vergeltung« gegen den Widerstand der Deutschen fallengelassen, um politischen Aspekten der Sicherheit mit einer »Flexiblen Reaktion« mehr Raum zu geben. Die Doktrin der massiven »Vernichtung« aus der operativen Kontinuität zum Weltkrieg verlor nun endgültig ihre Relevanz. Die erste Phase des Kalten Krieges lief aus; sogar das Feindbild wurde offiziell aufgegeben, als 1974 in Helsinki der Entwurf einer europäischen Friedensordnung beschlossen wurde.

Die Bundeswehr fand sich zu Beginn der siebziger Jahre in einem anderen militärpolitischen Rahmen wieder. Auch dem Traditionalismus, dessen Basis das direkte Vorbild der Wehrmacht gewesen war, stand ein Wandel bevor. Das Profil der Bundeswehr änderte sich, die Auswirkungen der zweiten Phase der Militärreform gaben ihr die ersehnte »Normalität«. Die Prozesse, geleitet vom schwerfälligen Apparat einer großen bürokratischen Organisation, liefen mühsam und langsam.

3.
Nach der Reform:
Die neue Etappe der Politisierung

Nach dem von Minister Schmidt eingeleiteten Umbau der Bundeswehr waren die Exponenten des Traditionalismus zunächst in Deckung gegangen, gewiß waren manche auch irritiert. Dennoch gelang es ihnen, während der Reformära eine bemerkenswerte Kontinuität des traditionalistischen Denkens zu sichern. Hier liegt einer der Gründe dafür, daß später das Pendel um so leichter wieder gegen die Reformziele ausschlagen konnte.

Wandel und Politisierung des Traditionalismus

Der Kern der militärischen Ideologie vom Beruf sui generis wurde bereits während der Planungs- und Konzeptphase der Reformpolitik rekultiviert. Beinahe unglaublich ist, daß die Arbeit an der Modifizierung des Traditionalismus begann, bevor die einzelnen Maßnahmen der Reform benannt oder festgelegt waren. Jene Militärs, die die Reformpolitik als unvereinbar mit ihrem Verständnis von soldatischer Existenz empfanden, konzentrierten sich im Heer, vor allem in der Panzertruppe, wo das Vorbild »Wehrmacht« hohe Relevanz gehabt hatte.

Den Fehdehandschuh »Reform« griff General Eike Middeldorf gleich nach der Wahl der Regierung Brandt auf. Schon im Oktober 1969 rief er nach Beratungen in Unna, im Kommandostab, die Offiziere seiner Division zusammen, die ein Dokument des Protests, das »Hauptleute-Papier«, gegen die von Schmidt anvisierte Militärreform erarbeiteten.[58] Das zunächst geheim gehaltene »Papier« war für die oberste Bundeswehrführung bestimmt. Dort erfüllte es den Zweck, in den innerministeriellen Arbeitspro-

zessen die Argumente gegen die Reformpolitik aufzubereiten, möglicherweise auch zu organisieren. Damit gelang es,
– manche Aspekte der Umsetzung der Reform jahrelang zu verschleppen,
– die angestrebte Reichweite ihrer Ziele zu begrenzen und
– mit Hinweisen auf die Praxis des Militärs und pragmatischer Bedürfnisse manche Teilreformen überhaupt zu verhindern.

Die Militärreform wurde nach dem in diesem »Papier« formulierten Konsens der Militärelite eingeschränkt. Schließlich hatte das »Hauptleute-Papier« auch die langfristige Bedeutung, alle Themen, die in den achtziger und neunziger Jahren den Traditionalismus charakterisierten, aufzubereiten.

Der Traditionalismus trat hier in gewandelter Gestalt auf. Auffällig ist ein ausgesprochen politischer Anspruch. Die einstigen »unpolitischen« Präliminarien fanden eine Plattform. Das Credo lautete: Militärreform gleich linke Politik gleich »Politisierung der Armee«. Die politische Entwicklung – die sozial-liberale Koalition – trage die Verantwortung für »einen ständigen Schwund von Vertrauen«, der »bedenkliche Ausmaße« erreicht habe. Offen wurde gegen oberste Bundesorgane, den Kanzler und den Präsidenten Front gemacht. Die Ost- und Entspannungspolitik der Bundesregierung wurde abgelehnt, obwohl sie für das Militär seit dem Harmel-Bericht der NATO vom Dezember 1967 verbindlich war. Außerdem wurde behauptet, die Worte von Bundespräsident Gustav Heinemann, der Friede sei der Ernstfall, hätten dazu beigetragen, den »für die Sicherheit unseres Landes unerläßlichen Wehrwillen« in der Bevölkerung zu vernachlässigen oder »bewußt« zu unterminieren. Dahinter verberge sich eine »Verharmlosung der wahren Zielsetzung« der Machtpolitik der Sowjetunion.

Den Schwerpunkt des »Hauptleute-Papiers« bildeten die Ausführungen zum militärischen Selbstverständnis. Zunächst wurde der Primat der demokratischen Politik grundsätzlich bejaht, anschließend jedoch behauptet, er müsse grundsätzlich eingeschränkt werden, falls »Gefahr für Geist, Gefüge und Bestand der Armee« bestehe. Eine solche Gefahr drohe bereits jetzt durch die Politik dieser (sozial-liberalen) Regierung. Aus der vermeintlichen »Verantwortung vor Staat und Auftrag« leiteten die Verfasser eine spezifische »Verpflichtung« des Militärs ab und definierten »Gesichtspunkte« für einen politischen Primat, »welche der Besonderheit des militärischen Auftrages entsprechen«.

Erneut wurden mehr Einfluß, mehr Macht für das Militär gegenüber der Politik gefordert. Die (sozial-)demokratische Reformpolitik fand keine Akzeptanz. Die Kooperation mit Minister Schmidt wurde als »Hörigkeit militärischer Führer« diffamiert. Da sich das erwünschte »Eigengewicht militärischer Entscheidungen« gemäß der obigen Definition nicht hatte durchsetzen können, mahnten die Offiziere lapidar den »gleichberechtigten Dialog«, eine Parität von Militär und Politik an.

Der Stellenwert des »Papiers« kann gar nicht hoch genug eingeschätzt werden, suchten doch die Verfasser eine Rangerhöhung des Militärs nach dem Vorbild der Reichswehr in der Bonner Republik staatsrechtlich abzusichern. Ihre Forderungen legitimierten sie mit dem Hinweis, sie seien »alle in dieser Demokratie aufgewachsen«, doch in Wahrheit zögerten sie nicht, selbstherrlich die Machtbalance des Bonner Regierungssystems umzustülpen, da sie die Gültigkeit von Grundgesetz und Gesetzen nur gemäß ihrer paritätischen Auslegung akzeptierten. Eine bedenkliche Etappe der Politisierung des militärischen Denkens.

Den zweiten Schwerpunkt legten die Verfasser auf die soldatischen Tugenden: Die Bundeswehr leide unter dem Versagen der Gesellschaft. Die Medien müßten wieder einen »Beitrag zur Erziehung zum Wehrwillen« leisten, im Militär selbst mangle es an der »Anerkennung des Wertes der formalen Disziplin« und der »Formalausbildung«. Der

Beruf des Militärs stünde in »Gegensatz zu allen anderen Berufen«: ein Beruf sui generis. Das »Bild des Soldaten« solle vom Ideal des »Kämpfers« geprägt sein: »Der Soldat muß in erster Linie als Kämpfer anerkannt, nicht aber als militär-technischer Spezialist begriffen werden.« Unter diesen Bedingungen diene die »Erziehung des Soldaten« allein der »Schlagkraft der Armee«.

Die gesellschaftspolitische Dimension der Militärreform wurde am stärksten kritisiert, da diese die »Integration in die Gesellschaft [...] höher veranschlagt« als den »Kampfwert der Soldaten«. Die Öffnung gegenüber der Gesellschaft, eine der Grundlagen der »Inneren Führung«, fand keine Zustimmung. Das Fazit des »Papiers« der Gegenreform wird in folgendem Zitat deutlich: »In dieser Form ist ›Demokratisierung der Armee‹ nicht nur unangebracht, sondern schädlich.«

Die Verfasser entwickelten, wenn auch an manchen Stellen in der Diktion des Dokuments von Himmerod, eine gewandelte Form des Traditionalismus. Dabei verfingen sie sich in Widersprüchen. Unter Hinweis auf die »unpolitische« Haltung von Reichswehr und Wehrmacht wurde eine politische und soziale Sonderrolle in der Gegenwart gefordert. Die gewünschte Politisierung verstand sich selbstverständlich als Politik gegen »links« und begründete die gewohnte Nähe zur CDU. Beide, die Opposition und die Traditionalisten, waren in den siebziger Jahren machtlos; sie verbanden den aktuellen Kampf gegen die Regierung mit der Gegenreform. Sie gingen ein politisches Bündnis ein, das Folgen haben sollte. In dem »Papier« stand abschließend: die »Verantwortung« gebiete, »die gesamten Reformpläne, insbesondere unter Berücksichtigung der Truppenbelange, zu überprüfen«.

Aus der Distanz betrachtet, fällt die wenig feinsinnige Art der Argumentation auf. Die markigen Worte stellten der politischen Kultur der Bundeswehr des Jahres 1970 kein gutes Zeugnis aus. Das »Papier« aus Unna stand für eine bis dato unbekannte Macht zur Einhegung der Reformpolitik sowie zur Entfaltung eines neuen Traditionalismus. Und es wurde vielfältig flankiert, zogen doch damals die alten Traditionalisten ihre geheimen Denkschriften von 1950/51 aus den Schubladen, um mit dem Mythos Wehrmacht ihren früheren Einfluß zu erneuern. Die Minister, nicht nur Georg Leber und Hans Apel, sondern auch bereits Helmut Schmidt, haben ihn zu spüren bekommen. Schon im Jahr 1973 konnte ein aktiver General in einer Bundeswehr-Zeitschrift wieder offen den Lehrsatz des Traditionalismus zur Abgrenzung des Militärs von der Gesellschaft schreiben: »Die Gesellschaft ist nicht das Maß aller Dinge.«[59]

Die Anzeichen einer allgemeinen »Tendenzwende« häuften sich. Sie dämpften die Erwartungen nach dynamischen Veränderungen durch die Politik. Statt dessen lösten sie Reformen ab, um dem Bedürfnis nach Stabilisierung der Verhältnisse nachzukommen und um in die, wie Jürgen Habermas erkannte, »dann einsetzende Restaurationsphase« überzuleiten.[60] Auch Baudissin, der alte Reformer, spürte als wachsamer Beobachter die neuen aktiven Zeichen der traditionalistischen Politik, die auf eine soziale und mentale Sonderwelt im Militär drängte. Daher sah er sich Ende der siebziger Jahre veranlaßt, Bedenken darüber zu äußern, daß bereits wieder »die Lehre vom unaufhebbaren Gegensatz zwischen Zivil und Militär und von der politisch-gesellschaftlichen Exterritorialität der Soldaten« Anerkennung finde und diese »wirklichkeitsfremde, gefährliche Ideologie« in der Bundeswehr verbreitet werde.[61] Noch war er ein einsamer Rufer.

Traditionalistischer Kult der »geistigen Wende«

Doch kaum drei Jahre später erhielt der Traditionalismus mit der Ernennung von Manfred Wörner zum Minister neuen Auftrieb. Die »geistige Wende« nach 1982 stellte in der Bundeswehr offiziell das politische Signal auf Distanz und Gegenreform zur Militärreform des Altkanzlers Schmidt.⁶² Das Bündnis von politischer Opposition und militärischen Traditionalisten (nach 1969) gab der Politik der Regierung (nach 1982) den neuen Handlungsrahmen.

Die Wurzel allen Übels wurde plakativ wahrgenommen: »Es ist der Geist der Truppe.« Das Jahrzehnt der Reformen hätte die Bundeswehr zu einer »Friedensarmee« im Sinne des Wortes des ehemaligen Bundespräsidenten Heinemann, der Frieden sei der Ernstfall, verkommen lassen. »Die Bundeswehr lechzte geradezu danach, als Spiegelbild der Gesellschaft gelobt zu werden.« Süffisant wurden zivile, bürgerliche Werte gegen die militärischen Normen gestellt: »Der Wertepluralismus [...] eroberte auch die Bundeswehr und löste eine tragfähige Basis gemeinsamer Wertvorstellungen auf.« Dank der Wertewende von Wörner sei das »Ende der Zivilisierung« des Militärs erreicht.⁶³

Der Beraterkreis um den neuen Verteidigungsminister, angeführt von Dieter Farwick und Dieter Stockfisch sowie der Führungsgruppe im Planungsstab, griff auf plakative Parolen der restaurativen Vergangenheit der sechziger Jahre zurück: »Man muß der Armee geben, was der Armee ist.« Eine öffentliche Kampagne für »mehr Wehrmotivation« legitimierte unmißverständlich das soziale Eigen- und Sonderleben des Militärs. Die »Integration in die pluralistische Gesellschaft« sei ein »verhängnisvolles Konzept«, was die »Desintegration aus der militärischen Gemeinschaft« zur Folge habe; die »spezifisch soldatischen Normen« müßten endlich wieder ihren Platz erhalten.⁶⁴ Dieses normative Maß diene der »Effektivität« des Soldaten.⁶⁵ Ziel der Bundeswehrführung war es, die gesellschaftlichen Einflüsse zugunsten der korporativen Geschlossenheit im Militär zurückzudrängen, um damit das neue, einigende Band, die »Kampfmotivation«, eine motivationale Kohäsion der Gemeinschaft der Truppe zu begründen – wie es sie damals in der Wehrmacht gegeben hatte. Der Soldat der Bundeswehr müsse sich als »Kämpfer« begreifen, dessen Ideal sich in der »Kampfbereitschaft« der Armee manifestiere.

Das politische Konzept Wörners wurde von zwei Prämissen geleitet. Ideologisch zielte es darauf ab, einen Wall gegen den Pluralismus der Gesellschaft aufzubauen, realpolitisch folgte ein gewichtiges Bündel von Eingriffen in das gesamte militäreigene Bildungssystem und in die Personalselektion – beides Sektoren, die langfristige Wirkungen auf die innere Konsistenz der Bundeswehr hatten. Die Grundsätze der »Inneren Führung« verloren, weil sie in der amtlichen Politik zurückgesetzt wurden, weiter an Akzeptanz.[66]

Warum die Politik für die »geistige Wende« in den achtziger Jahren am militärischen Ethos der sechziger Jahre anknüpfte, erklärt sich bereits aus der Wahl der Kronzeugen. Die Alten von damals, Schnez, Grashey oder Karst, standen für eine »Reaktivierung und -etablierung tradierter soldatischer Struktur-, Mentalitäts- und Verhaltensmuster im Militär«[67]. Die Politik bezog sich auf die Schlagwörter der Schnez-Studie von 1969, in der »die von der Sache her gebotene Eigenständigkeit […] des Soldatenberufs« und die Reform der Gesellschaft an »Haupt und Gliedern« eingeklagt worden war, damit »die Kampfbereitschaft des Heeres entscheidend« gehoben werde.[68] Diesem Ziel war Wörners Politik primär verpflichtet. Anfang 1982 wurden daher die Ziele der Gegenreform mit dem Konzept begründet, das »in der Schnez-Studie unmißverständlich zum Ausdruck gekommen war«[69].

Was 1969/70 im »Hauptleute-Papier« von Unna sowie in der Schnez-Studie entwickelt worden war und damals skandalträchtig als Übergriff des Militärischen angesehen wurde, fand mit der Wertewende in fataler Weise öffentliche Anerkennung und wurde amtlich Politik. Einige wichtige Elemente der Militärreform von Schmidt wurden nicht angetastet; sie wurden als Modernisierung, als Reorganisation, als Optimierung der Funktionsfähigkeit und als Elemente der allgemeinen militärischen Effektivitätssteigerung gewertet. Aber der »Geist« wurde neu nach altem Muster ausgerichtet. Anfang der achtziger Jahre zogen die alten Generale wieder durch die Säle der Akademien, der Stäbe und Schulen der Bundeswehr und predigten das militärische Ethos der Vergangenheit. Die ideologischen Ziehväter des Traditionalismus aus der Gründerzeit der Bundeswehr wurden von der Söhnegeneration reaktiviert. Die »Schnez-Söhne« aus Unna hatten das Sagen.[70] Wie ehedem, in der Tradition von Reichswehr und Wehrmacht, forderten sie das »Umdenken« in Militär und Gesellschaft. Farwick verlangte sogar ein »Umdenken« bei »der Bevölkerung der westlichen Demokratien«.

Der Kämpfermythos der Wehrmacht

An den Gräbern gaben sie Zeichen. In Uniform nahmen Soldaten der Bundeswehr teil am Begräbniszeremoniell von Großadmiral Dönitz, dem Nachfolger Hitlers als Reichskanzler im Mai 1945, und Flieger-Oberst Rudel, in den Jahren 1980 und 1982. Das verbreitete Unbehagen, das in kritischen Kommentaren der Medien aufgekommen war, teilte Wörner nicht; im Gegenteil, er sagte öffentlich die Aufhebung des Traditionserlasses der Bundeswehr zu.[71] Er wollte auch generell eine Tradition zur Wehrmacht als Institution des NS-Regimes herleiten. Wie im Weißbuch 1985 dokumentiert wurde, erschöpfte sich die versprochene Aufhebung des Traditionserlasses in der »Bewahrung von Beispielen vorbildlicher soldatischer Leistung und Haltung« im »verpflichtenden Bestand der Tradition«. Die Ambivalenz dieser Worte erlaubte es dennoch, im Alltag der Bundeswehr Traditionslinien zur Wehrmacht aufzubauen. Dafür einige Beispiele. In der Hessenkaserne fiel das Jubiläum »50 Jahre Panzertruppe« besonders auf. Es war an sich ein Skandal und wurde mit hohem Aufwand der Öffentlichkeit vorgestellt. Das gleiche trifft zu für die Aufwartung des Korpskommandeurs von Ulm mit dem Heeresmusikkorps anläßlich des 90. Geburtstages von Ernst Jünger.[72] Auch scheute sich das Evangelische Kirchenamt nicht, die Stellungnahme eines Generals zu veröffentlichen, es sei »heute« nicht mehr angebracht, »ganze Gruppen oder Verantwortungsebenen« der Wehrmacht »pauschal« zu verurteilen.[73] Wörner setzte, wenn er auch nicht das Tabu der Verbrechen der Wehrmacht hatte auflösen können, binnen kurzem einiges in Bewegung.

Die Militärpolitik der »geistigen Wende« rekultivierte den Traditionalismus langfristig über das Ausklingen des Kalten Krieges bis weit in die neunziger Jahre hinein: Ein für die Bundeswehr typischer eigener »Kämpfer«-Kult wurde gepflegt. Dieses neue Selbstverständnis der Bundeswehr knüpfte zweifellos an die von Krieg und Militär dominierten Intentionen eines Schnez an, aber es gewann darüber hinaus eine starke Eigendynamik, indem weitere historische Bezüge für Sinn, Motivation und Normen in der Erziehung und Ausbildung herangezogen wurden. Dieser Traditionalismus zeigte Unterschiede zu dem der sechziger Jahre, als man geradezu wortwörtlich das Vorbild der Wehrmacht in die Bundeswehr zu übertragen versucht hatte. Man könnte ihn auch als neotraditionalistisch bezeichnen. Der Umbau der Bundeswehr kam bald. Richtlinien wurden 1985 auf der Kommandeurtagung für die diversen Ausbildungsebenen vorgetragen. Als oberstes Lernziel wurde »hinreichende Kriegstüchtigkeit« festgelegt. In der technisierten Armee sollte ein Soldat überall »auch ohne sein Hauptgerät oder Waffensystem als Kämpfer« taugen, den »nichts mehr aus der Fassung bringt.«[74] Das Zauberwort der »realitätsbezogenen« und »kriegsnahen Ausbildung« kam auf.[75]

Nicht alle Etappen der Entwicklung können hier nachgezeichnet werden. Wichtig ist beispielsweise, daß die Propaganda für den »Kämpfer«-Kult noch radikalisiert wurde, nachdem in Europa der Kalte Krieg zusammengebrochen war. Eine ideologische Aufrüstung setzte ein. In Vorbereitung der Umformulierung des Auftrags der Bundeswehr wurde 1991 die Parole ausgegeben: »Der Krieg ist der Ernstfall!« Der Stachel des Postulats von Heinemann, der Frieden sei der Ernstfall, hatte wohl tief gesessen. Nun endlich konnte man diese Last abstreifen: »Auf die Kriegstüchtigkeit der Bundeswehr ist alles auszurichten, Ausbildung, Ausrüstung und Struktur.« Auch sei die alte Devise – »kämpfen können« – überwunden; jetzt gehe es um »kämpfen wollen!« Das sei das neue militärische »Ethos«, das Sinnvermittlung und Motivation des Soldaten durchdringen müsse.[76] Der so sprach, war als General für die Ausbildung zuständig. Er kannte sich in der Kriegsgeschichte aus, in der es so fabelhafte Beispiele für die Lehre in Operation und Taktik gab, wie sie die Panzer- und Vernichtungsschlachten, »bedeutende Schlachten und Feldzüge« von »Tannenberg 1914« bis »Charkow 1943 oder die Ardennen-Offensive 1944«, geliefert hatten. »Nach wie vor wird man deshalb in der militärischen Ausbildung gut beraten sein, gelegentlich einen Blick in den reichen Erfahrungsschatz der Wehrmacht zu werfen.« Das war neu: Schlachten und Feldzüge der Wehrmacht wurden in Parallele zu den vierziger und fünfziger Jahren, als die »sauberen« Tugenden eines Soldaten vom politischen und moralischen Zeitbezug gelöst worden waren, zu »sauberen« Operationen von Großverbänden verklärt. Nun dienten sie als normale Beispiele für die taktische und operative Lehre der Panzerverbände. An diesen historischen Kontext muß man erinnern, da diese Leitbilder künstlich in die Bundeswehr geholt wurden, als diese einen neuen Auftrag erhalten hatte und Panzerschlachten der Vergangenheit angehörten. Sollte solches Traditionsgut die Bereitschaft zu Einsätzen im internationalen Verbund fördern? Darum »kämpfen wollen«?

Unter diesem Blickwinkel wird klar, wie störend, ja geradezu dysfunktional 1995 die Ausstellung zu Fragen an die Geschichte der Wehrmacht – »Vernichtungskrieg« – die

militärische Führung traf. Denn deren Propaganda des
»Kämpfer«-Kults war aufs engste mit der Akzeptanz der
kriegerischen Tugenden der Schlachten des 20. Jahrhunderts, gerne soldatisches Ethos genannt, verbunden, wie sie
im Mythos der Wehrmacht verfügbar gemacht wurde. Die
militärische Ideologie stand auf dem Prüfstand; Einseitigkeit und Rechtslastigkeit wurden offenbar. Insofern berührte die Ausstellung mehr als nur die entwickelte Traditionspolitik zur militärischen Vergangenheit, sie bedrohte
die intendierte Ausrichtung der aktuellen Bedürfnisse der
Bundeswehr nach einem neuen Selbstverständnis.

Daher bereitete die öffentliche Resonanz »Sorgen«. Warum nicht die Wehrmacht anerkennen? »Warum«, fragten Generale, »warum stellt sich dem so hartnäckig politischer Widerstand entgegen?« Denn in der Wehrmacht dienten »Deutsche, wie heute auch«. Sie waren »von Volk und Regierung
ins Feld geschickt worden«. Sie »folgten dem seinerzeitigen
Gesetz«.[77] Diese Worte vernebelten die reale Wehrmacht und
lösten den Krieg aus der politischen Verantwortung.

Historisierung eines Sonderlebens

Die Bundeswehr scheute kaum Mühen, die »von Freund und
Feind bewunderte Kampfmoral der Wehrmacht« in offiziösen wie amtlichen Schriften bekannt zu machen.[78] In den
Führungsetagen der Hardthöhe herrschte Bereitschaft,
einen pauschalen Traditionalismus hinzunehmen. In einer
Generalsschrift wurde sogar gefordert, »die gesamte Tradition des preußisch-deutschen Generalstabs für den Generalstabsdienst der Bundeswehr verbindlich« zu erklären. Sogar
die seit den fünfziger Jahren unbestrittene Bewertung, die
Reichswehr der Weimarer Republik könne keine Tradition
für die Bundeswehr bilden, wurde expressis verbis zur Disposition gestellt. Das »Erbe« des Generals Seeckt wie auch
das von Halder wurde für die Bundeswehr beschworen.[79]

Traditionslinien zu direkten Taten der Wehrmacht oder zur Politik der Abkapselung in der Weimarer Republik wurden herausgearbeitet, obwohl die historische Wissenschaft und die politische Bildung bislang keinen Zweifel an der notwendigen Distanz gelassen hatten. Erstmals setzte sich die Bundeswehr mit Themen auseinander, die aus guten Gründen der politischen Kultur bislang unter ein Tabu gefallen waren. Der deutsche Generalstab gehört dazu. An einem Satz dieser Generalsschrift soll illustriert werden, wie die Geschichte durch Weglassen oder Verkürzen für die Gegenwart – halb wahr und doch halb falsch – nutzbar gemacht wurde. Pauschal heißt es über die Wehrmacht: »In den Schlachten des Zweiten Weltkrieges zeigte der deutsche Generalstabsoffizier wiederum herausragendes Können.«[80] Hier fehlen viele notwendige Fakten und Urteile, die für die historischen Einordnung und Problematisierung unabdingbar sind. Das »herausragende Können« kann nicht als typische und abschließende Bewertung für die leitenden Stäbe der Wehrmacht akzeptiert werden, auch wenn sie im »Ostfeldzug« noch so gute operativ-fachliche Planungen vorlegten. Der Autor gibt keinerlei Hinweise auf den politischen und ns-typischen Charakter der Eroberungen für Lebensraum im Osten oder die sozialdarwinistische Ideologie der Kriegführung mit ihrer Vernichtungsdoktrin. Da viele Befehle darauf basieren, sind sie nicht geeignet, »fachliche« Leistungen zu dokumentieren. Des weiteren fehlt jegliche Problematisierung von Ehre, Pflicht und Verantwortung. Nach Stalingrad hat ein derartig begrenztes, einseitiges und unreflektiertes Urteil über »den deutschen Generalstabsoffizier« keinen Bestand. Schließlich ist es unzulässig, kein Wort darüber zu verlieren, wie der Generalstab mit dem NS-System »verquickt« war oder ob er gar als »Vollstrecker« der Hitlerschen Politik anzusehen ist. Die Bewertung »herausragendes Können« steht für eine historische Fehldeutung, für eine Geschichtsamputation. Ganz im Stil des neotraditionalistischen »Papiers« von Unna wurde nebenbei die Militärreform von Helmut Schmidt schlicht als »Posse« qualifiziert.[81]

Immerhin scheute sich ein General der Bundeswehr am Ende der neunziger Jahre nicht, die unselige Militärpolitik der Weimarer Republik, jene Politik für einen Militärstaat im Staat als »Erbe« des Generals Seeckt für die Bundeswehr verfügbar zu machen. Nach Erscheinen der Publikation im Jahr 1997, die offiziell vom »Führungsstab des Heeres« im Bundesministerium der Verteidigung herausgegeben worden war, wurde der Autor, ein General, an die Führungsakademie der Bundeswehr versetzt, zuständig für Ausbildung und Lehre. Hatte Rühe diese Entscheidung zu verantworten, beförderte Rudolf Scharping später den General noch. Wie kann das Bündnis aus Politik (einer Kontinuität von CDU und Sozialdemokratie) und Militär bewertet werden? Offiziös und öffentlich wurde eine militärische Vergangenheitspolitik entwickelt, die nach einer Geschichtsklitterung das soziale und politische Vorbild von Reichswehr und Wehrmacht in die Bundeswehr zu transportieren suchte: »Vielfältig wirkt das Erbe früherer Generalstabsoffiziere in der Bundeswehr weiter.«[82]

Die Folgen dieser historischen Engführung spürten auch aufmerksame Beobachter in der Bundeswehr. Das »Zentrum Innere Führung« in Koblenz nahm seine Funktion wahr. In seinem 1997 vorgelegten Jahresbericht wurde das Zusammenwirken des »Kämpfer«-Kults und der Perzeption der Wehrmacht kritisiert. Das infolge des Umbaus der Bundeswehr angestrebte Berufsprofil der Offiziere sei zu eng, eigentlich unprofessionell. In der Bundeswehr werde ein »apolitischer Soldatentypus« erzeugt, dem es eklatant an »Hintergrund unserer Geschichte« fehle. Doch diese Erkenntnisse wurden im Ministerium einfach ignoriert und das Zentrum gemaßregelt. Die dezidierte Politik der traditionalistischen Ausrichtung hatte Auswirkungen, die zu Lasten der Professionalität ging. In der Ausbildung wurden »die tradierten Werte des Offizierberufes betont und tendenziell Züge einer asketischen Elite propagiert«[83]. Der »Kämpfer«-Kult orientierte sich an überholten Milieus, genährt von einer »Kämpfer«-Gesinnung, daher gab es noch die zweite Seite, die Auswirkungen auf das Selbstverständnis des Militärs, das eine politische und soziale Sonderrolle suchte. Das war keine angemessene Antwort auf die Notwendigkeit der Modernisierung und des Paradigmenwechsels der Militärpolitik.[84]

Gesellschaftspolitischer Revisionismus

Die Politik der »geistigen Wende« polte in den achtziger Jahren die »Führung der Bundeswehr« um und veränderte das militärische Selbstverständnis stark. Ihre zuvor entwickelte Normalität wurde geächtet, die »Jahre der verwirrenden Einflußnahme« durch den Pluralismus wurden beendet. Dem wurde das militärische Milieu des »Kämpfer«-Kults entgegengestellt: Eingriffe in die Struktur der Ausbildung und der Personalpolitik unterstützten das Ziel, ein militärisches Milieu zu entwickeln. In der nach 1990 proklamierten »Armee der Einheit« setzte sich der Trend fort. Den vorläufigen Höhepunkt dieses Revisionismus bildete eine oberste Weisung. Sie rüttelte an die Grundlagen der »Inneren Führung« und berührte das Verhältnis des Militärs zu Gesellschaft, Staat und Politik. In früheren Dienstvorschriften (ZDv 10/1) war festgelegt worden, alle Angehörigen der Bundeswehr seien verpflichtet, »die Integration der Bundeswehr und des Soldaten in Staat und Gesellschaft zu fördern«. Dieses Ziel war demokratiekonform.

Am 29. Juli 1994 erließ der Inspekteur des Heeres, Hartmut Bagger, eine Weisung mit dem Titel »Anforderungen an den Offizier des Heeres«. Darin wurden die Lebenswelten von Staat und Gesellschaft einerseits und des Militärs andererseits voneinander geschieden. Sie seien durch »unterschiedliche Werthierarchien, Leitbilder, Normen und Verhaltensweisen« zu charakterisieren: Hier die Zielsetzungen der »freiheitlichen, pluralistischen Staats- und Gesellschaftsordnung«, dort »dagegen« die Bedingungen der »hierarchisch aufgebauten Armee« mit ihrer »Ein- und Unterordnung«. Das militärische Milieu erhob kollektiv Anspruch auf Geltung gegenüber den grundrechtlichen Werten. Der so behauptete Unterschied ist jedoch unvereinbar mit dem Postulat der »Kongruenz« oder mit dem Ideal der »Integration« von Militär und Gesellschaft. Der Befehlsweg half, die Gültigkeit der Werte der »Inneren Führung« zu beschneiden und auf den geringstmöglichen Nennwert zu begrenzen. Doch der Inspekteur plädierte nicht für die völlige Abkapselung. Er ließ noch ein »Bindeglied zwischen Bundeswehr und Gesellschaft« bestehen. Dieses Bindeglied stellte der Reserveoffizier dar, dem die »wichtige Aufgabe« blieb, »Spannungen« zwischen Gesellschaft und Militär zu mindern.

Diese Weisung, in der dem Anspruch von der eigenen Welt des Militärischen, dem Beruf sui generis, weiter Geltung verschafft wurde, tangierte die verfassungsrechtliche Konstitution der Bundeswehr. Der Minister, Volker Rühe, empfahl diese Weisung als zeitgemäßes Beispiel der »Inneren Führung« der besonderen Aufmerksamkeit. Seine Anerkennung gipfelte in der Ernennung des Generals Bagger zum obersten Soldaten der Bundeswehr, zum Generalinspekteur.

*Das Fortwirken
falscher Vorbilder der Militärgeschichte*

Politik und Militär handelten in den neunziger Jahren erneut in traditionalistischer Weise gemeinsam – ebenso wie es in den fünfziger Jahren festzustellen war. Politik und Parlament wurden dabei ihrer Verantwortung nicht in ausreichendem Maße gerecht, auf Liberalität und Pluralität im Militär zu achten. Auch die militärische Führung verlor ihre gesetzlich vorgegebenen Aufgaben aus dem Visier, die Integration von gesellschaftlichen Werten und professionellem Expertentum ernsthaft zu betreiben. Die sozialen und politischen Normen der »Inneren Führung« reduzierten sich allmählich auf ein so erschreckend niedriges Niveau, daß von einer »Erosion« in den neunziger Jahren gesprochen wird.[85] Es droht ein Zustand, in dem die Bundeswehr »substantiell von ihrem demokratienotwendigen zivilgesellschaftlichen Integrationsbezug losgelöst wird« und auf ein Motivationskonzept des »Kämpfer«-Kults verkürzt wird.[86]

Von erheblicher Bedeutung für diesen Verlust ist auch das Wiederaufleben der traditionalistischen Bestrebungen dort, wo mit dem Rückgriff auf die Geschichte eine soziale und mentale Sonderstellung des Militärs legendenhaft verbrämt wird. Ähnlich wie bei der »sauberen« Operationsgeschichte der Wehrmacht für das Konzept der Landesverteidigung wurden falsche Vorbilder aus der Geschichte für die Formierung des inneren Lebens des Militärs, für Tendenzen der mentalen und sozialen Abkapselung sowie der politischen Eigenwelt herangezogen. Die Folgen wurden bagatellisiert oder übersehen. Der konstruierte »Mythos Wehrmacht« spritzt also auf zweierlei Weise sein Gift in die Bundeswehr, indem er die Motivation der Truppe einseitig nach dem falschen Vorbild des »Kämpfer«-Kults ausrichtete und indem er den offenen, pluralistischen Bezug zu Politik und Gesellschaft unterminierte.

Diese Defizite sind gravierend. Ihre Wirkungen werden bei einem schieren Umbau des Militärs noch verfestigt, sie könnten aber in einer umfassenden Reform aufgefangen werden. Der Wehrbeauftragte mahnte daher, die mittelfristigen Planungen der Bundeswehr müßten dringend an die Normen der »Inneren Führung«, also »zu den Bürgerrechten und -pflichten rückgekoppelt werden«[87]. Gewichtige Impulse werden nötig sein, um die zivil-militärischen Standards eines zeitgemäßen Militärs wieder aufzubauen und die Offenheit der politischen Kultur der Bundesrepublik verbindlich zu machen. Der Traditionalismus eröffnet dafür keinen Weg, auch wenn er seine Kräfte aus der unreflektiert belebten militärischen Geschichte der fünfziger Jahre zu ziehen sucht. Doch es kann nicht gelingen, aus der restaurativen Enge des damaligen Traditionalismus die Orientierung für eine progressive Reform, die in diesem Sinne mehr als ein Umbau der Bundeswehr sein muß, zu gewinnen. Allerdings müßte dafür auch das Hindernis weggeräumt werden, die Kasernentore für den »Mythos Wehrmacht« und für Idole aus Weimarer Verhältnissen weiterhin geöffnet zu halten. Nur eines ist klar: Die aktuelle Misere des Ideals vom »Staatsbürger in Uniform« – gern in öffentlichen Sonntagsreden hochgehalten – wurde de facto von vielen verabschiedet. »Innere Führung« droht, zu einer Karikatur ihres alten Leitbildes zu werden oder, wie ein alter Offizier auf einer Tagung im Sommer 2001 bitter spottete, zu einem Gartenzwerg im Schrebergarten der Bundeswehr.

Technokraten in Uniform, apolitisch, historisch nicht gebildet, nur handwerklich versiert, motiviert als »Kämpfer« – diese scharfen Urteile aus der Bundeswehr über die Bundeswehr zeigen, daß das Gewicht des Traditionalismus überhand genommen hat. Allzu intensiv wurde bis in die Gegenwart das Vorbild der Reichswehr und der Wehrmacht für ein Konzept der Landesverteidigung propagiert, so daß die Verwirrung in der historischen Orientierung den Boden für eine militärische Subkultur bereitet. Was macht heute die »normale« Gestalt der Bundeswehr aus? Wenn die »Innere Führung« keine Impulse erhält, wird nicht nur das Profil der zivil-militärischen Verhältnisse eingeebnet, dann verliert die Bundeswehr auch an Professionalität.

Das parlamentarische Interesse hingegen beschränkte sich hauptsächlich auf den Umbau des Militärs, auf Ausstattung und Organisation, auf Technologie und Rüstung, auf die Höhe der Budgetdaten. Entsprechend kurzsichtig rammte Minister Scharping im Sommer 2000 seine »Eckpfeiler« eines bescheidenen Umbaus ein. Doch damit war die Reform vertagt. Die »Eckpfeiler« negierten in hohem

Maße die Bedeutung des neuen Typs des Militärs, verzichteten auf weitreichende Perspektiven für einen angemessen formulierten Auftrag und übernahmen dabei wie natürlich das alte Bild der Landesverteidigung. Doch das hieß, manche der damit verbundenen überkommenen Strukturen des Militärs aus den Zeiten der Massenarmeen des Kalten Krieges weiter existieren zu lassen. Mit dieser Entscheidung des Ministers und der Berücksichtigung der Interessen des Heeres, welche die oberste militärische Führung insgesamt vertrat, wurde vorerst die Chance für eine Alternative vertan. Es gab zwar eine breite öffenliche Disskussion und – es gab die Kommission von Richard von Weizsäcker, die in ihrem Bericht ein konkretes Modell mit den Anforderungen an ein modernes Militär vorlegte. Das Heer setzte die Ablehnung im Militär durch. Gleichwohl fand dieses Ergebnis bei den Experten höchste Anerkennung: »von Grund auf« ist eine Reform der Bundeswehr erforderlich, damit eine zeitgemäße Sicherheitsvorsorge entstehen kann.[88] Es wäre ein Symptom der Verwaltung des Mangels, wenn Politik und Gesellschaft sich weiterhin mit der oberflächlichen Reorganisation der Bundeswehr bescheiden würden. Das Unbehagen am Zustand des Militärs entfachte bislang kein Kreuzfeuer der Kritik. Nur wenige sprachen aus, welche Misere sich unter der olivgrünen Decke breitgemacht hat. Doch ein Votum sticht durch Deutlichkeit und Maß hervor. Es wurde von dem Politiker vorgelegt, der einst in den siebziger Jahren für substantielle Teile der Militärreform der Bonner Republik die Verantwortung trug. Altkanzler Schmidt diagnostizierte gravierende »Mängel« der Bundeswehr. Er forderte daher eine umfassende politische »Selbsterforschung« des inneren Zustandes »unserer Armee«. In der Konsequenz der historischen Entwicklung des Militärs und des Auftrags der Bundeswehr forderte Schmidt die Anstrengungen eines neuen Aufbruchs und einer Reform, damit nicht »eine Gefährdung« von Militär und Politik erfolgt.[89]

Wolfram Wette

Die Bundeswehr im Banne des Vorbildes Wehrmacht

1.
Hitlers und Adenauers Generale

Eine gern gebrauchte Version von der Geburt der Bundeswehr lautet, sie sei eine Neugründung gewesen. Ulrich de Maizière spricht von einer Neuschöpfung.[1] Mit der Wehrmacht habe sie nichts zu tun, nichts mit dem preußisch-deutschen Militarismus früherer Zeiten, nichts mit dem verhängnisvollen Kadavergehorsam, eigentlich auch nichts mit dem NS-Staat und seinen Massenverbrechen. Die Begründung für diese These ist eher formalistisch: Die Wehrmacht sei 1945 durch die alliierten Siegermächte des Zweiten Weltkrieges vollständig aufgelöst worden. An etwas nicht mehr Existierendes habe man schließlich auch nicht anknüpfen können. Die perfekte »Stunde Null« also?

Allerdings sprach für die These von der Neuschöpfung auch Gewichtigeres. Zum einen die grundlegend veränderten politischen Rahmenbedingungen, in welche die Bundeswehr in den fünfziger Jahren eingepaßt wurde. Das Grundgesetz beschränkte die Aufgaben der neuen Streitkräfte erstmals in der deutschen Militärgeschichte auf die Kriegsverhinderung beziehungsweise die Verteidigung. Das Vorbereiten und das Führen eines Angriffskriegs wurden ausdrücklich verboten. Nationale militärische Alleingänge wurden durch den Verzicht auf ein eigenes Oberkommando und durch die Einbindung der Bundeswehr in ein Bündnis verhindert. Den Vorrang der Politik vor militärischen Interessen regelten Verfassung und Gesetze unmißverständlich. Erstmals gab es eine durchgängige parlamentarische Kontrolle des Innenlebens der Streitkräfte durch den Bundestag, unter anderem mit Hilfe eines Wehrbeauftragten. Des weiteren wurde die Militärgerichtsbarkeit weitgehend abgeschafft und die Bundeswehrverwaltung aus der militärischen Befehlshierarchie herausgelöst und verselbständigt.

Neben diesen strukturellen Veränderungen im Verhältnis von Politik und Militär konnten die Anhänger der Neuschöpfungs-These auf das Reformkonzept »Innere Führung« verweisen. Es sollte das Innenleben der künftigen Streitkräfte auf eine neue Grundlage stellen. Das Konzept des »Staatsbürgers in Uniform« sah vor, daß der Soldat seine verfassungsmäßig garantierten Rechte weitgehend behalten konnte, diese also nicht mehr der Willkür militärischer Vorgesetzter ausgesetzt waren.

Vor dem Hintergrund dieser in der Tat grundlegenden strukturellen Neuordnung des Militärwesens in der Bundesrepublik Deutschland ist immer wieder betont worden, eine Kontinuität zur Wehrmacht bestehe nicht. Dies geschah allerdings aus unterschiedlichen Beweggründen. Aus militärreformerischer Sicht hing der Erfolg ihrer Vorstellungen von einer demokratieverträglichen Bundeswehr maßgeblich davon ab, ob es gelang, zumindest eine ideelle Trennung von der Wehrmacht zu vollziehen. Nicht wenige unter den Traditionalisten sahen in der Neuschöpfungs-These dagegen eine Chance, der kritischen Auseinandersetzung mit dem politischen, militärischen und moralischen Desaster der Wehrmacht in der NS-Zeit ausweichen zu können.

Diese Haltung korrespondierte mit Tendenzen, die in der ersten Hälfte der fünfziger Jahre in der Gesellschaft der Bundesrepublik Deutschland insgesamt verbreitet waren. In der deutschen Bevölkerung konnte man damals eine merkwürdig ambivalente Einstellung zum Militär beobachten. Eine deutliche Mehrheit lehnte in Erinnerung an die militaristische Vergangenheit eine Wiederbewaffnung ab und unterstützte die radikalen Parolen »Nie wieder Krieg!«

und »Nie wieder Militär!« Dieser Mehrheit wurde die Politik der Wiederbewaffnung aufgezwungen. Gleichzeitig aber hatte sich die – aus verschiedenen Quellen gespeiste – Legende von der »sauber« gebliebenen Wehrmacht in vielen Köpfen festgesetzt.[2] Ihre Ursprünge sind unter anderem noch in der Wehrmachtpropaganda aus der Zeit des Zweiten Weltkrieges zu suchen.

Eine weitere wichtige Etappe bildete dann die Denkschrift vom Herbst 1945, verfaßt von Generalfeldmarschall Walther von Brauchitsch, Generalfeldmarschall Erich von Manstein, Generaloberst Franz Halder, General Walter Warlimont und General Siegfried Westphal. Darin wurde erstmals eine kompakte Strategie zur Freisprechung der Wehrmacht von aller Schuld entworfen. Die Generals-Denkschrift bildete die Grundlage für die Verteidigung der Wehrmacht-Generale und -Admiräle während der Nürnberger Kriegsverbrecherprozesse sowie in einer Reihe anderer Prozesse der Alliierten gegen Angehörige der Wehrmacht.

In der »Himmeroder Denkschrift« vom Oktober 1950[3] stellten ehemalige Wehrmachtoffiziere bereits wieder politische Forderungen: Die Soldaten der Wehrmacht sollten öffentlich rehabilitiert und die verurteilten, aber noch in Haft befindlichen Kriegsverbrecher entlassen werden, was im Rückblick als die demonstrative Leugnung des Tatbestandes gewertet werden muß, daß es einen Vernichtungskrieg überhaupt gegeben hatte.

Im Zusammenhang mit dem sich verschärfenden Kalten Krieg und der angestrebten Wiederaufrüstung sahen die ehemaligen Berufsmilitärs verbesserte Chancen, sich mit ihren Forderungen auch politisch durchzusetzen. Denn sie wurden wieder gebraucht. Tatsächlich ließen sich sowohl der US-amerikanische General und NATO-Oberbefehlshaber Dwight D. Eisenhower als auch der deutsche Bundeskanzler Konrad Adenauer in den Jahren 1951 und 1952 dazu drängen, Ehrenerklärungen für die Angehörigen der ehemaligen Wehrmacht abzugeben.

Zur gleichen Zeit durften mehr als 300 ehemalige Wehrmacht-Generale und Generalstabsoffiziere in der Historischen Abteilung der amerikanischen Armee kriegsgeschichtliche Studien verfassen. Diese Tätigkeit wirkte als eine Art »Persilschein« und schützte sie in der Regel vor kriegsgerichtlichen Verfahren. Die Amerikaner hatten, ebenso wie die anderen Siegermächte des Zweiten Weltkrieges, ein Interesse daran, die deutschen Potentiale zu nutzen. Insbesondere wollten sie die Erfahrungen von Wehrmachtsoffizieren im Krieg gegen die Sowjetunion abschöpfen. Nach dem Abschluß der Nürnberger Kriegsverbrecherprozesse wurden diese Interessen ausschlaggebend.

Auch die öffentliche Meinung in der Bundesrepublik drängte keineswegs auf weitere Aufklärung über die Rolle der Wehrmacht in der NS-Zeit. Vielerorts hatte man sich in Bezug auf »Nürnberg« längst angewöhnt, von der »Siegerjustiz« zu sprechen und die verurteilten Wehrmachtsgenerale als »sogenannte Kriegsverbrecher« zu bezeichnen. Ebenso wie die ehemaligen Offiziere wollte auch die Mehrheit der Bevölkerung in den fünfziger Jahren einen Schlußstrich unter die belastende Vergangenheit gezogen sehen und sich im übrigen an den materiellen Segnungen des »Wirtschaftswunders« erfreuen können.[4]

In diesem geistigen Klima vollzogen sich die Planungen für den Aufbau der Bundeswehr. Jetzt mischten sich Elemente des strukturellen Neubeginns mit solchen der personellen Kontinuität. Waren es doch durchgängig ehemalige Wehrmachtsoldaten, die seit 1951 die deutschen Planungen durchführten und dann später die Bundeswehr aufbauten. Außer den ehemaligen Angehörigen der Wehrmacht und der Waffen-SS gab es ja keine militärisch ausgebildeten Männer in Deutschland. In diesem Zusammenhang wird häufig auf ein Bonmot Konrad Adenauers verwiesen. Als er im Jahre 1954, nach der Unterzeichnung der Pariser Friedensverträge, in einer Pressekonferenz provokativ gefragt wurde: »Herr Bundeskanzler, werden die Generale Adolf

Hitlers auch die Generale Konrad Adenauers sein?« antwortete er ganz offen: »Ich glaube, daß mir die NATO achtzehnjährige Generale nicht abnehmen wird.«[5]

Aber welchen unter den Ex-Wehrmacht-Generalen konnte man guten Gewissens den Aufbau einer Armee in der Demokratie anvertrauen? In der Bundesrepublik lebten seinerzeit noch etwa 1300 ehemalige Generale und mehr als 12 Millionen ehemalige Offiziere, Unteroffiziere und Soldaten der Wehrmacht.[6] Allerdings spürte nur eine kleine Minderheit von ihnen das Bedürfnis, noch einmal eine Uniform anzuziehen. Wie würde man nun unter jenen, die bereit waren, sich reaktivieren zu lassen, diejenigen herausfinden, die sich in den neuen politischen und militärischen Strukturen voraussichtlich zurechtfinden würden? Die politische Brisanz der Wiederverwendung von Offizieren und Soldaten der Wehrmacht in der Demokratie war den Militärplanern von Anfang an klar. Daher wundert es nicht, daß bereits seit 1950 Überlegungen angestellt wurden, nach welchen Gesichtspunkten bei der Auswahl vorgegangen werden sollte.[7]

Schließlich fand die von CDU/CSU geführte Bundesregierung eine ungewöhnliche Lösung: Sie berief einen von Regierung und Parlament unabhängigen »Personalgutachterausschuß«, bestehend aus 38 Persönlichkeiten des öffentlichen Lebens, darunter 13 ehemalige Offiziere, die selbst für eine aktive Wiederverwendung in leitenden Positionen nicht vorgesehen waren. Die Mitglieder wurden von den politischen Parteien benannt und vom Bundespräsidenten berufen. Diesem Ausschuß oblag es, über die Bewerber in den Rängen Oberst und General Auskünfte einzuholen, sie in nichtöffentlichen Befragungen zu prüfen und die geeigneten dann dem Verteidigungsministerium zur Einstellung vorzuschlagen. Es gab einige wenige allgemeine Ausschließungsgründe: Nicht eingestellt werden durften Generale und Obersten der Waffen-SS. Angehörige des ehemaligen »Nationalkomitees Freies Deutschland« (NKFD) wurden ebenfalls ferngehalten.[8] Wie der Vorsitzende des Ausschusses, Staatssekretär a. D. Wilhelm Rombach, in einer Pressekonferenz bemerkte, sollten auch Personen ausgeschlossen bleiben, »die Verbrechen oder Verstöße gegen die Menschlichkeit begangen haben«[9]. Gleichzeitig wollte man jedoch keine erneute Entnazifizierung oder Entmilitarisierung.

Die Grundlage der Ausschußarbeit bildeten die – nach jahrelangen Vorarbeiten schließlich im August 1955 erlassenen – »Grundsätzlichen Richtlinien für Beurteilung und Auswahl der ehemaligen Offiziere«[10]. Nach vergleichbaren Vorgaben arbeitete auch die Annahmeorganisation des Verteidigungsministeriums, welcher die Einstellung der Soldaten und Offiziere bis zum Range eines Oberstleutnants oblag. In den Richtlinien waren die folgenden Kriterien aufgelistet: Bewährung im Kriege, Bewährung im zivilen Leben nach dem Kriege, geordnete persönliche Verhältnisse, Verhalten in Gefangenschaft, Wissen um die Aufgabe, Bejahung der demokratischen Lebensordnung, geistige Aufgeschlossenheit, Wahrhaftigkeit, Charakterfestigkeit, Ritterlichkeit, erzieherische Befähigung, außerdienstliche Interessen und körperliche Rüstigkeit. Die »Frankfurter Rundschau« spottete über diesen Tugendkatalog seinerzeit folgendermaßen: Der Bewerber muß »eine Mischung aus Albert Schweitzer, Albert Einstein, Dieter Borsche (in Priesterrollen) und Eddi Constantine sein«. Man erwarte sich »Übermenschen«, »strahlende Lichtgestalten«, die im Zivilleben gut und gerne ihre 10 bis 15 Mille im Monat wert seien.[11] Die »Neue Zürcher Zeitung« urteilte, es handle sich um einen »Katalog von Charakterqualitäten, wie er imponierender nicht abgefaßt werden könnte«[12], und die der Bundesregierung nahestehende Wochenzeitung »Christ und Welt« kommentierte, das »ethische Pathos« dieser Richtlinien überschreite »die Grenze zur Weltfremdheit«[13].

Wie der Personalgutachterausschuß praktisch arbeitete, ist heute nicht mehr im einzelnen nachzuvollziehen, da – absichtsvoll – sämtliche personenbezogenen Daten vernichtet wurden. Man weiß so viel, daß mit den Bewerbern eine Aussprache geführt wurde, in der einzelne Aspekte der Vita gemäß dem zitierten Tugendkatalog abgefragt wurden, wobei »die rückschauende Beurteilung des nationalsozialistischen Regimes, seiner moralischen, politischen und militärischen Abwege« ebenso eine Rolle spielten wie die Stellung zur freiheitlich-demokratischen Staatsordnung und das Verhältnis von ziviler und militärischer Gewalt.[14] Des weiteren fragte man die Bewerber über ihre Einstellung zum Offizierswiderstand des 20. Juli 1944. Erwartet wurde kein wohlfeiles Lippenbekenntnis zum Widerstand, sondern die – in dem Nachkriegsjahrzehnt gewachsene – Einsicht, daß er nicht als »Eidbruch« abzuqualifizieren sei, sondern als eine von sittlichem Verantwortungsgefühl getragene Tat gewürdigt werden sollte.

Über ein positives oder negatives Votum stimmte der Personalausschuß mit Zweidrittelmehrheit ab. Die Annahmequote war hoch. Insgesamt hatte der Ausschuß 553 Bewerbungen von ehemaligen Wehrmachtoffizieren zu behandeln, die im Dienstgrad eines Obersten oder Generals verwendet werden sollten. Von diesen wurden 470 angenommen, 32 zogen ihre Bewerbung zurück und lediglich 51 wurden abgelehnt.[15] Später wurde dem Personalgutachterausschuß nachgesagt, er habe seine Aufgabe in den zwei Jahren seiner Tätigkeit (1955–1957) in großer Unabhängigkeit, unparteiisch, kompetent und konsensfähig geleistet. Dafür spricht auch der folgende Vorgang: Als der Ausschuß zunächst die rund 60 Obersten und Generale überprüfte, die bereits in der Dienststelle Blank gearbeitet hatten, lehnte der Ausschuß vier der Bewerber aus diesem Kreis ab, darunter die Obersten Fett und Bergengruen, und bewies damit seine Unabhängigkeit.

Allerdings wurde die damalige Personalpolitik durch gewisse »Seilschaften« beeinflußt. Als der Ausschuß am 6. Dezember 1957 seinen Abschlußbericht vorlegte, ließ er durchblicken, daß er seine Tätigkeit mit einem gewissen

Unwohlsein beendete.[16] Vermutlich rührte es daher, daß man in den Bewerbern in erster Linie die »Fachleute von gestern«[17] gesehen, sich aber mit ihrer Wehrmacht-Vergangenheit nur oberflächlich befaßt hatte.

Wer den Personalgutachterausschuß erfolgreich passierte und aufgrund dessen Votum in die Bundeswehr eingestellt wurde, genoß fortan den Vertrauensschutz des Dienstherrn. Theodor Blank bestimmte schon zu einem frühen Zeitpunkt: Wir wollen »den einzelnen Offizier, der dann eine militärische Stelle einnimmt, schützen, damit er nicht unter Umständen ständig Gegenstand von Angriffen würde«[18]. Dieser Faktor war in der Folgezeit von großer Bedeutung. Denn als in der Öffentlichkeit der Verdacht geäußert wurde, etliche der höchsten Bundeswehrgenerale hätten von Kriegsverbrechen gewußt oder an ihnen mitgewirkt, was den Prüfungs- und Einstellungsbehörden offenbar entgangen sei, lösten solche Anschuldigungen nicht etwa gründliche Aktenrecherchen aus, sondern Reaktionen wie die folgende des Bundestagspräsidenten Eugen Gerstenmaier (CDU). Er antwortete einem Beschwerdeführer im Jahre 1963: »Der Bundestagsausschuß für Verteidigung hat Kenntnisnahme wie Überprüfung der von Ihnen übermittelten Unterlagen mit der Begründung abgelehnt, daß das frühere Verhalten sämtlicher höherer Offiziere der Bundeswehr vor deren Reaktivierung durch einen dafür geschaffenen Personalgutachter-Ausschuß abschließend überprüft worden ist.«[19]

»Abschließend überprüft« also, kein Bedarf an zusätzlicher Information über das Spitzenpersonal der Neugründung Bundeswehr! Diese Abwehrhaltung provoziert die Frage, was der Personalgutachterausschuß seinerzeit überhaupt wissen wollte und konnte. Offenbar galt das Thema Kriegsverbrechen als aufgearbeitet und somit erledigt. Für eine weitere Aufklärung interessierten sich in der Bundesrepublik Deutschland während der fünfziger Jahre nur wenige. Das heißt, nur wer als Kriegsverbrecher bereits rechtskräftig verurteilt war, durfte als solcher bezeichnet werden. Jeder andere, der vielleicht ebenfalls Kriegsverbrechen begangen hatte, aber bislang nicht gerichtlich verfolgt worden war, konnte sich mit einer einfachen Beleidigungsklage gegen entsprechende Anschuldigungen – in der Regel erfolgreich – zur Wehr setzen.

Die Offizierspersonalakten, welche das Verteidigungsministerium dem Personalgutachterausschuß vorlegte, enthielten in aller Regel nur dürre Informationen zur früheren militärischen Verwendung der Bewerber, jedenfalls keine Unterlagen über ihr Tun in dem von der NS- und der Wehrmachtführung gewollten und angeordneten Vernichtungskrieg, besonders im Osten und im Süden. Anderweitig belastendes Material hatte zudem aus den Akten entfernt werden können. Denn die USA übergaben die 1945 beschlagnahmten Offiziers-Personalakten im Jahre 1954 ausgerechnet der »Historical Division« in Karlsruhe, wo die ehemaligen Wehrmacht-Generale noch immer an ihren »studies« bastelten. Von Karlsruhe aus wurden die Akten dann an das Bundesministerium der Verteidigung weitergegeben.[20] Der große Bestand der Wehrmachtakten aus der Kriegszeit lagerte zu dieser Zeit noch in den USA. In einigen deutschen Städten wurden zwar Kopien der Nürnberger Dokumente verwahrt. Aber sie galten als Hinterlassenschaft der »Siegerjustiz«. Jedenfalls ist nicht bekannt, daß sie im Rahmen der Personalauswahl für die Bundeswehr zu Rate gezogen worden wären.

Deutsche Gerichte waren auf dem Gebiet der NS-Verbrechen in den fünfziger Jahren nicht tätig. Als der Ulmer Einsatzgruppenprozeß 1958 deutlich machte, daß viele Massenverbrechen noch nicht einmal ansatzweise untersucht waren, wurde in Ludwigsburg die »Zentrale Stelle der Landesjustizverwaltungen zur Aufklärung von NS-Verbrechen« eingerichtet. Neben anderen Recherchen wurden dort auch mehr als 1000 Ermittlungsverfahren gegen eine Vielzahl von Angehörigen der ehemaligen Wehrmacht, insbesondere des Heeres, eingeleitet und an die zuständigen

Strafverfolgungsbehörden abgegeben. Aus schwer nachvollziehbaren und bislang nicht erforschten Gründen kam es jedoch »in keinem Fall« zu einer Anklage.[21]

Ein auf die Verteidigung in NS-Prozessen spezialisierter Rechtsanwalt hielt im Jahre 1963 in einem Brief an Werner Best, den früheren SS-Führer und wichtigsten Mitarbeiter Reinhard Heydrichs beim Aufbau des Sicherheitsdienstes der SS, der nach dem Kriege hinter den Kulissen die Verteidigung von NS-Beschuldigten koordinierte, folgendes fest: Die von den Verteidigern in NS-Verfahren gesammelten Unterlagen zeigten, »daß die Befehle über die Vernichtung von Juden und Partisanen auch über die Wehrmacht gelaufen sind. Legte man die Ludwigsburger Maßstäbe auch gegenüber den ehemaligen Wehrmachts- und heutigen Bundeswehrangehörigen an, so müßten zahllose Verfahren eingeleitet werden, durch die die gesamte Bundeswehr im In- und Ausland erheblich diskreditiert würde.«[22] Tatsächlich gelang es den daran Interessierten in der Folgezeit, die ehemaligen Wehrmacht- und jetzigen Bundeswehroffiziere durch einen juristischen Trick in der Gesetzgebung aus der Gefahrenzone zu bringen.[23]

Als Mitte der sechziger Jahre das von der Regierung der DDR herausgegebene »Braunbuch« erschien, in dem belastendes Dokumentenmaterial über die Wehrmacht-Vergangenheit vieler hoher Bundeswehroffiziere veröffentlicht wurde[24], führte dies – soweit bekannt – wiederum nicht zu Recherchen der bundesdeutschen Behörden. Vielmehr wurden die von der DDR präsentierten Materialien unbesehen als Fälschungen und als gehässige Feindbildpropaganda abgetan, also innerhalb der Wahrnehmungsschablonen des Kalten Krieges abgeblockt. Eine systematische wissenschaftliche Überprüfung der Aussagen des »Braunbuches« steht bis heute aus.

Möglicherweise war der französische Staatspräsident Charles de Gaulle über den Bundeswehr- und früheren Wehrmacht-General Hans Speidel besser informiert als der

Personalgutachterausschuß. Wußte er, wie der Freiburger Historiker Elmar Krautkrämer vermutet, von der Rolle Speidels – er war 1940–42 Chef des Kommandostabes beim deutschen Militärbefehlshaber Frankreich, General Otto von Stülpnagel, in Paris – im Zusammenhang mit massenhaften Geiselerschießungen sowie mit der Vorbereitung der Deportation von Pariser Juden nach Auschwitz[25]? Bei einem Staatsbesuch Adenauers in Frankreich im Jahre 1962, bei dem der deutsche Kanzler von dem reaktivierten General Speidel begleitet wurde, provozierte de Gaulle einen Eklat, indem er sich demonstrativ weigerte, dem ehemaligen Wehrmachtsgeneral die Hand zu geben. Von Adenauer verlangte er ultimativ, diesen Offizier als Oberbefehlshaber der europäischen Landstreitkräfte der NATO abzulösen, was dann zur vorzeitigen Abberufung Speidels führte.[26]

General Adolf Heusinger, der erste Generalinspekteur der Bundeswehr, hatte in den Jahren 1940–44 im Oberkommando des Heeres (OKH) die Funktion des Chefs der Operationsabteilung inne.[27] Das OKH leitete den Vernichtungskrieg gegen die Sowjetunion. Heusinger stand – symbolisch gesprochen – neben Hitler am Kartentisch und wußte selbstverständlich über alle Vorgänge im Osten sehr gut Bescheid, nach eigener – bemerkenswert klarer – Aussage auch darüber, daß sich die Wehrmacht unter dem Deckmantel der »Bandenbekämpfung« an der »systematischen Reduzierung des Slaven- und Judentums« beteiligte.[28] Weitere führende Bundeswehroffiziere wie Josef Kammhuber, Friedrich Foertsch, Heinz Trettner, Friedrich Ruge und andere sind ebenfalls beschuldigt worden, von Kriegs- und NS-Verbrechen gewußt beziehungsweise an ihnen mitgewirkt zu haben.[29] Diese Beschuldigungen sind bis heute weder juristisch noch historisch geklärt.

In die Bundeswehr übernommene Berufsoffiziere wurden später nicht müde zu betonen, keine andere gesellschaftliche Gruppe sei in Deutschland in ähnlicher Weise

»durchleuchtet« worden wie die Soldaten. Tatsächlich war es so, daß die Ärzte, die Juristen, die Verwaltungsbeamten und die Diplomaten gleich nach der Kapitulation 1945 und dem Ende des NS-Herrschaftssystems wieder benötigt wurden. Den Berufssoldaten wurde dagegen eine zehnjährige Zwangspause auferlegt, die viele von ihnen dazu benutzten, einen Zivilberuf zu erlernen und sich in das bürgerliche Leben einzugliedern. Die ehemaligen Wehrmachtssoldaten verstanden das Mißtrauen der meisten Politiker und der Mehrheit der bundesdeutschen Bevölkerung ihnen gegenüber nicht. Sie empfanden es als ungerecht und sahen in der Prozedur vor dem Personalgutachterausschuß sogar eine neuerliche »Diffamierung«. Der Vergleich mit anderen Eliten der deutschen Gesellschaft, die den NS-Staat unterstützt und einen gleitenden Übergang in die neuen demokratischen Verhältnisse gesucht und gefunden hatten, ist gewiß gerechtfertigt. Er lenkt jedoch von dem Tatbestand ab, daß die Vergangenheit der Bewerber mangels aktengestützter Befunde gar nicht exakt durchleuchtet werden konnte.

In der Summe stellt sich der Übergang von der Wehrmacht zur Bundeswehr als ein kompliziertes Gemisch von institutionellen Neuerungen und personeller Kontinuität dar. Es war gewiß nicht ohne Symbolik, wenn in der politischen Rhetorik Mitte der fünfziger Jahre die Bundeswehr fast durchgängig als »neue Wehrmacht« bezeichnet wurde.[30] Wie die damals wieder eingestellten Offiziere ihr Verhältnis zur Wehrmacht der NS-Zeit sahen, zeigte sich daran, daß sie nun eine ganze Reihe von Kasernen nach Wehrmacht-Generalen benannten, was eine allgemeine, reaktionäre Ausrichtung auf das »Modell Wehrmacht« signalisierte.

Dabei griff die militärische Führung der Bundeswehr wie selbstverständlich auf Namensvorschläge zurück, die in den Jahren 1937/38 in der Wehrmacht auf Weisung Hitlers zusammengestellt worden waren. Aufgrund der damaligen »Traditionsoffensive« Hitlers[31], die im Rückblick als Bestandteil der ideologischen Mobilmachung für den geplanten Krieg zu interpretieren ist, erhielten seinerzeit an die 200 neu gebaute Kasernen die Namen von Schlachten und Helden des »Großen Krieges« 1914–1918. Eben diese Namen wurden nun ab 1956 von der Bundeswehr übernommen.[32] Festzuhalten ist, daß diese Ankoppelung an die Wehrmacht nicht auf Weisung des Bundesministers der Verteidigung geschah, sondern aufgrund von Initiativen der Truppe, der das Ministerium anfangs in diesen Fragen freie Hand gelassen hatte und die nun demonstrierte, wie sie es mit der Wehrmacht hielt. So kamen etliche Offiziere der Wehrmacht, die Hitler treu gedient hatten, in der Bundeswehr zu herausgehobenen Ehren, zum Beispiel General Werner Frhr. v. Fritsch, Oberst Werner Mölders, Generalfeldmarschall Erwin Rommel, Generalmajor Adalbert Schulz, General Hasso von Manteuffel, Generaloberst Eduard Dietl und General Ludwig Kübler.[33] Der Tatbestand, daß sich unter diesen Offizieren Antisemiten, bekennende Nationalsozialisten der ersten Stunde und Kriegsverbrecher befanden, war den verantwortlichen Truppenkommandeuren entweder nicht hinreichend bekannt oder er hatte, was eher zu vermuten ist, für sie kein großes Gewicht. Das zähe Festhalten an diesen Namen auch noch Jahrzehnte später, nachdem längst belastende Informationen vorlagen – man denke etwa an den »siebenjährigen Krieg« um die Dietl-Kaserne in Füssen[34] –, läßt den enormen Einfluß der Traditionalisten innerhalb der Bundeswehrführung erkennen. Daß sich die Verantwortlichen auf der Bonner Hardthöhe in diesen Auseinandersetzungen gelegentlich hinter den Rücken von historisch wenig kundigen, aber offenbar militärisch imprägnierten Kommunalpolitikern zu verstecken suchten, zeigte nur, daß die gebotene historische Sensibilität auch dort nicht in hinreichendem Maße vorhanden war.

Generalstabsoffiziere wie Speidel und Heusinger dienten in insgesamt vier Armeen, im Kontingentsheer der Kaiserzeit, in der Reichswehr der Weimarer Republik, in der

Wehrmacht des NS-Staates und in der Bundeswehr.[35] Wie kam es, daß sie alle Übergänge schafften und stets ihre Karrieren fortsetzen konnten? Vielleicht fand General Hans von Seeckt Anfang der zwanziger Jahre die richtige Antwort auf diese Frage. Angesichts der ungeliebten Republik von Weimar gab er seinen Generalstabsoffizieren die Devise mit auf den Weg: »Die Form wechselt, der Geist bleibt der alte.«[36] Ganz in diesem Sinne sprach Generalinspekteur Adolf Heusinger im Jahre 1958 zu den Offizieren der Bundeswehr: »Wir müssen uns an die Vergangenheit erinnern ... Laßt uns festhalten an den alten Prinzipien, die wir noch gebrauchen werden.«[37] Ein jüngerer, ausgerechnet für Bildungsfragen verantwortlicher Brigadegeneral der Bundeswehr kommentierte das zitierte Seeckt-Wort im Jahre 1998 folgendermaßen: »Prägnanter kann die Verknüpfung von Vergangenheit und Gegenwart des Generalstabsdienstes in den deutschen Streitkräften kaum ausgedrückt werden. Vielfältig wirkt das Erbe früherer Generalstabsoffiziere in der Bundeswehr weiter.«[38] Damit bestätigte er einmal mehr, daß der alte Geist in der »Neuschöpfung« Bundeswehr keineswegs verloren gegangen ist.

2.

Wehrmacht-Bilder in der Bundeswehr

*Die Bedeutung der Geschichte
für die Legitimation des Militärs*

In der Bundeswehr gab es einen fortwährenden Streit um die militärische Traditionsbildung.[39] Die Wehrmacht war für die Offiziersgeneration, welche die Bundeswehr aufbaute, nicht irgendein Thema, das man gelassen so oder so betrachten konnte. Das war ein Stück der eigenen Biographie, ein Stück der eigenen Mentalität. Das Festhalten am Bild von der »sauberen Wehrmacht«, in der tapfer und effizient gekämpft worden sei, hatte auch unmittelbar etwas mit dem Selbstwertgefühl deutscher Berufsmilitärs zu tun. Denn weit mehr, als dies in anderen Berufen der Fall ist, neigen Militärs dazu, ihre Legitimation – ihre Daseinsberechtigung – aus der Geschichte abzuleiten. Sie begründen die gleichsam »ewige« Notwendigkeit ihres Berufsstandes mit dem Hinweis auf historische Erfahrungen, etwa die, daß es »schon immer« Kriege gegeben habe und daß deshalb kein Staat auf Soldaten und auf Kriegsvorbereitung verzichten könne. So dachten nicht nur die deutschen Generale der Kaiserzeit und der NS-Zeit. So dachten und denken auch noch Generale der Bundeswehr.[40] Orientierung an der Vergangenheit, vermittelt durch militärische Traditionsbildung, kann nach militärischer Auffassung zudem zur »Verhaltenssicherheit« der Soldaten beitragen.[41]

So erklärt sich die enorme emotionale und intellektuelle Brisanz der Geschichte für die deutschen Militärs. Anders gewendet: Wer ihnen ihre Geschichte nimmt – zum Beispiel durch die Zerstörung beschönigender Wehrmacht-Legenden –, zieht ihnen gleichsam den Boden unter den Füßen weg. Das zähe Festhalten der Mehrheit der bundesdeutschen Militärs an einem positiven, zumindest nicht grundsätzlich kritischen Bild von der Wehrmacht ist ohne diese Zusammenhänge nicht zu verstehen.[42]

Seit den 60er Jahren des 20. Jahrhunderts wurden die Anhänger jener – an der Vergangenheit und damit auch am Vorbild der Wehrmacht orientierten – Mehrheit innerhalb der Bundeswehr-Führungsschicht als »Traditionalisten«[43] bezeichnet und damit gleichzeitig von der kleinen Gruppe der militärpolitischen »Reformer« um den Grafen Baudissin[44] abgehoben, dem es darauf ankam, einen Neuanfang durchzusetzen.

Die Reformer

Den Militärreformern ging es darum, mit der Bundeswehr einen wirklichen Neubeginn zu wagen und Streitkräfte aufzubauen, die sich der Demokratie verpflichtet fühlten. Die deutsche Militärgeschichte seit der Reichsgründung 1871 im allgemeinen und die Geschichte der Wehrmacht im besonderen boten dazu naturgemäß wenig Anknüpfungspunkte. Die Reformer hatten eine Vorstellung davon, daß die Wehrmacht als eine Militärorganisation betrachtet werden mußte, die dem Nationalsozialismus als einem verbrecherischen Regime gedient hatte und die dadurch schuldig geworden war. Wolf Graf v. Baudissin und seine Mitarbeiter im Amt Blank gingen von einem kritischen Bild der Wehrmacht aus, das in deutlichem Kontrast zu dem der »Traditionalisten« stand.[45] Die Reformer stellten die Wehrmacht zudem in den Kontext der militaristischen und obrigkeitsstaatlichen Traditionen sowie der nationalsozialistischen Diktatur.

Im übrigen forcierten sie die Idee, daß in erster Linie jene kleine Minderheit der Wehrmacht-Offiziere, die den Widerstand des 20. Juli 1944 getragen hatte, als Vorbild und damit als traditionswürdig angesehen werden sollte. Mit der Legende von der »sauberen Wehrmacht« war dieser Ansatz naturgemäß nicht zu vereinbaren. Bei der Mehrheit der ehemaligen Wehrmacht-Offiziere stieß er daher auf scharfe Ablehnung. Die Traditionalisten sahen in den Offizieren, die Hitler durch ein Attentat beseitigen wollten, in der Regel verabscheuenswürdige »Eidbrecher«, die quer zur preußisch-deutschen Gehorsamstradition standen. Diesbezüglich tat sich der in den 50er Jahren schon wieder politisch einflußreiche frühere Generalfeldmarschall der Wehrmacht Erich v. Manstein in besonderer Weise hervor. Er urteilte, die Tat des 20. Juli sei »eines Offiziers nicht würdig«[46]. So nimmt es nicht wunder, daß es jahrzehntelanger Auseinandersetzungen und eines Generationswechsels bedurfte, bis die Reformer ihr positives Bild des militärischen Widerstandes in der Bundeswehr durchsetzen konnten. Lange dauerte es auch, bis sich diese Erkenntnis symbolisch in der Weise niederschlagen konnte, daß einige Kasernen der Bundeswehr nun auch die Namen von Wehrmacht-Offizieren wie Beck, Fellgiebel, Kranzfelder, Stauffenberg und Tresckow erhielten, die als Widerstandskämpfer gegen das nationalsozialistische Unrechtsregime ihr Leben eingesetzt und verloren hatten.[47]

Ihr positives Wehrmachtbild verteidigten die Traditionalisten, indem sie auf die hohe militärische Professionalität und Effektivität der Wehrmacht verwiesen, die auch von ehemaligen Kriegsgegnern gerühmt werde.[48] Außerdem verwiesen sie auf ihren Eid, auf das Prinzip von Befehl und Gehorsam, auf das sich daraus angeblich ergebende Problem des »Befehlsnotstands« sowie auf den entbehrungsreichen und tapferen Kampf der Wehrmacht. Es waren die Argumentationslinien der Wehrmacht-Legende, die sich schon dem letzten Wehrmachtbericht von Karl Dönitz vom 9. Mai 1945 entnehmen ließen. Dagegen argumentierten die Reformer, man könne militärtechnische und -operative Leistungen nicht von dem verbrecherischen Regime trennen, für das sie erbracht worden waren.

Der erste Traditionserlaß aus dem Jahre 1965

Kann man sagen, daß in der Bundeswehr während der Aufbaujahren zwei gegensätzliche Bilder von der Wehrmacht miteinander konkurrierten? Es gab unterschiedliche Einschätzungen, gewiß. Aber die kritischere der beiden hatte eigentlich nie eine Chance, sich gegen die Übermacht der militärischen Traditionalisten durchzusetzen. In der Literatur über das erste Jahrzehnt der Bundeswehr ist gelegentlich vom »Traditions-Wildwuchs«[49] die Rede, der sich von unten, von der Truppe her, ausgebreitet und in unkritischer

Aneignung von Wehrmachts-Traditionen niedergeschlagen habe. Tatsächlich handelte es sich dabei weniger um eine Orientierungslosigkeit, der nun von oben gesteuert werden mußte, als vielmehr um eine allgemeine, reaktionäre Ausrichtung der Truppe auf das Modell Wehrmacht.

Das Verteidigungsministerium sah sich schon früh genötigt, Wege zu einer gangbaren Traditionsbildung zu suchen, die in der Zivilgesellschaft der Bundesrepublik wie auch im verbündeten westlichen Ausland akzeptabel erschienen. Als das sperrigste Streitobjekt erwies sich dabei immer wieder die Wehrmacht. So dauerte es volle zehn Jahre, bis der damalige Bundesminister der Verteidigung, der CDU-Politiker Kai-Uwe von Hassel, am 1. Juli 1965 einen ersten Traditionserlaß herausgeben konnte.[50] Welches Bild von der Wehrmacht wurde in diesem Erlaß gezeichnet? Die Antwort lautet: eigentlich gar keines. Das Wort »Wehrmacht« wurde überhaupt nicht erwähnt. In der Diktion des Erlasses kamen die ungelösten Kontroversen zwischen Traditionalisten und Reformern in der Weise zum Ausdruck, daß so wortreiche Gemeinplätze verkündet wurden wie dieser: »In der Geschichte nehmen alle Menschen teil an Glück und Verdienst wie an Verhängnis und Schuld.«[51] In Anknüpfung an die »qualifizierten« Ehrenerklärungen Adenauers von 1951 und 1952 wurde in allgemeinen Wendungen nahegelegt, man müsse die wenigen Wehrmachtsangehörigen, die Verbrechen begangen hätten, abheben von den vielen braven Soldaten und heldenhaften Kämpfern. Über die Wehrmacht als Institution wurde eine Aussage vermieden. Immerhin lobte der Erlaß die Widerstandskämpfer des 20. Juli 1944[52], was bei der Mehrheit der ehemaligen Wehrmachtssoldaten keineswegs auf offene Ohren stieß.

Wenn sich die Reformoffiziere Ende der 60er Jahre die Frage stellten, ob sich ihre Ideen – und damit auch ihre kritische Einschätzung der Wehrmacht – nicht nur in der Gesetzgebung und in den Lehrbüchern der Bundeswehr durchgesetzt hatten, sondern auch im militärischen Alltag, so mußten sie zu dem Eingeständnis gelangen, daß die Reform gescheitert war und sich die am Modell Wehrmacht ausgerichtete Restauration in beträchtlichem Maße durchgesetzt hatte.[53] Die Wehrmacht wurde immer weniger kritisch gesehen, ja sie wurde geradezu verklärt. So wird man den Vorgang als symptomatisch werten müssen, daß ein Kommandeur der höchsten Schule der Bundeswehr, nämlich der Führungsakademie, im Jahre 1965 öffentlich als seine Leistung reklamierte, »das Wehrmachtsmodell von 1939 realisiert zu haben«[54].

Ergebnisse der kritischen Militärgeschichtsforschung

Zunächst wollte und konnte die Geschichtswissenschaft in der Bundesrepublik dieser Entwicklung nicht entgegensteuern. Erst mit der Rückkehr der Wehrmachtsakten aus den USA und Großbritannien seit Anfang der 60er Jahre und ihrer Vereinnahmung durch das deutsche Bundesarchiv-Militärarchiv wurden die Voraussetzungen dafür geschaffen, daß sich die wissenschaftliche historische Forschung in die Geschichte der Wehrmacht vertiefen konnte. Wichtige Erkenntnisfortschritte brachten noch in den 60er Jahren Andreas Hillgrubers Werk »Hitlers Strategie«, die Gutachten von Helmut Krausnick und Hans-Adolf Jacobsen über den Kommissarbefehl und das KZ-System sowie die Bücher von Manfred Messerschmidt und Klaus-Jürgen Müller über die Wehrmacht, publiziert im Jahre 1969. In den 70er und 80er Jahren folgten die Studien von Christian Streit und Alfred Streim über das Schicksal der sowjetischen Kriegsgefangenen in deutschem Gewahrsam sowie die – in einer ganzen Reihe von Buchpublikationen niedergelegten – Forschungsergebnisse von Historikern des Militärgeschichtlichen Forschungsamtes.[55] Sie handelten vom Vernichtungskrieg im Osten, aber auch von deutschen

Kriegsverbrechen in Jugoslawien, Griechenland und in Italien. Die Forschungen des Wiener Historikers Walter Manoschek legten Wehrmachtsverbrechen in Serbien offen.

Der Leitende Historiker des vom Verteidigungsministerium unterhaltenen Militärgeschichtlichen Forschungsamtes, Manfred Messerschmidt, faßte Anfang der 80er Jahre die bis dahin gewonnenen Erkenntnisse über die Wehrmacht zusammen und beurteilte dabei auch die sich aus dem aktuellen Wissen ergebenden Probleme der Traditionsbildung.[56] Sein Fazit: »So muß der Krieg gegen die Sowjetunion, ein Angriffskrieg, wie alle anderen deutschen kriegerischen Unternehmungen seit 1939, über den allgemeinen Unrechtsgehalt des Angriffskrieges hinaus als ein von der Wehrmacht-, Heeres-, Luftwaffen- und Marineführung mitgeplantes kriminelles Ereignis gewertet werden, das den absoluten Tiefpunkt der deutschen Militärgeschichte darstellt.«[57] Den verbrecherischen Befehlen der Wehrmachtführung sowie den antisemitischen Bekenntnissen führender Soldaten kämen im Kontext der Frage nach dem Traditionszusammenhang von Wehrmacht und Bundeswehr zentrale Bedeutung zu: »Sie reflektieren den Zenit einer Entwicklung, die der deutsche Nationalstaat im Zeichen nationalkonservativer, militärstaatlicher Traditionen in Verbindung mit völkischen und rassenideologischen Komponenten genommen hat.«[58]

Hier wurde also auf der Basis geschichtswissenschaftlicher Forschungen ein Bild von der Wehrmacht gezeichnet, das der tradierten Wehrmacht-Legende gründlich widersprach. Konnte man angesichts der neuen Erkenntnisse an dem geschönten Wehrmachtbild noch festhalten oder war kritische Revision angesagt? Messerschmidts – damals wohl auch politisch folgenreiche – Antwort lautete: »Möglichkeiten zur Anknüpfung an ihre (der Wehrmacht, W. W.) Haltung, ihre Existenz und ihre Kriegführung sollten vom Standpunkt der Bundeswehr nicht vorstellbar sein. Der Primat der Politik in einem parlamentarisch-demokratischen

Staatswesen läßt sich nicht mit der Einbettung der Wehrmacht in die ›Volksgemeinschaft‹ vergleichen. Die Anknüpfung an soldatische Tugenden der Wehrmacht oder einzelner Soldaten kann nicht absehen von der Frage, ob diese Tugenden bewußt oder blind dem Nationalsozialismus und Hitler gewidmet waren.«[59]

Der zweite Traditionserlaß von 1982

In der durch die »Nachrüstungs«-Kontroverse sensibilisierten deutschen Öffentlichkeit entstand Anfang der 80er Jahre eine breite Welle der Kritik gegen das noch immer unklare Traditionsverständnis der Bundeswehr. Diese Kritik machte sich unter anderem in Protesten gegen das militärische Zeremoniell bei öffentlichen Vereidigungen Luft. In dieser Situation war es ein wichtiger Schritt, daß der sozialdemokratische Bundesverteidigungsminister Hans Apel am 20. September 1982, wenige Wochen vor dem absehbaren Sturz der sozial-liberalen Bundesregierung Schmidt/Genscher, einen zweiten Traditionserlaß[60] in Kraft setzte, der erstmals eine unzweideutige Absage an die Traditionsfähigkeit der Wehrmacht enthielt. Auf der Basis des inzwischen gesicherten Wissens über die Rolle der Wehrmacht im Zweiten Weltkrieg hieß es in den neuen Richtlinien: »In den Nationalsozialismus waren Streitkräfte teils schuldhaft verstrickt, teils wurden sie schuldlos mißbraucht. Ein Unrechtsregime wie das Dritte Reich kann Tradition nicht begründen.«[61] Wohl aus taktischen Gründen vermied es auch dieser Erlaß, wie zuvor die Richtlinien von Hassels, das Wort »Wehrmacht« zu erwähnen. Gleichwohl: In der Sache gab es nun keinen Zweifel mehr.

Obwohl Apels Nachfolger, der CDU-Politiker Manfred Wörner, bereits in seiner Rede zum Amtsantritt verkündete, er wolle den Traditionserlaß so bald wie möglich kippen, geschah auch in der Folgezeit nichts dergleichen. Das dürfte kaum an einem Nachlassen des Drucks der Soldatenverbände gelegen haben. Statt dessen ist zu vermuten, daß die zwischenzeitlich gewonnenen wissenschaftlichen Erkenntnisse, die nicht zuletzt im Freiburger Militärgeschichtlichen Forschungsamt bzw. von Mitarbeitern dieser Forschungsinstitution zutage gefördert und publiziert worden waren, auch dem neuen Minister, der durchaus bereit war, den Traditionalisten entgegenzukommen, keinen großen Spielraum ließen. Man dürfte auf der Bonner Hardthöhe erkannt haben, daß sich das Bild vom angeblich »unbefleckten Schild« der Wehrmacht gegen die zunehmende Zahl wissenschaftlicher Veröffentlichungen, die dieses Bild immer mehr ins Wanken brachten, nicht mehr aufrecht erhalten ließ. So ist dieser Erlaß bis zum heutigen Tage in Kraft und dient als die offizielle Richtschnur für die Traditionsbildung in der Bundeswehr.

Die Gegenwehr der Soldatenverbände

Während den Traditionalisten unter den aktiven Militärs durch den ministeriellen Traditionserlaß von 1982 die Hände gebunden waren, liefen nun insbesondere die Soldatenverbände gegen die neue Interpretation der Wehrmacht Sturm.[62] Denn sie fürchteten, das von ihnen jahrzehntelang gepflegte positive Bild von der »sauberen Wehrmacht« würde nun endgültig zu bröckeln beginnen. Sie bekämpften die Ergebnisse der seriösen militärgeschichtlichen Forschung als politisch unerwünscht, schreckten vor Diffamierungen der Historiker nicht zurück und forderten gar die Amtsenthebung Manfred Messerschmidts[63], der sich in dieser Frage mehrfach öffentlich exponiert hatte.[64] Der Vorwurf an die Forschung lautete, hier werde »das deutsche Militär diffamiert« und »das Ansehen des deutschen Soldaten ... böswillig und diffamierend angegriffen.[65] Millionen von Wehrmachtssoldaten und »das deutsche Soldatentum«

insgesamt würden verleumdet.[66] Die rechtsextremistische »Deutsche Wochen-Zeitung« verkündete ihren Lesern, im Militärgeschichtlichen Forschungsamt werde mit den Mitteln der Steuerzahler »deutsche Geschichte ›amtlich‹ gefälscht«.[67]

Der Generalsekretär des »Rings Deutscher Soldatenverbände«, Körber, ging mit einer charakteristischen Argumentation an die Öffentlichkeit. Er negierte den Tatbestand des Vernichtungskrieges und siedelte das Verbrechen an den kriminellen Rändern der Wehrmacht an: »Daß während des Zweiten Weltkrieges auch von Soldaten der Wehrmacht Verbrechen begangen wurden, wird nicht bestritten. Meist erfolgte bei Bekanntwerden solcher Tatsachen auch eine gerichtliche Verurteilung. Werden derartige, bedauerliche, kriminelle Fakten verallgemeinert und ›der Wehrmacht‹ insgesamt angelastet, wie es Dr. Messerschmidt getan hat, handelt es sich um eine Diskriminierung ... Eine generelle Verleumdung deutscher Soldaten bedeutet die Verleumdung von über 11 Millionen deutschen Männern, von denen viele Leben oder Gesundheit für unser Vaterland geopfert haben ...«[68]

Der zeitweise für das Bildungswesen in der Bundeswehr zuständige Brigadegeneral Heinz Karst, ein Exponent der Traditionalisten, der mit seinem Buch »Das Bild des Soldaten«[69] erheblichen Einfluß auszuüben vermocht hatte, mutmaßte jetzt in der rechten Zeitschrift »Criticon«, die Militärhistoriker – so weit sie sich kritisch mit der Wehrmacht beschäftigen – wollten offensichtlich eine »zweite Welle der ›Entmilitarisierung‹«.[70] Parallel mit der Friedensbewegung gegen den Nachrüstungsbeschluß, so wollte Karst es sehen, »begann der Angriff gegen die Wehrmacht und jene Kriegsgeneration, die diese neue Demokratie der Deutschen aufgebaut hat. Fast alle bedeutenden Politiker der Gründungszeit, sieht man von Adenauer und Ollenhauer ab, waren als Soldaten in der Wehrmacht, die meisten Offiziere, so Karl Carstens, Alfred Dregger, F. J. Strauß,

Helmut Schmidt, Wilhelm Berkhan, ›Ben Wisch‹[71]; andere, wie Carlo Schmid, waren Kriegsverwaltungsräte gewesen im Dienste der Wehrmacht. Die Bundeswehr wurde fast durchweg von Offizieren und Unteroffizieren der Wehrmacht aufgebaut.« Karst sprach von einem »Pressefeldzug« gegen die Wehrmacht, von der deutschen »Bewältigungsmentalität« und von einem neuerlichen »Hang der Deutschen zur Selbstzerstörung« (Theodor Heuss), um dann den bisherigen Weg der Wehrmacht-Legende in der für die Traditionalisten typischen Weise zu beleuchten: »Galt die Wehrmacht, die sogar in den fatalen Nürnberger Prozessen der Siegermächte freigesprochen wurde, bis vor einigen Jahren immerhin als eine Streitmacht, die zwar Einbrüche des Unrechts, der ideologischen Anpassung an Hitlersche Vorstellungen, Verbrechen und Duldung von Verbrechen an ihren Rändern nicht ableugnete, aber als Ganzes doch der Achtung wert sei ..., so begann jetzt eifrige Forschung nach Untaten des ›Feindbildes‹ Wehrmacht. Keine andere Nation dieser Erde«, so politisierte Karst sogleich die wehrmachtkritische Historiographie, »würde ihren Millionen Toten an den Fronten und in den Gefangenenlagern diese Art ›Forschung‹ angedeihen lassen.« Während das Ausland die überragenden militärischen Leistungen der Wehrmacht bewundere, würden im eigenen Land die Soldaten, die doch dem Primat der Politik unterworfen gewesen seien, »erneut diffamiert in einer zweiten Welle, die seit 1979 über Medien und ›Wissenschaft‹ rollt.«[72] So war es nur konsequent, wenn der Ex-General Karst den Traditionserlaß Apels aus dem Jahre 1982 als »unselig« bezeichnete. Das rechtslastige »Deutschland magazin« widmete im Mai 1988 seine Titelgeschichte dem Thema »Wie führende Historiker des Militärgeschichtlichen Forschungsamtes die Soldaten diffamieren und die Geschichte verfälschen«[73] und ließ bei dieser Gelegenheit wiederum Heinz Karst zu Worte kommen.

*Die Popularisierung der Wehrmacht-Forschung
seit Mitte der 80er Jahre*

Bekanntlich ist es eine Sache, in dicken Büchern die Ergebnisse langjähriger wissenschaftlicher Forschung vorzulegen, und eine andere, die darin enthaltenen Botschaften auch einer größeren Öffentlichkeit bekannt zu machen. In der Tat wurden die Forschungen über die Wehrmacht über einen langen Zeitraum hinweg in der Öffentlichkeit entweder gar nicht oder ungenügend wahrgenommen, so daß das geschönte Wehrmachtbild der frühen Nachkriegszeit noch erstaunlich lange erhalten bleiben konnte. Es liegt nahe, dies primär auf die anhaltende Prägekraft der Kriegsgeneration zurückzuführen. Aber auf Dauer gelang es ihren Wortführern, die sich ähnlich wie Hans Filbinger als Angehörige einer »geschmähten Generation«[74] verunglimpft sahen, zunehmend weniger, ihr Bild der Wehrmacht als herrschende Meinung zu bewahren. Der Historikerstreit von 1986 belebte auf Jahre hinaus die Diskussionen über die jüngere deutsche Geschichte und schärfte das historisch-politische Bewußtsein der nachgewachsenen Generationen. Sie fragten immer deutlicher nach den verfügbaren Sachinformationen über die Rolle der Wehrmacht im NS-Staat, insbesondere über die Rolle der Wehrmacht im Krieg gegen die Sowjetunion. Fernsehen und große Wochenzeitungen machten sich verdient, indem sie solche Informationen verstärkt verbreiteten.[75]

*Die Wehrmacht-Interpretation
in der Bundeswehr von heute*

Im Zuge der breiten öffentlichen Debatte über die Rolle der Wehrmacht im Vernichtungskrieg, die von der Hamburger Ausstellung ihren Ausgang nahm[76], wurde natürlich auch im Führungsstab der Streitkräfte auf der Bonner Hardthöhe darüber nachgedacht, ob an der Interpretation der Wehrmacht, die seit den Traditionsrichtlinien von Hans Apel aus dem Jahre 1982 als offizielle Richtschnur galt, festgehalten werden konnte oder ob Korrekturen nötig sein würden. In einer internen Expertise des Ministeriums über die »Wehrmacht im Dritten Reich«[77] wird über die Entwicklung der historischen Forschung u. a. folgendes ausgeführt: Die von ehemaligen Wehrmacht-Generalen verfaßte Memoirenliteratur der 1950er Jahre habe die Nichtbeteiligung der Wehrmacht an den nationalsozialistischen Verbrechen betont. Noch bis etwa 1975 sei – gemeint ist wohl: in der Öffentlichkeit – die Unterscheidung einer im wesentlichen nach den Regeln des Völkerrechtes kämpfenden Wehrmacht und der SS als Instrument von Hitlers Vernichtungspolitik vorherrschend geblieben. In der Wissenschaft sei die Unterscheidung von »sauberer« Wehrmacht und »schmutziger« SS allerdings bereits seit Mitte der 60er Jahre aufgegeben worden. Derzeit, also Mitte der 90er Jahre, sei in der Geschichtswissenschaft zwar »kein einheitliches Bild« der Wehrmacht feststellbar; aber eine nach vorne drängende Strömung begreife die Wehrmacht »als eigentliches Instrument der nationalsozialistischen Vernichtungspolitik«. Korrekt wird aufgelistet, welche Themen (in der Expertise werden sie »Behauptungen« genannt) in der aktuellen öffentlichen Debatte behandelt werden: Die Wehrmacht sei maßgeblich am Holocaust beteiligt gewesen; sie habe die Partisanenbekämpfung als Genocid geführt; habe Kriegsgefangene vernichtet, verbrecherische Befehle umgesetzt, und ihre Gerichtsbarkeit habe mit der Verurteilung und drakonischen Bestrafung von Deserteuren Widerstand gegen den Nationalsozialismus unterdrückt. Schließlich wurde der Forschungsstand zusammenfassend bewertet: »Die Wehrmacht war partiell an der nationalsozialistischen Gewaltpolitik beteiligt, je länger desto nachdrücklicher. Sie war mit Fortschreiten des Krieges zunehmend auch in die Verbrechen Hitlers und seines Regimes verstrickt. Der Umfang der Beteiligung und der Verstrickung stellt noch immer ein Problem der Forschung dar und bedarf weiterer wissenschaftlicher Aufklärung.«[78] Die politische Schlußfolgerung wurde folgendermaßen formuliert: »Die Einbindung der Wehrmacht in den nationalsozialistischen Staat, ihre – wenn auch mißbräuchliche – Instrumentalisierung für die verbrecherische Politik des Regimes sowie schuldhafte Verstrickung von militärischen Führern und Soldaten aller Dienstgrade in dessen Untaten lassen die Wehrmacht als Ganzes keine Tradition für die Bundeswehr begründen.«[79]

Zu hinterfragen und zu problematisieren wäre an dieser Schlußfolgerung allenfalls der verschleiernde Begriff »Verstrickung«. Er geistert seit Jahrzehnten durch die Debatten über die Rolle der Wehrmacht in der NS-Zeit. Mit ihm soll anscheinend zum Ausdruck gebracht werden, daß die Wehrmacht während des Zweiten Weltkrieges in etwas für sie Unangenehmes hineingezogen wurde oder daß sie durch ihr eigenes Verhalten in eine mißliche Lage gebracht wurde.[80] In dem Begriff schwingt die Vorstellung vom Fremdverschulden mit: Hitler und die anderen NS-Bösewichte hätten die Wehrmacht in einen verbrecherischen Krieg hineingezogen. Statt dessen sollte in Anbetracht des heutigen Wissensstandes genauer von Mittäterschaft und Mitwisserschaft gesprochen und die Mitverantwortung der Wehrmacht damit angemessen herausgestellt werden.

Diese Analyse des Forschungsstandes über die Geschichte der Wehrmacht bestätigte noch einmal die Traditionsrichtlinien Apels von 1982. Bundesverteidigungsminister Volker Rühe hielt im Oktober 1996 in München eine Rede, in welcher er die sich daraus ergebenden politischen Konsequenzen sehr deutlich machte. Vor Kommandeuren der Bundeswehr führte er aus: »Die Wehrmacht war als Organisation des Dritten Reiches in ihrer Spitze, mit Truppenteilen und mit Soldaten in Verbrechen des Nationalsozialismus verstrickt. Als Institution kann sie deshalb keine Tradition begründen ...«[81]. Damit wurde eine jahrzehntelange Auseinandersetzung innerhalb der Bundeswehr vorläufig beendet – so weit Ministerworte dies überhaupt vermögen.

3.
Mythos Stalingrad

Im Gesamtkontext der Erinnerung an die NS-Zeit und den Zweiten Weltkrieg wird der Schlacht von Stalingrad sowohl in der Romanliteratur wie auch in der Historiographie seit jeher ein außergewöhnlicher Stellenwert beigemessen. Bis zum 50. Jahrestag der Schlacht im Jahre 1993 wurden etwa 200 Bücher zu diesem Thema geschrieben.[82] Nicht wenige Militärhistoriker – russische wie deutsche – möchten in der Schlacht von Stalingrad in militärstrategischer Hinsicht einen der Wendepunkte des deutsch-sowjetischen Krieges sehen, wenn nicht gar *den* Wendepunkt überhaupt.[84] Stalingrad als ein entscheidender Schlachtensieg, der den späteren militärischen Gesamtsieg der Alliierten über Hitler-Deutschland einleitete.

In dieser These steckt allerdings, wie kritisch anzumerken ist, die unausgesprochene Annahme, daß für Hitler-Deutschland jemals die Chance bestanden hätte, den Krieg gegen die Sowjetunion zu gewinnen. Im historischen Rückblick wird man diese Annahme mit guten Gründen bezweifeln können, womit sich die Wendepunkt-These zumindest relativiert.

Ein zweites Argument lautet, die besondere Bedeutung der Stalingrader Schlacht beruhe auf ihrem politischen Symbolwert.[85] Hier sei es für die beiden Diktatoren Hitler und Stalin um eine herausragende Prestigeangelegenheit gegangen.

Ein drittes Argument betont das in seinen quantitativen Dimensionen angeblich einmalige Massensterben deutscher Soldaten im Kessel von Stalingrad. Dabei wird in der Regel übersehen, daß in den Kämpfen um Stalingrad bereits vor der Schließung des Kessels durch die Rote Armee sowohl auf sowjetischer als auch auf deutscher Seite mehr Soldaten getötet wurden als danach.[86] Außerdem gab es während des Zweiten Weltkrieges eine ganze Reihe von Kesselschlachten, die mehr Tote kosteten als die Schlacht an der Wolga.

Als ein vierter Gesichtspunkt wird angeführt, die eingekesselten deutschen Soldaten, denen von der eigenen Führung die Kapitulation verweigert wurde, hätten eine spezifische Grenzsituation erlebt. Daher eigne sich das Thema in besonderer Weise für die Erörterung grundlegender psychologischer, moralischer, theologischer, philosophischer, politischer und militärischer Fragen.

Der fünfte Gesichtspunkt – für die deutsche Sicht wahrscheinlich der entscheidende – besteht in der Vorstellung, die 6. Armee habe in Stalingrad ein Opfer für Deutschland gebracht. Im hungernden und erfrierenden deutschen Soldaten, der dem »Untergang« preisgegeben war, versinnbildliche sich dieses Opfer, ebenso in den etwa 90 000 Kriegsgefangenen, von denen nur wenige zurückkehrten. Das Opfer sei gebracht worden vom einfachen, tapferen, geduldigen, zwangsverpflichteten deutschen Soldaten – nicht etwa von den Generalen, die mit wenigen Ausnahmen überlebten.

Ihre politische Dimension gewann die Opfertheorie für die Zeitgenossen dadurch, daß die Niederlage den Blick frei machte für eine realistische Einschätzung des Kriegsgegners im Osten. »Stalingrad« steht insoweit für den plötzlichen und demonstrativen Zusammenbruch deutscher Illusionen über die militärische Kraft der Sowjetunion. In diesem Sinne, als Bruch mit dem bisherigen Rußlandbild und als ein Vertrauensverlust in die NS-Führung, welche dieses Bild propagandistisch vermittelt hatte, stellte die Stalingrader Schlacht in der Tat einen entscheidenden Wendepunkt im Bewußtsein der Deutschen dar. Ein Erwachen aus Überlegenheitsphantasien und aus gläubiger Gefolgschaft.

Damit verband sich – sechstes Argument – die Ahnung, daß der Krieg womöglich insgesamt nicht mehr gewonnen werden könne. Im Rückblick gesehen kommt das Wissen hinzu, daß der »Untergang« der 6. Armee in Stalingrad – im Hinblick auf die Irrationalität und die Radikalität des »Durchhaltens« – gleichsam das Modell darstellte für die letzte Phase des Krieges 1944/45. Wir stellen uns diese wohl am besten als einen von der NS- und Wehrmachtführung *inszenierten Untergang* des deutschen Volkes vor, dem im übrigen mehr Menschen zum Opfer fielen als in den vier Kriegsjahren zuvor. Dieser Untergangsmythos ist es wohl, der in der deutschen Wahrnehmung die andauernde Faszination der Schlacht von Stalingrad ausmacht.

Die nationalsozialistische Version

Der Untergangsmythos geht im Grunde genommen auf die nationalsozialistische Deutung der Stalingrader Schlacht zurück. Die zeitgenössische Propaganda folgte zwei Grundgedanken. Der eine wollte die deutschen Truppen an der fernen Wolga als »Verteidiger« des Abendlandes gegen das »jüdisch-bolschewistische Komplott« sehen. Die sprachlich an sich festgelegten Begriffe »Angriff« und »Verteidigung« wurden schlicht auf den Kopf gestellt. Nicht etwa die Soldaten der Roten Armee verteidigten die russische Stadt Stalingrad. Laut NS- und Wehrmachtpropaganda kämpften dort vielmehr die Deutschen an ihrer »Verteidigungsfront«, um so Deutschland dem »Endsieg« näher zu bringen.

Der andere Gedanke diente der Mythologisierung des Kampfes: Der »Untergang« der 6. Armee müsse als ein »Heldenepos« von historischer Dimension gedeutet werden.[87] Die Wehrmachtsoldaten hätten sich dort für Deutschland geopfert: »Sie starben«, wie am 2. Februar 1943 die ganzseitige Schlagzeile der nationalsozialistischen Tageszeitung »Völkischer Beobachter« lautete, »damit Deutschland lebe«[88].

Diese Mythologisierung des Negativereignisses war das Ergebnis eines politischen Kalküls der nationalsozialistischen Führung, besonders von Hitler, Göring und Goebbels. Sie wollten auf diese Weise von dem Ausmaß des militärischen Desasters an der Wolga ablenken, weil sie zu Recht befürchteten, die Informationen über den wahren Sachverhalt könnten zu einem Stimmungseinbruch in der deutschen Bevölkerung, wenn nicht sogar zu einer Krise des NS-Regimes führen. Darüber hinaus sah Goebbels in der Katastrophe eine Chance, den »totalen Krieg« zu proklamieren, das heißt, die – von ihm schon seit längerem für notwendig erachtete – Steigerung der deutschen Kriegsanstrengungen endlich durchzusetzen. Nachdem mit seiner berüchtigten Rede über den »totalen Krieg« (18. Februar 1943) die Stimmungskrise vordergründig aufgefangen war, verschwand das Thema Stalingrad – eingeschlossen das Problem der überlebenden deutschen Kriegsgefangenen, über das ein Schweigegebot verhängt wurde – für die restlichen Kriegsjahre vollständig aus der nationalsozialistischen Propaganda.

Die nationalsozialistische Schweigetaktik hatte im großen und ganzen bis zum Kriegsende Erfolg. Alternative Beschreibungen und Deutungen der Schlacht von Stalingrad, die noch während des Zweiten Weltkrieges von Emigranten wie Thomas Mann[89] oder Theodor Plivier[90] oder von Widerstandkämpfern wie den Geschwistern Scholl formuliert wurden[91], konnten von den meisten Deutschen nicht wahrgenommen werden, solange der Krieg andauerte.

Die antimilitaristische Lesart

Unmittelbar nach dem Kriege verschlangen die Deutschen dann ein Buch, das in jeder Hinsicht ein Kontrastprogramm zum nationalsozialistischen Heldenepos darstellte, nämlich Theodor Pliviers dokumentarischen Roman »Stalingrad«. Er repräsentiert bis heute die antimilitaristische Lesart dieser Schlacht. Pliviers Schilderung des Verlaufs der militärischen Ereignisse war informativ und realistisch. Als Schuldige sah er insbesondere die Generale der Wehrmacht an, im weiteren aber das System des deutschen Militarismus und des Faschismus. Pliviers Stalingrad-Roman wurde bereits in den Jahren 1945–1948 in einer sensationell hohen Auflage von mehr als 500 000 Exemplaren verkauft[92] und erreichte später eine Gesamtauflage von über zwei Millionen. Indem er den hungernden und erfrierenden deutschen Soldaten als das eigentliche Symbol dieser Schlacht darstellte, schrieb er – in der Tradition Erich Maria Remarques – einen betont kritischen Roman. In seinem Schlepptau bewegte sich auch eine ganze Reihe anderer Autoren.

Verlorener Sieg: Stalingrad in den Generalsmemoiren

Mit der Herausbildung der Ost-West-Konfrontation, der Wiederaufrüstung der Bundesrepublik und der Politik des Kalten Krieges stieß diese antimilitaristische Stalingrad-Version zunehmend auf Widerstand. In Bundeswehrkreisen galt die Pliviersche Sicht »von unten« als subversiv, weil sie die Wehrmacht-Generalität schuldig sprach und die Legitimität der Befehlenden sowie ihren Anspruch auf Gehorsam in Frage stellte.

Charakteristisch für diese Ängste war eine Episode aus dem Jahre 1963, ein Jahr nach der Kuba-Krise. Als bekannt wurde, daß im Fernsehen der Stalingrad-Film von Claus Hubalek ausgestrahlt werden sollte, der sich an Theodor Pliviers Roman orientierte, setzte der damalige Generalinspekteur der Bundeswehr, General Friedrich Foertsch, für die Truppen eine abendliche Alarmübung an, damit die Soldaten den Film nicht sehen konnten.[93] In einem Fernschreiben an die Truppe wandte sich Foertsch gegen die Ansicht, der Durchhaltebefehl Hitlers von 1942/43 sei verbrecherisch gewesen, weil er zum Tode einer ganzen Armee geführt hatte. Er verteidigte ihn sogar als zukunftsweisend: »Kampf auch in aussichtsloser Lage bis zum Letzten« sei »eine Forderung an den Soldaten, die zu allen Zeiten und auch in Zukunft gilt«[94]. Der Oberbefehlshaber der 6. Armee, Generaloberst Friedrich Paulus, hatte noch am 29. Januar 1943 aus dem Stalingrader Kessel an Hitler gefunkt: »Unser Kampf möge den lebenden und kommenden Generationen ein Beispiel dafür sein, auch in der hoffnungslosesten Lage nie zu kapitulieren, dann wird Deutschland siegen.«[95] Foertsch rechtfertigte mit seiner Stellungnahme also nicht nur die Wehrmachtelite, sondern auch deren Obersten Befehlshaber Adolf Hitler, ohne daß dies damals in der deutschen Öffentlichkeit allgemein als ein Skandal[96] empfunden worden wäre.

Mit seiner wehrmachtapologetischen Argumentation bewegte sich der oberste Soldat der Bundeswehr ganz im Rahmen der Stalingrad-Interpretation, wie sie in den 50er Jahren – übrigens in zeitlicher Parallelität zu der antimilitaristischen Version – in den Memoiren von ehemaligen Wehrmacht-Generalen vorgetragen worden war. Diese Version richtete sich in erster Linie gegen die antimilitaristische Deutung. Die westdeutsche militärische Memoirenliteratur der 50er Jahre wollte in der Schlacht von Stalingrad eine verpaßte Chance des Sieges sehen: Hätte Hitler den Generalen nicht ständig ins Handwerk gepfuscht, so wäre die Rettung der 6. Armee vielleicht doch noch möglich gewesen. Erich von Mansteins Buchtitel »Verlorene Siege«[97] gab die Tendenz dieser Erinnerungsvariante vor, die viele Generalsmemoiren[98] prägte, die aber auch den roten Faden der Romane von Autoren wie Günter Toepke, Hans-Detlef Herhuth v. Rohden, Heinrich Maria Waasen, Heinz Schröter, Hans Doerr und Karlheinz Rieker bildeten.[99] Die Argumentation dieser Autoren war in dem Sinne wehrmachtapologetisch, als sie die Gesamtverantwortung für die militärische Niederlage an der Wolga entweder auf den

»Dämon« Hitler hin kanalisierten oder sie beim »Schicksal« abluden[100], gleichzeitig die Wehrmachtführung entlasteten und mit der berühmten »weißen Weste« bekleideten. Die Schlacht von Stalingrad wurde als eine militärische Auseinandersetzung im Rahmen eines »normalen« Krieges der Wehrmacht gelesen.

Diese Sehweise sollte die westdeutsche Erinnerung an den Zweiten Weltkrieg jahrzehntelang prägen. Sie fand ihren Niederschlag auch in der Bilderwelt jener Jahre, also in den Kriegserinnerungen, den illustrierten Massenblättern, den Trivialromanen und Filmen wie »Hunde wollt ihr ewig leben«. Charakteristisch für sie war eine romantisierende Darstellung des Krieges als großes Abenteuer von »harmlosen Idealisten und draufgängerischen Soldaten« (Michael Schornstheimer)[101], eine Beschwörung des Kameradschaftserlebnisses und die Betonung des Mißbrauchs von Millionen anständiger Soldaten durch eine verbrecherische NS-Führung.[102] Hier also eine schuldbeladene NS-Führung, dort ein verführtes Volk, zu dem auch die Wehrmacht gehörte.

Die kommunistische Deutung

Eine andere Variante der Erinnerung an Stalingrad bot die kommunistische Deutung. Sie entstand wohl bereits im kommunistischen Exil und wurde später, nach der Gründung der Deutschen Demokratischen Republik (DDR), zu einem Bestandteil der Staatsideologie. Dieser Deutung zufolge führte – zumindest gedanklich – eine direkte Linie von der Stalingrader Schlacht zum sozialistischen Staat DDR. Die Argumentation lautete ungefähr folgendermaßen: In der Kriegsgefangenschaft der überlebenden Soldaten der 6. Armee habe bei nicht wenigen deutschen Offizieren und Soldaten ein Prozeß des Umdenkens begonnen. Ihnen sei klar geworden, daß Hitler-Deutschland Eroberungskriege führte und Verbrechen beging. Aus dieser Erkenntnis heraus hätten sie Ideen zum Aufbau eines »Neuen Deutschland« entwickelt, die dann mit der Gründung der DDR verwirklicht worden seien. Der neue Staat habe die geschichtliche Lehre aus Stalingrad gezogen und sich einer Politik des Friedens verpflichtet.

Bei dieser Konstruktion handelt es sich um den klassischen Fall einer historisch-politischen Instrumentalisierung. Ein nicht ganz unwichtiges Glied in der besagten Argumentationskette stellte die Behauptung dar, das im Jahre 1943 aus deutschen Kriegsgefangenen der Stalingrader Schlacht gebildete Nationalkomitee »Freies Deutschland« (NKFD) und der Bund Deutscher Offiziere (BDO) hätten aufgrund ihrer spezifischen Erfahrungen Perspektiven entwickelt, die dann in der DDR verwirklicht worden seien. Wie der Potsdamer Militärhistoriker Paul Heider nachgewiesen hat, wurden NKFD und BDO jedoch zu Unrecht in diese Rolle von Wegbereitern eines kommunistischen Staates gedrängt.[103]

Die westdeutschen und österreichischen Stalingrad-Bünde

Von den ungefähr 5000 Wehrmachtsoldaten, welche die Schlacht von Stalingrad und die sich anschließende Kriegsgefangenschaft überlebten, fanden sich nach dem Kriege in Deutschland etwa 900 und in Österreich etwa 700 in Stalingrad-Traditionsverbänden zusammen. Eine Analyse der gedruckten Mitteilungen der westdeutschen und österreichischen Stalingrad-Bünde läßt erkennen, daß diese Kriegsveteranen zunächst noch ganz im Banne der nationalsozialistischen Propaganda standen. Das bedeutete unter anderem, daß sie die Taten und Leiden der deutschen Soldaten als »sinnvolles Opfer« einstuften und ihr Ausharren bis zum Untergang als »heldenhaft und militärisch ent-

scheidend« sowie als selbstlose Pflichterfüllung heraus-
stellten.[104] Diese positive, scheinbar unpolitische, in Wirklichkeit apologetische Gesamtdeutung machte erst ganz
allmählich der Frage Platz, ob es sich wirklich um ein
»sinnvolles Opfer« gehandelt habe.[105] Immerhin fand im
Laufe der Nachkriegsjahrzehnte, wie Detlef Vogel ermittelt hat, ein Prozeß des Nachdenkens statt. Die russischen
Soldaten wurden in dieses Nachdenken allerdings nur selten einbezogen. Eine nennenswerte Außenwirkung in die
zivile Gesellschaft hinein haben diese Veteranenverbände
nicht gehabt. Im Jahre 1996 haben österreichische Veteranen die absonderliche Idee verwirklicht, im heutigen
Wolgograd ein eigenes Stalingrad-Mahnmal für die österreichischen Soldaten zu errichten, die dort 1942/43 ihr Leben ließen.

Wege der bundesdeutschen Stalingrad-Historiographie

Für die historische Stalingrad-Forschung in der Bundesrepublik Deutschland hatte der Tatbestand, daß die Original-
akten erst Ende der 50er, Anfang der 60er Jahre nach
Deutschland zurückgeführt wurden, zur Folge, daß die Historiker bis dahin den memoirenschreibenden Generalen
weitgehend das Feld überlassen mußten. Eine erste, auf in-
tensiver Quellenforschung basierende militärgeschichtliche Untersuchung, nämlich Manfred Kehrigs Buch »Stalingrad«, erschien im Jahre 1974. Im Zusammenhang mit der
Erforschung und Darstellung der Geschichte des Zweiten
Weltkrieges sind dann in den 80er Jahren die Kenntnisse
über die politischen und militärisch-operativen Zusammenhänge weiter vertieft worden[106], insbesondere in den
aus den Quellen gearbeiteten Darstellungen von Historikern des Militärgeschichtlichen Forschungsamtes in Freiburg, nachzulesen in den Bänden 4 und 6 des Reihenwerkes
»Das Deutsche Reich und der Zweite Weltkrieg«.

Erst in jüngster Zeit ist im Zuge einer sich etablierenden »Militärgeschichte von unten«[107] ein Perspektivenwechsel vorgenommen worden.[108] Sie richtet den Blick nicht so sehr auf die Entscheidungen der politischen und militärischen Führung sowie auf das operative Geschehen, sondern vielmehr auf den (deutschen und russischen) »kleinen Mann« in Uniform, der die Stalingrader Schlacht erleiden mußte. Diese Perspektive hat Vorläufer in der literarischen Auseinandersetzung mit dem Stalingrad-Thema. Man denke etwa an Theodor Plivier, Wilhelm Raimund Beyer[109] oder Alexander Kluge[110]. Auch Walter Kempowskis »Echolot«[111], die ZDF-Fernsehserie »Der verdammte Krieg« von Guido Knopp sowie der 1993 gezeigte Kinofilm »Stalingrad« von Joseph Vilsmaier sind in diesem Zusammenhang insoweit zu nennen, als sie nicht die Politiker und Generale, sondern die einfachen Menschen in den Mittelpunkt ihrer Betrachtung stellen.

Stalingrad und Vernichtungskrieg

50 Jahre nach Kriegsende erhielt die Erinnerung an Stalingrad insofern eine neue Wendung, als sich einige Historiker bemühten, diese Schlacht aus der vorherrschenden, isolierten Betrachtungsweise zu befreien und sie, chronologisch wie sachlich, in ihren historischen Kontext zurückzuversetzen. Wer einen Blick in die einschlägige Stalingrad-Literatur wirft, wird überrascht feststellen, daß die Vorgeschichte der Schlacht in der Tat in weitem Maße ausgeblendet wurde. Einige Darstellungen beginnen mit der deutschen Sommeroffensive 1942, andere – und deren Zahl ist größer – erst mit der Einkesselung der 6. Armee im November 1942. Solche Verkürzung findet sich im übrigen nicht nur in apologetischen Generalmemoiren und Landserheften, sondern, worauf jüngst Stephanie Carp hingewiesen hat, auch bei kritischen Autoren wie Theodor Plivier, Alexander Kluge und Walter Kempowski. Sie bringen, jeder auf seine spezifische

Weise, die Perspektive »von unten« zur Geltung, thematisieren aber nicht den Vernichtungscharakter dieses Krieges.[112]

Einige Historiker hatten schon im Erinnerungsjahr 1993 auf die Opfer-Täter-Problematik aufmerksam gemacht. Größere öffentliche Aufmerksamkeit erregte dieses neue Nachdenken über Stalingrad allerdings erst, als die 1995 eröffnete Ausstellung »Vernichtungskrieg. Verbrechen der Wehrmacht 1941 bis 1944«[113] die Kriegführung der 6. Armee in den Kontext des Vernichtungskrieges hineinstellte. Unter die Lupe genommen wurde die zweite Hälfte des Jahres 1941, als sich die 6. Armee unter dem Befehl des Generalfeldmarschalls Walter von Reichenau »unterwegs nach Stalingrad«[114] befand. Über den besonderen Charakter des »Weges« der 6. Armee nach Stalingrad wird im Katalog zur Ausstellung »Vernichtungskrieg« folgendes festgestellt: »Die 6. Armee führte nicht nur den militärischen Kampf gegen die gegnerische Streitmacht. Armeeangehörige töteten Gruppen von Kriegsgefangenen und Zivilpersonen, die zu Partisanen oder Saboteuren erklärt wurden. Bei der Ermordung von jüdischen Männern, Frauen und Kindern kooperierte die Armee mit den mobilen Tötungseinheiten der SS, den Kommandos der Einsatzgruppe C. Die Ausplünderung der Ukraine gab große Teile der Zivilbevölkerung in den besetzten Gebieten dem Hungertod preis.«[115]

Die Ausstellung legt einen folgenreichen Wechsel der gewohnten Perspektive nahe. Ihre Konsequenz lautet nämlich, die Soldaten der 6. Armee nicht mehr primär in ihrer – literarisch und historiographisch vielfach beschriebenen – Opferrolle zu sehen, sondern als Täter im Vernichtungskrieg, die im Kessel von Stalingrad in eine ausweglose Verlierersituation gerieten. Das heißt, daß auch die einfachen Soldaten nicht nur als Opfer einer menschenverachtenden NS-Politik oder einer verfehlten Führung von Wehrmacht-Generalen gesehen werden können. Auf ihrem »Weg nach Stalingrad« waren sie Glieder einer Aggressionsarmee in einem Vernichtungskrieg. Änderte das Leiden und Massensterben in der Kesselschlacht etwas an diesem grundlegenden Zusammenhang?

Die Diskussion über diese Sicht dauert an. Sie wird von einigen Kriegsteilnehmern als Provokation empfunden. Revisionistische Historiker leisten ihnen Schützenhilfe, indem sie erneut die Präventivkriegsdebatte entfachen und mit der These von »Stalins Vernichtungskrieg« den Spieß umzudrehen versuchen.[116] Angehörige der nachgewachsenen Generationen, welche besagte Ausstellung besuchten, sehen im Aufweis des Zusammenhangs von Vernichtungskrieg und Stalingrad jedoch eher eine notwendige, zugleich erschütternde Aufklärung.[117] Das bedeutet, daß die Debatte über eine angemessene Erinnerung an Stalingrad auch mehr als ein halbes Jahrhundert nach dem Ende des Zweiten Weltkrieges noch keineswegs abgeschlossen ist. Die historische Forschung über Wehrmacht, Vernichtungskrieg, Kriegsverbrechen und Holocaust hat nun auch die Erinnerung an die Schlacht von Stalingrad eingeholt. Man wird diesen Vorgang als einen weiteren Schritt auf dem Wege zu einer Erinnerungskultur interpretieren können, in welcher bislang vernachlässigte Zusammenhänge hergestellt und beleuchtet werden. Daß Tabubrüche dieser Art heftige Reaktionen jener hervorrufen, die am bisher gepflegten Bild festhalten wollen, weiß man aus vergleichbaren Erkenntnisschüben in der Vergangenheit.

4.

Judenretter Anton Schmid: Symbol für eine Wende in der Traditionspolitik?

In Deutschland wurde am 8. Mai 2000 erstmals eine Kaserne der Bundeswehr nach einem Wehrmachtsoldaten benannt, der bis zu 300 Juden rettete und der dafür von einem Kriegsgericht der Wehrmacht zum Tode verurteilt und erschossen wurde.[118] Es handelt sich um den aus Wien stammenden Feldwebel der Wehrmacht Anton Schmid. In der schleswig-holsteinischen Garnisonsstadt Rendsburg gibt es seitdem die »Feldwebel-Schmid-Kaserne«.[119] Der vorherige Namenspatron dieser Bundeswehrliegenschaft war ein Generaloberst der Wehrmacht namens Günther Rüdel. Dieser Offizier gehörte zur obersten Führungsschicht der Wehrmacht, die insgesamt eine wesentliche Stütze des NS-Staates darstellte. Außerdem fungierte er von August 1944 bis Kriegsende als ehrenamtlicher Richter am Volksgerichtshof.[120] Ein General mußte also einem Feldwebel weichen.

Anläßlich der offiziellen Umbenennung der Kaserne in Rendsburg sagte Bundesverteidigungsminister Rudolf Scharping (SPD), mit Anton Schmid ehre die Bundeswehr einen Mann, der Menschlichkeit, Mut und Zivilcourage bewiesen habe – Tugenden, »die für jeden Soldaten Auftrag und Verpflichtung sind«.[121] Weiterhin hielt der amerikanische Historiker Fritz Stern, Träger des Friedenspreises des Deutschen Buchhandels von 1999, eine Rede.[122] Er mahnte »die Pflege eines bislang vernachlässigten Erbes« an. Damit meinte er diejenigen Menschen, »die nicht an Widerstand dachten, die nicht zu den Eliten gehörten, die sich nicht mit dem Gedanken eines staatsbefreienden Aufstands befassen konnten«, er meinte »Männer und Frauen, die aus reiner Menschlichkeit den in den Tod gejagten Menschen in Europa aktiven Anstand bewiesen haben«.[123]

Die Vorgeschichte der Umbenennung der Heeresflugabwehr-Schule in Rendsburg in »Feldwebel-Schmid-Kaserne« ist mit einigen Makeln behaftet. Denn zuvor hatten drei andere Standorte der Bundeswehr, nämlich Weiden, Delitzsch und Münster/Westfalen sich erfolgreich gegen den neuen Namensgeber gesträubt, und in Rendsburg selbst traf die Idee Rudolf Scharpings zunächst ebenfalls nicht auf Gegenliebe. Vielleicht waren die Rendsburger Soldaten und Zivilbediensteten damals einfach noch zu wenig mit der Vita des neuen Namenspatrons vertraut. Zwischenzeitlich ist der Widerspruch verstummt, und Scharpings mutige Entscheidung wird offenbar zumindest nachträglich akzeptiert. Diese Namensgebung stellt einen Meilenstein in der Auseinandersetzung um die Tradition in der Bundeswehr dar.

Der Staat Israel ehrte Anton Schmid bereits im Jahre 1967[124] als »Gerechten unter den Völkern«, weil er in der Zeit des Holocaust unter Einsatz seines Lebens Juden gerettet hatte.[125] Auf dem Gelände der Gedenkstätte Yad Vashem in Jerusalem wurde ein Baum für ihn gepflanzt, versehen mit einer unscheinbaren Steintafel, auf der in hebräischer und deutscher Sprache zu lesen ist: »Anton Schmid – Austria«. Österreich, das Geburtsland Schmids, ist dort genannt, nicht Deutschland, in dessen Wehrmacht er zu dienen gezwungen war. Von dieser Ehrung wurde in Deutschland kaum Notiz genommen. Erst fast sechzig Jahre nach Anton Schmids Rettungsaktionen und vierzig Jahre nach dem Jerusalemer Eichmann-Prozeß erfuhr dieser außergewöhnliche Wehrmachtsoldat in Deutschland eine offizielle Würdigung.

Damit verbindet sich die Chance, daß die zugänglichen Informationen über das nahezu singuläre Wirken dieses Feldwebels der Wehrmacht öffentlich wahrgenommen werden. Die Fakten sind, soweit möglich, längst recherchiert, allerdings nicht aus den Akten der Wehrmacht, sondern durch das Zeugnis von Juden aus Wilna, die Anton Schmid ihre Rettung verdankten. Auf der Basis ihrer Zeugnisse werden in der »Enzyklopädie des Holocaust« folgende Sachverhalte geschildert: »Als Feldwebel der Wehrmacht in Wilna stationiert, hatte Schmid die Aufgabe, versprengte deutsche Soldaten im Umkreis des Bahnhofs aufzusammeln und neuen Einheiten zuzuweisen. Eine große Gruppe von Juden aus dem Wilnaer Ghetto war in Schmids Truppe mit verschiedenen Arbeiten beschäftigt: Polstern, Schneidern, Schmieden und Schuhreparaturen.

Entsetzt über die Judenmorde in Ponary, beschloß Schmid Ende 1941, alles in seiner Macht Stehende zu tun, um Juden das Überleben zu ermöglichen. Es gelang ihm, Juden aus dem berüchtigten Lakischki-Gefängnis zu befreien, auf verschiedene Weise Juden zu retten und heimlich im Ghetto mit Nahrung und Vorräten zu versorgen. In drei Häusern in Wilna, die unter seiner Aufsicht standen, wurden während der ›Aktionen‹[126] Juden in den Kellern versteckt. Schmid kam auch in persönlichen Kontakt mit führenden Leuten im jüdischen Widerstand, wie etwa Mordechai Tenenbaum, und arbeitete mit ihnen zusammen. Einigen half er, nach Warschau und Bialystok zu entkommen, damit sie von den Morden in Ponary berichten konnten. Manche Untergrundkämpfer trafen sich bei ihm zu Hause, wo sie ihre Pläne koordinierten und auch übernachteten. Andere Juden schickte er in Ghettos, die damals vergleichsweise sicher waren, wie die von Woronowo, Lida und Grodno.«[127]

Simon Wiesenthal jagte nach Kriegsende nicht nur Adolf Eichmann und andere NS-Verbrecher, sondern er sammelte in seinem Wiener Dokumentationszentrum auch Informationen über den Judenretter Anton Schmid. Damit half er dessen Ehrung in Yad Vashem vorzubereiten. Von Wiesenthal, der mit etlichen Überlebenden aus dem Wilnaer Ghetto sprechen konnte, die Schmid ihre Rettung verdankten, erfahren wir weitere Angaben über Schmids Tätigkeit als Helfer und Retter: »Unter höchster Lebensgefahr schlich er sich in das Getto, um verhungernden Juden Lebensmittel zu bringen. In seinen Taschen hatte er Flaschenmilch für Säuglinge versteckt. Er wußte, daß sich zahlreiche Juden in den Wäldern versteckt hielten, zwischen ihnen und ihren Angehörigen vermittelte er Nachrichten, er besorgte Brot und Medikamente, ja er entwendete sogar Waffen der Wehrmacht, um sie jüdischen Widerstandskämpfern zu geben.«[128] Wiesenthal entnahm den Berichten seiner Gesprächspartner, daß Anton Schmid gleichsam als »geheime Ein-Mann-Hilfsorganisation« agiert hatte.[129] Dagegen weiß Hermann Adler zu berichten, daß Schmid verläßliche Kameraden gehabt habe, die es ermöglichten, daß in seiner Dienstwohnung oft mehr als zwanzig Menschen übernachten konnten, die hernach mit Wehrmacht-Lastkraftwagen der von Schmid geleiteten Versprengtensammelstelle nach Warschau befördert wurden.[130] Schmid scheint als einzelner gehandelt zu haben; aber es muß zumindest einige wenige Kameraden gegeben haben, die ihn deckten, wenn er seine lebensgefährlichen Rettungsaktionen durchführte.

Aus anderen Quellen wissen wir, daß die Judenmorde der SS im Osten im Herbst 1941 noch keineswegs von allen Wehrmachtssoldaten hingenommen oder unterstützt wurden. Das läßt sich indirekt aus dem berüchtigten Befehl des Oberbefehlshabers der 6. Armee, Generalfeldmarschall Walter von Reichenau, vom 10. Oktober 1941, schließen. Reichenau stellte fest, daß hinsichtlich des Verhaltens der Truppe gegenüber dem jüdisch-bolschewistischen System vielfach »noch unklare Vorstellungen« bestünden. Es seien hier Aufgaben zu erfüllen, »die über das hergebrachte einseitige Soldatentum hinausgehen«. Der deutsche Soldat sei im Ostraum »nicht nur ein Kämpfer nach den Regeln der Kriegskunst, sondern auch Träger einer unerbittlichen völkischen Idee«, und er müsse deshalb »für die Notwendigkeit der harten, aber gerechten Sühne am jüdischen Untermenschentum volles Verständnis haben«.[131] Reichenau war demzufolge unzufrieden mit dem offenbar zögerlichen oder ablehnenden Verhalten der Truppe. Daher forderte er nun von den ihm unterstellten Soldaten im Befehlston »die erbarmungslose Ausrottung artfremder Heimtücke und Grausamkeit«, womit die Billigung und Unterstützung der von den Einsatzgruppen der SS durchgeführten Judenmorde gemeint war.

In Litauen und speziell in Wilna, wo Anton Schmids Versprengtensammelstelle eingerichtet war, hatte der Terror gegen die Juden bis zum Oktober 1941 schon mehrere Etappen durchlaufen.[132] Mehr als Zehntausend waren bereits umgebracht worden. Am 6. September 1941 wurde die verbliebene jüdische Bevölkerung Wilnas in zwei Ghettos umgesiedelt. In dem einen Ghetto wurden die arbeitsfähigen beziehungsweise gelernten und in dem anderen die nicht arbeitsfähigen Juden zwangsweise untergebracht und mit unterschiedlichen Kennkarten ausgestattet. Die ungelernten Arbeiter wurden in der Folgezeit serienmäßig selektiert, mit Lastwagen und in Eisenbahntransporten in das etwa zehn Kilometer südlich von Wilna gelegene Dorf Ponary gebracht und dort erschossen.[133] Benutzt wurde ein neben den Eisenbahngleisen gelegenes Waldgebiet, in dem sowjetische Firmen 1940/41 Gruben ausgehoben hatten, in denen Öltanks installiert werden sollten. Die Gruben dienten als Erschießungsplätze und Massengräber.[134] Im Dezember 1941 waren von der 65000 Juden, die beim Einmarsch der Wehrmacht in Wilna wohnten – und damit fast ein Drittel der Bevölkerung der Stadt stellten –, nur noch 12000 »legale« Juden am Leben.[135] Verantwortlich für die Judenvernichtung in Litauen war seit August 1941 das Einsatzkommando 3 unter dem SS-Standartenführer Karl Jäger. Seine »Gesamtaufstellung der im Bereich des EK 3 durchgeführten Judenexekutionen bis 1. Dezember 1941« – in der Holocaust-Forschung als »Jäger-Bericht« bekannt – nennt etwas andere Zahlen.[136] Sie bestätigen aus Tätersicht, daß in den sechs Monaten zwischen Ende Juni und Ende November 1941 alleine in Wilna 38000 Juden ermordet wurden. Etwa 5000 soll es gelungen sein, in die Wälder zu fliehen.[137]

In der ganzen Gegend wußte man von den Massenerschießungen. Der polnische Schriftsteller Józef Mackiewicz beispielsweise, der damals in Wilna lebte, nur acht Kilometer von Ponary entfernt, hörte »kurze, abgehackte, gehäufte, manchmal mehrere Stunden andauernde oder zur Abwechslung in Maschinengewehrsalven ratternde Schüsse. Dies fand an verschiedenen Tagen statt, fast immer bei hellem Tageslicht. Bisweilen auch mehrere Tage hintereinander, meist gegen Abend oder Morgen.« Er wußte, daß sich dort eine »Massenschlächterei« abspielte, daß Ponary »einer der größten Judenschlachthöfe Europas« war: »Ponary wurde in diesem Krieg zum Inbegriff eines bisher nicht gekannten Grauens. Der Klang dieser Buchstaben mit dem Ypsilon am Schluß ließ so manchen erstarren. Ihr finsterer, widerlicher Ruhm sickerte seit dem Jahre 1941 langsam, wie klebrig rinnendes menschliches Blut, immer weiter, immer weiter durch das Land ...«[138]

Das war das Erlebnisumfeld, in dem sich der österreichische Feldwebel Anton Schmid entschloß, seinen eigenen Weg zu gehen und den Juden so viel zu helfen, wie er konnte. Der jüdische Schriftsteller Purpur, den er in seiner Dienstwohnung versteckte, fragte ihn einmal: »Setzen Sie Ihr Leben nicht leichtsinnig aufs Spiel?« – »Krepieren«, antwortete Schmid, »muß jeder. Wenn ich aber wählen kann, ob ich als Mörder oder als Helfender krepieren soll, dann wähle ich den Tod als Helfer.«[139] Woher nahm dieser Anton Schmid die Kraft, gegen den Strom des ihn umgebenden Mordgeschehens zu schwimmen, entgegen der militärischen Befehlslage und im Bewußtsein der Lebensgefahr, in die er sich damit begab, praktische Rettungsarbeit zu leisten?

Es ist generell schwer, über einen kleinen Mann in Uniform hinreichend viel biographisches Material zusammenzutragen, um seine Sozialisation und seine Motivation zur Rettungstat erklären zu können. Was diesen Fall angeht, so wissen wir immerhin folgendes: Anton Schmid wurde am 9. Januar 1900 in Wien in kleinbürgerlichen Verhältnissen geboren, als Sohn eines Postbeamten. Er absolvierte eine Lehre als Elektrotechniker. Im Juli 1918, also noch während des Ersten Weltkrieges, wurde er zum Militärdienst eingezogen, jedoch nach wenigen Monaten auf Dauer beurlaubt. Er heiratete und hatte eine Tochter. Im Jahre 1928 eröffnete er ein Elektrowarengeschäft in Wien. Nach der

Eingliederung Österreichs in das Deutsche Reich im Jahre 1938 verhalf er einigen Juden von Wien aus zur Flucht in die Tschechoslowakei.[140]

Obwohl er schon fast vierzig Jahre alt war, erreichte ihn 1939 ein neuerlicher Gestellungsbefehl, diesmal der deutschen Wehrmacht.[141] Als älterer Jahrgang wurde er nicht in einer Fronttruppe, sondern in rückwärtig eingesetzten Sicherungstruppenteilen verwendet, zunächst in Polen, dann im Krieg gegen die Sowjetunion. In der litauischen Stadt Wilna gehörte er als Feldwebel der 2. Kompanie des Landesschützen-Bataillons 898 an, die ihn mit der Leitung der örtlichen Versprengtensammelstelle betraute.[142]

Seine Aktionen als Helfer und Retter von Juden zogen sich über mehrere Monate hin, nämlich von Oktober 1941 bis Februar 1942. Er soll etwa 350 jüdische Personen vor dem Tode bewahrt haben, unter anderem dadurch, das er ihnen jene gelben Kennkarten ausstellte, die sie als »Arbeitsjuden« auswiesen. Das waren Menschen, die zunächst nicht ermordet wurden, weil sie von den Deutschen als nützliche Arbeitskräfte ausgebeutet werden sollten. Schmid hatte darüber hinaus Verbindungen zu Angehörigen der jüdischen Untergrundbewegung, die den Aufstand im Warschauer Ghetto vorbereiteten.[143] Irgendwann wurden seine Aktivitäten dann seiner vorgesetzten Dienststelle bekannt. Im Ghetto Lida war es Gestapo-Beamten aufgefallen, daß dort viele Juden aus Wilna lebten. Einige von ihnen wurden verhaftet und sagten unter Folter aus, daß sie mit Hilfe von Schmid dorthin gekommen waren.[144] Schmid kam vor das Kriegsgericht der Feld-Kommandantur (V) 814/Wilna. Dieses verurteilte ihn am 25. Februar 1942 zum Tode. Leider sind die Kriegsgerichtsakten und auch das Kriegsgerichtsurteil selbst nicht mehr vorhanden.[145] Daher läßt sich nicht nachvollziehen, in welcher Weise die Militärrichter die Judenrettung, die ja kein im Militärstrafrecht vorgesehener Straftatbestand war, in andere Straftatbestände umdefinierte. Formal wurde anscheinend der Vorwurf der Bestechung und der Bestechlichkeit erhoben.[146] Es hätte auch Begünstigung des Feindes, Kollaboration mit diesem oder ähnliches heißen können. Schmids Ehefrau Stephanie erfuhr von dem Todesurteil und forderte vom Kriegsgericht Aufklärung, wurde aber mit Formalitäten abgewimmelt.[147] Fest steht, daß Schmid am 13. April 1942 hingerichtet und auf dem Soldatenfriedhof in Wilna, Stadtteil Anatol, begraben wurde.[148]

Über die Persönlichkeit des damals 42 Jahre alten Feldwebels weiß Simon Wiesenthal aufgrund seiner Gespräche mit Geretteten folgendes zu berichten: »Schmid war alles andere als ein Schleifer. Von ruhigem Wesen, dachte er viel nach und sprach wenig; unter seinen Kameraden hatte er wenige Freunde.« Das einzige Portraitfoto[149] von ihm, das wir besitzen, interpretiert er so: »Man erkennt darauf ein intelligentes, anständiges Gesicht, seine sanften, traurigen Augen, dunkles Haar und einen kleinen Schnurrbart.«[150] Schmid, so erfahren wir weiter, sei ein frommer Katholik gewesen, der am Leid anderer Menschen gelitten habe. »Aber er war auch ein ungewöhnlich mutiger Mann [...]. Schmid sah es als seine Christenpflicht an, den verfolgten Juden zu helfen.« Einer der Überlebenden berichtete Wiesenthal folgendes: »Alles das hat er getan, ohne dafür Dank zu erwarten. Es tat es aus Herzensgüte. Für uns im Getto war der schlanke, ruhige Mann in seiner Uniform so etwas wie ein Heiliger.«[151]

Nachdem ihn das Kriegsgericht zum Tode verurteilt hatte, schrieb Anton Schmid an seine Frau Stephanie in Wien einen Abschiedsbrief, der uns die Persönlichkeit und die Motive dieses außergewöhnlichen Mannes näherzubringen vermag: »... Ich kann Dir heute schon alles oder mein Schicksal, das mich ereilte, mitteilen: Aber eines bitte ich Dich: bleibe stark, wenn Du weiterliest. Es ist leider so, bin zum Tode verurteilt vom Kriegsgericht in Wilna ... Man kann nichts dagegen machen als ein Gnadengesuch ... glaube aber, daß es abgewiesen wird, da bis jetzt alle abgewiesen wurden. Aber, meine Lieben, darum Kopf hoch. Ich habe mich damit abgefunden, und das Schicksal wollte es so. Es ist von oben unserem lieben Gott bestimmt, daran läßt sich nichts ändern. Ich bin heute so ruhig, daß ich es selber nicht glauben kann, aber unser lieber Gott hat das so gewollt und mich so stark gemacht. Hoffe, daß Er Euch ebenso stark macht wie mich. Will Dir noch mitteilen, wie das Ganze kam. Hier waren sehr viele Juden, die vom litauischen Militär zusammengetrieben und auf einer Wiese außerhalb der Stadt erschossen wurden, immer so 2–3000 Menschen. Die Kinder haben sie auf dem Wege gleich an die Bäume angeschlagen usw., kannst Dir ja denken. Ich mußte, was ich nicht wollte, die Versprengtensammelstelle übernehmen, wo 140 Juden arbeiteten.[152] Die baten mich, ich soll sie von hier wegbringen ... Da ließ ich mich überreden. Du weißt ja, wie mir ist mit meinem weichen Herz. Ich konnte nicht denken, und half ihnen, was schlecht war, von Gerichts wegen. Denke Dir, meine liebe Steffi und Grete, daß es ein harter Schlag ist für uns, aber bitte, bitte verzeiht mir. Ich habe nur als Mensch gehandelt und wollte ja niemandem wehtun. Wenn Ihr, meine Lieben, das Schreiben in Euren Händen habt, dann bin ich nicht mehr auf Erden. Werde Euch auch nicht mehr schreiben können, aber seid sicher, daß wir uns wiedersehen in einer besseren Welt bei unserem lieben Gott ...«[153]

Am 13. April 1942, dem Tage seiner Hinrichtung, konnte Schmid einen letzten Brief an seine Frau schreiben: »Meine liebe Steffi! ... Ich konnte nichts ändern, sonst hätte ich Dir und Grete alles erspart. Ich habe ja nur Menschen, obwohl Juden, gerettet von dem, was mich ereilt, und das war mein Tod. So wie ich im Leben alles für andere geopfert ... Nun schließe ich meine letzten Zeilen, die ich Euch noch schreibe, und grüße und küsse Euch und Dich, mein alles, auf dieser und der anderen Welt, wo ich bald in Gottes Hand bin, noch vielmals, Dein Euch ewig liebender Toni.«[154]

Anfang der sechziger Jahre, während des Eichmann-Prozesses in Jerusalem, erfuhr Simon Wiesenthal die Anschrift von Anton Schmids Witwe. Er besuchte sie und fand eine müde und alt gewordene Frau vor, die ihr Leben kärglich von den Einnahmen aus einem kleinen Laden fristen mußte. Sie und ihre verheiratete Tochter Grete, die bei ihr lebte, erzählten ihm, »daß es 1942 nicht leicht für sie gewesen sei, als bekannt wurde, daß Feldwebel Schmid hingerichtet worden war, weil er ein paar Juden retten wollte. Einige Nachbarn bedrohten die Witwe des ›Verräters‹ und legten ihr nahe, fortzuziehen. Andere warfen ihr die Fensterscheiben ein.«[155] Es blieb Simon Wiesenthal vorbehalten, Frau Schmid und ihrer Tochter im Oktober 1965 eine Reise nach Wilna zu ermöglichen.

Die deutsche Gesellschaft beginnt sich erst jetzt für Männer wie Anton Schmid zu interessieren. Das mag daran liegen, daß sich zuvor die große Mehrheit der Täter, Mitläufer, Zuschauer und Mitwisser nicht mit dem provozierenden Tatbestand konfrontiert sehen wollte, daß es selbst in der Wehrmacht Männer gab, die halfen und retteten. Diese waren übrigens keine Widerstandskämpfer im herkömmlichen Sinne. Sie schrieben keine Meldungen und Denkschriften und wollten auch keine Befehlslagen und Machtstrukturen ändern, sondern sie wirkten praktisch und konkret nach unten hin. Sie versuchten nicht, gegen den – von ihnen, wie sie glaubten, ohnehin kaum beeinflußbaren – Apparat anzurennen. Darin unterscheiden sie sich von den – meist adligen – Generalstabsoffizieren, die hinter dem Attentat vom 20. Juli 1944 standen.

Anton Schmid war kein Berufsmilitär, sondern ein »eingekleideter Zivilist«, ein zum Kriegsdienst gezwungener Wiener Handwerker, der sich seine vor dem Eintritt in die Wehrmacht erworbene humane Orientierung bewahren konnte. Es gab nicht viele Angehörige der Wehrmacht, die handelten wie er, vielleicht nur einige Dutzend an der Zahl, und dies bei einem personellen Volumen der Wehrmacht von fast zwanzig Millionen Köpfen, unter denen sich auch eine halbe Million Frauen befand. Aber gerade weil die Anzahl der Helfer und Retter so verschwindend gering war, sollten wir uns heute ehrend an sie erinnern. Es wäre zu wünschen, daß diese Namensgebung für eine Kaserne der Bundeswehr den Anfang einer neuen Geschichtspolitik bildet. Die Voraussetzungen dafür haben sich verbessert.[156] Denn allmählich scheint sich seit dem Ausgang des 20. Jahrhunderts auch die Bundeswehr aus dem belastenden Schatten von Hitlers Wehrmacht zu lösen.

Johannes Klotz

Die Ausstellung »Vernichtungskrieg. Verbrechen der Wehrmacht 1941 bis 1944«

Zwischen Geschichtswissenschaft und Geschichtspolitik

1.
Zum Stand der Geschichtswissenschaft

Der Überfall auf die Sowjetunion am 22. Juni 1941 war ein Angriffskrieg und damit ein eklatanter Bruch des Völkerrechts. Die Wehrmacht führte einen Eroberungs- und Raubkrieg mit dem Ziel der Vernichtung der bolschewistischen Führungsschicht des Landes, der jüdischen Bevölkerung und aller, die als Freischärler, Saboteure oder Partisanen im Widerstand der deutschen Armee entgegentraten. Sie war jedoch nicht erst in der Sowjetunion, sondern von Beginn an – in Polen, Jugoslawien, Frankreich und anderswo – an der Verfolgung und Ermordung der Juden mitbeteiligt.[1] Damals wie heute gab und gibt es Haarspalter und Leugner, die einwenden, es habe niemals ein international anerkanntes Recht existiert, das den Angriffskrieg oder nur gewisse brutale Kriegspraktiken verbiete. In Nürnberg sei nach einem Recht ex post facto geurteilt, das heißt, juristische Subjekte seien für Verbrechen haftbar gemacht worden, die zum Zeitpunkt ihrer Verübung nicht unter Strafe standen. Mindestens drei starke Argumente sprechen jedoch dafür, daß die Urteilssprüche nach völkerrechtlichen Maßstäben erfolgten: Erstens hat es seit langer Zeit Rechtsnormen gegen Mord, Folter und Sklaverei gegeben, die von sämtlichen zivilisierten Völkern anerkannt und in ihr nationales Recht integriert worden waren. Zweitens wird oft der Briand-Kellogg-Pakt aus dem Jahre 1929 vergessen, der Krieg zwischen den Nationen nicht nur für verabscheuungswürdig, sondern auch für illegal erklärt hatte. Drittens gaben Roosevelt, Churchill und Stalin am 1. November 1943 eine Erklärung ab, daß man die Nazi-Barbaren für ihre verbrecherischen Taten zur Verantwortung ziehen werde.

Für die Durchführung des Vernichtungskrieges arbeitete die Wehrmachtsführung völkerrechtswidrige Befehle aus, die wir als *verbrecherische Befehle* bezeichnen.[2] Zwischen Wehrmacht und SS wurde am 28. April 1941 eine Vereinbarung zur Zusammenarbeit bei der Vernichtung der Juden getroffen. Die Versorgung von Heimat und Armee und die geplante wirtschaftliche Neuordnung im künftigen deutschen Ostimperium erforderten einen Ausschluß »überflüssiger Esser« – wie es zynisch hieß. Eine Besprechung zuständiger Staatssekretäre und Generale am 2. Mai 1941 läßt keinen Zweifel daran, daß der Hungertod kühl geplant worden war: »Der Krieg ist nur weiterzuführen, wenn die Wehrmacht im 3. Kriegsjahr aus Rußland ernährt wird. Hierbei werden zweifellos zig Millionen Menschen verhungern, wenn von uns das für uns Notwendige aus dem Lande herausgeholt wird.«[3] Im »Generalplan Ost« war die Rede von der Vernichtung von »zunächst« 31 Millionen Menschen. Wir haben es mit einem gigantischen Völkermord zu tun, in den der »Holocaust« an den Juden eingebettet war.

Die kriminelle Rolle der deutschen Wehrmacht im Zweiten Weltkrieg, insbesondere im Osten Europas, war im Grunde seit den Nürnberger Prozessen bekannt.[4] Historiker, Juristen, Schriftsteller und Journalisten haben seither in vielen Bereichen weitgehendes Detailwissen über die Verbrechen von Offizieren und Soldaten zutage gefördert und verbreitet.

Die Ausstellung »Vernichtungskrieg«

Die breite Öffentlichkeit nahm den Vernichtungscharakter des von der Wehrmacht geführten Krieges erst 50 Jahre später wahr, vermittelt durch die Ausstellung »Vernichtungskrieg. Verbrechen der Wehrmacht« des Hamburger Instituts für Sozialforschung. Die Exposition konfrontierte mit vielen Fotos, auf denen die »Realität eines großen Verbrechens«[5] zu sehen war. Obwohl sie nur einen Teil der Verbrechen dokumentierte, wirkten die Bilder und Texte um so provokativer je deutlicher wurde, daß die Zahl der Täter, Mittäter und Mitwisser wesentlich größer war als allgemein anerkannt.

Die deutsche Wehrmacht zählte mehr als 18 Millionen Soldaten. Fast jede Familie war also in irgendeiner Weise in dieses ungeheuerliche Verbrechen involviert. Die Ausstellung stellte den Mythos von der »sauberen« Wehrmacht in einer provozierenden Art infrage: Der *Jedermann* wurde in Verantwortung genommen. Die Konfrontation mit der *Gewißheit*, in einen verbrecherischen Vernichtungskrieg involviert gewesen zu sein, bedrängte und erschütterte das eigene Gewissen. Das *Ungeheuerliche* lag in der öffentlichen Aufdeckung der Legende von der »sauberen Wehrmacht«, einer Legende, die besagte, daß die Wehrmacht im *Prinzip nicht* für die Mordtaten an Juden, Kriegsgefangenen und an der Zivilbevölkerung verantwortlich gewesen sei. Die Ausstellung wurde zu einem Politikum, das Landtage, Stadträte und schließlich den Bundestag beschäftigte.

Die Debatte über den Mythos Wehrmacht

Der Mythos Wehrmacht hatte – neben der individuellen – die *soziale und politische Ordnung* des westdeutschen Staates stabilisiert. Politiker, Medienleute, Intellektuelle, ja selbst Historiker, die ihn verteidigten, hielten an einem tradierten Geschichtsbild fest, das im Widerspruch zum historischen Wissen stand.

Die Bilder und Texte der Ausstellung erschütterten nicht nur den Mythos Wehrmacht, sondern griffen auch Werteordnung, nationale Identiät und politische Traditionen an, die durch den Mythos verdeckt worden waren. Hieraus resultierten letztlich die heftigen Auseinandersetzungen und der seit 1995 währende Streit um die Ausstellung.[6] Auch Menschen, die sie gar nicht besucht hatten, sahen sich durch die Medienberichterstattung brüskiert. Die Debatte eskalierte bald zu einem Streit um die deutsche Nation, um Fragen von Schuld und Verantwortung sowie um die »richtige« Deutung der Vergangenheit und um deren Bezug zur gegenwärtigen Politik. Die Initiatoren wollten jedoch keine Geschichtspolitik betreiben – was man ihnen gleichwohl vorhielt –, sondern aufklären und eine tabuisierte Geschichte extremer Gewaltanwendung im 20. Jahrhundert präsentieren.

Geschichtspolitik und historische Wahrheit

Die Ausstellung »Vernichtungskrieg. Verbrechen der Wehrmacht« wurde von verschiedenen Deutungseliten – Politiker, Journalisten, Intellektuelle und Wissenschaftler – mit spezifischen Interessen befrachtet und politisch genutzt.[7] Deren Interpretationen und insbesondere das Zusammenspiel von Politik und Vermittlern wie Medien und Intellektuellen sind Gegenstand der folgenden Untersuchung. Dabei zeigt sich, daß die Rolle der Medien als vierte (demokratisch-kontrollierende) Gewalt längst fragwürdig geworden ist, vor allem weil diese sich anmaßen, Informationen als (historische) Wahrheit zu verkaufen. Wie wiederholt von Historikern und später von einer »Historiker-Kommission«[8] erklärt wurde, entsprach die historische Dokumentation des Hamburger Instituts in ihrer Grundaussage dem Stand der Wissenschaft. Die Rolle der Wehrmacht und deren Darstellung in der Ausstellung wurde von den Medien teilweise in einer Art und Weise instrumentalisiert, die dem Stand der Geschichtswissenschaft widersprach.

Demgegenüber ging es den Ausstellungsmachern darum zu zeigen, »daß dieser Krieg nicht bloßes Resultat einer Eskalation gewesen war, sondern in der Beteiligung am Holocaust, der Ermordung von Kriegsgefangenen, der Dezimierung der Zivilbevölkerung durch Hunger und Terror das Ergebnis eines Krieges, der nicht nur gegen eine Armee, sondern eine Bevölkerung geplant worden war«[9].

Die Entstehungsgeschichte der Ausstellung begann im Dezember 1990 – von der Wehrmacht war damals noch nicht die Rede.[10] Die Mitarbeiter des Hamburger Instituts wollten sich vor allem mit dem Thema Gewalt und den Destruktionskräften auseinandersetzen, die insbesondere in den Weltkriegen, aber auch anderen Ereignissen gipfelten, wie in der Befreiung des Vernichtungslagers Auschwitz oder im Verbrechen des Atombombenabwurfs auf Hiroshima und Nagasaki. Es sollte eine Bilanz des 20. Jahrhunderts gezogen werden. Im Herbst 1991 wurden sie auf das wohl letzte Tabu aus der NS-Zeit aufmerksam, mit dem die deutsche Gesellschaft nicht brechen wollte – auf die Verbrechen der Wehrmacht. »Am Beispiel ausgewählter Schauplätze galt es, so die konzeptionelle Vorgabe, die Besonderheit des von der Wehrmacht geführten Krieges herauszuarbeiten: eines als Vernichtungskrieg geplanten und durchgeführten Feldzuges, der, wie Omer Bartov schreibt, zur mörderischsten Militäraktion der modernen Geschichte wurde.«[11]

Im Frühjahr 1995 wurde die Ausstellung in Hamburg eröffnet. Von Anfang an haben Jan Philipp Reemtsma, Leiter des Instituts, und seine Mitarbeiter klargestellt, »daß dies *keine* ›Wehrmachtsausstellung‹ im Sinne einer Ausstellung, die alle Aspekte der Geschichte der deutschen Wehrmacht von 1939–1945 zeigen wollte, war«. Das, so Reemtsma in seiner Eröffnungsrede in Bremen Ende Mai 1997, »konnte keinem Besucher entgehen«.

Die Gegner der Ausstellung waren und sind nicht bereit, diese an sich bescheidene Aufgabenstellung wahrzunehmen – so heftig war der emotionale Affekt.

Wie konnte die Legende von der sauberen Wehrmacht 50 Jahre überdauern?

So besiegt und geschlagen zu sein – schrieb Alfred Döblin als Beobachter der Nürnberger Prozesse einmal –, »ist für ein selbstbewußtes (so überbewußtes, unerlaubt bewußtes) Volk kein Vergnügen«[12]. Diese Lage und das alltägliche Ringen um die persönlichen Bedürfnisse schärften – angesichts der erschütternden Berichte vom Kriegsverbrecherprozeß – nicht den Verstand und die Selbstkritik, sondern eher Abwehr und Verdrängung. Andere Umstände traten hinzu: Die Haupttäter wurden nicht konsequent bestraft und verfolgt; ja sogar aus dem Umstand, daß der Generalstab und das Oberkommando der Wehrmacht im Hauptkriegsverbrecherprozeß in Nürnberg 1946 nicht verurteilt worden war, wurde und wird wahrheitswidrig konstruiert, sie seien unschuldig.[13] Die Verklärung der Verbrechen nach 1945 kam auch dadurch zustande, daß die Veteranen – mit wenigen Ausnahmen – ein Stillschweigen vereinbart hatten: keine Heldentaten – keine Verbrechen. Illustrierte Massenblätter, Trivialromane und Filme gaben der Behauptung vom »ganz normalen Krieg, der von anständigen Soldaten und vorbildlichen Offizieren geführt worden war, eine plausible und erinnerungswürdige Form«, heißt es im Katalog zur Ausstellung. Der Krieg wurde in unterhaltsamer Weise zum tollen Abenteuer, die Männer in oder mit ihrem Vernichtungsgerät zu Teufelskerlen. Allerdings waren sie verdammt und verloren, dem Tod geweiht. Die Verschiebung vom »Abenteuer« in die »Tragödie« verwandelte die Täter in Opfer: »Das beginnt mit dem Schützen Arsch, der über den Kasernenhof gejagt und dann an der Front skrupellos verheizt wird, setzt sich fort über die Generale, die als Gefangene eines größenwahnsinnigen Führers gezeigt werden, der sie zuerst hofiert und dann verrät, und endet in der nationalen Katastrophe des Zusammenbruchs.«[14]

Nach den »verlorenen Siegen«[15] der Wehrmacht blieb in den Ruinen des Reiches das Erlebnis der Kameradschaft, »getreu bis in den Tod und darüber hinaus« und die Bestätigung durch den Kalten Krieg, »daß es richtig und mutig gewesen war, den Kampf gegen den Kommunismus begonnen zu haben«[16]. In den biografischen Erzählungen General Mansteins und anderer Generale sucht man vergebens Hinweise auf die Existenz des Naziregimes. Das Hakenkreuz auf den Uniformen und die Ehrenzeichen dieses Krieges wurden nachträglich gelöscht.

Die Mythen leben aber in den Köpfen vieler Zeitgenossen bis heute fort. Was wir vom Militär oder vom Politiker nicht zwangsläufig erwarten dürfen, ist vom Historiker zu verlangen, daß er einseitige Darstellungen von der Vergangenheit korrigiert und nach deren Wahrheitsgehalt fragt. Der terroristische Vernichtungsfeldzug hatte mit der Ausstellung eine ihm entsprechende schockierende Darstellungsform gefunden. Daß die Ausstellung Fehler und Schwachstellen enthielt, betraf nicht diese Grundthese, sondern die Art der Darstellung und der Vermittlung. Hier bot die Ausstellung auch Angriffsflächen, die im Bericht einer schließlich von Reemtsma eingesetzten Historiker-Kommission zur Überprüfung der Kritik aufgeführt wurden.[17] Die Kommission war Ende 1999 eingesetzt worden, nachdem Reemtsma die Ausstellung Anfang November desselben Jahres zurückgezogen hatte, weil er das Institut in seiner Glaubwürdigkeit bedroht sah.

2.
Marsch auf München

Die Ausstellungsmacher wollten »kein verspätetes und pauschales Urteil über eine ganze Generation ehemaliger Soldaten« fällen, sondern eine »Debatte eröffnen über das – neben Auschwitz – barbarischste Kapitel der deutschen und österreichischen Geschichte«. Diese Debatte wurde seit Eröffnung der Ausstellung geführt – unter Wissenschaftlern, Politikern und in der Bundeswehr. Bereits 1995 beschäftigte sich die *Zeit*[18] mit diesem Thema, zu dem sich im wesentlichen Historiker äußerten. Sie kritisierten immer wieder, daß der Titel der Ausstellung zu ungenau sei und eine ganze Generation pauschal verurteilen würde oder daß die Verbrechen der »Anderen« (also der Alliierten des 2. Weltkriegs) ebenso gezeigt werden müßten. Die zumeist sachliche Kritik wurde erst im weiteren Verlauf von populistischen Äußerungen überlagert, die mehr und mehr einen nationalistischen Tenor enthielten. Die extreme politische Rechte machte die Ausstellung zum Objekt ihrer Propaganda. Bereits an verschiedenen Ausstellungsorten vor München hatte sie begonnen, »Nationalen Widerstand« gegen die »Schandausstellung« zu mobilisieren. Schließlich wurde die Exposition von der gesamten politischen Rechten als Dolchstoß gebrandmarkt und behauptet, daß die »Linke« in Gestalt der Ausstellungsmacher nachträglich und fälschlicherweise das deutsche Volk und seine »saubere Wehrmacht« verunglimpfe. Die Verantwortung für die Niederlage trage jedoch allein der »Verrückte«: Hitler.

Der Wissenschaftspublizist Rüdiger Proske gab den Gegnern der Ausstellung mit seiner Streitschrift *Wider den Mißbrauch der Geschichte deutscher Soldaten zu politischen Zwecken*[19] neue Argumente. Sein Ziel war es, die These, die

Wehrmacht habe einen »Vernichtungskrieg« geführt, zu widerlegen. Er vermutete ein Komplott »linksradikaler« Mitarbeiter des Militärgeschichtlichen Forschungsamtes der Bundeswehr und des Hamburger Instituts für Sozialforschung, die durch die öffentliche Ausbreitung dieser These einen »Angriff auf die Stabilität unserer Gesellschaft«[20] verübten. Um die Glaubwürdigkeit der Historiker zu entkräften, die die Grundaussagen der Ausstellung teilten, durchleuchtete er Biographien von ihm beschuldigter Historiker wie dem früheren Leitenden Historiker des MGFA, Manfred Messerschmidt, Deist, Volkmann und Wette und vom Hamburg Institut Jan Philipp Reemtsma und Hannes Heer. Proskes Pamphlet gegen die Historiker sollte beweisen, daß die Wehrmacht zu Unrecht des verbrecherischen Angriffskrieges und der Durchführung der verbrecherischen Befehle beschuldigt worden sei. Er beklagte die geschichtspolitische Dimension der Ausstellung. Außerdem sah Proske die »Aufwertung des Ansehens« der deutschen Soldaten im Rahmen der neuen Militärpolitik durch die »Wehrmachtsausstellung« konterkariert.

In München eskalierte der Streit. Aus einer Debatte über die Vergangenheit war aufgrund des Zusammenspiels von Politik und Medien ein Streit über Gegenwart und Zukunft der deutschen Nation geworden. Die von den Gegnern der Ausstellung vorgebrachten Einwände zeigten, daß diese historische Dokumentation das Selbstverständnis des Konservativismus und nicht nur der Rechtsextremen traf. Der Streit begann in einer Sitzung der Vollversammlung des Münchener Stadtrates am 11. Dezember 1996. Auslöser war ein Antrag des nationalliberalen Bundes Freier Bürger (BFB). In der Begründung erklärte der Fraktionssprecher Manfred Brunner, »daß die Ausstellung ›Vernichtungskrieg. Verbrechen der Wehrmacht 1941 bis 1944‹ in ihrer historischen und gnadenlosen Verallgemeinerung der deutschen Wehrmacht nicht gerecht« werde. Im Ausland stehe man dagegen »der

Wehrmacht zunehmend objektiv gegenüber«. »Während die geplante Ausstellung die Toten« herabwürdige »und die Gesellschaft der Lebenden« spalte, sollte laut Antragsteller durch eine »deutsch-russische Kriegsgefangenen-Ausstellung« lieber Mahnung und Versöhnung angestrebt werden. Die Ausstellung berühre nicht nur das individuelle Selbstverständnis in bezug auf im Namen Deutschlands begangene Verbrechen, sondern den Teil der deutschen Nation, der sich als »Volksgemeinschaft« verstehe und sich nun an den Pranger gestellt fühle. Gesellschafts- und Kulturkritik im Sinne »der« 68er glaubte man eigentlich schon überwunden zu haben, obwohl der 68er-Mythos immer wieder gebraucht werde, um jede am Horizont aufscheinende wirkliche oder vermeintliche Alternative zum Bestehenden als Feind in der deutschen Gesellschaft zu brandmarken, so der Antragsteller. Die Person »Hitler« werde heutzutage (wieder) als Erklärungsmodell alles Bösen und der NS-Verbrechen gebraucht. In Mitarbeitern des Hamburger Instituts für Sozialforschung sah er Widergänger von Söhnen und Töchtern der Kriegsgeneration, die sich schon einmal – eben in jenen vielbeschworenen 60er Jahren der Revolte – der konservativen Adenauer-Republik, der Restauration autoritärer Strukturen und einer formierten Gesellschaft entgegengestemmt hatten.

Die Ausstellung wurde auch deshalb zu einem Politikum, weil sich Institutionen des politischen Systems mit ihr befaßten. Gegen diese »Verstaatlichung« einer historisch brisanten These formierte sich naturgemäß Widerstand derjenigen, die dadurch gewissermaßen die »Staatsräson« gefährdet sahen – vornehmlich Parteien und bürgerlich-konservative Kreise, aber auch extrem Rechte. Die Koalition der politischen Rechten, ein teils »informelles«, teils praktisches Bündnis, formierte sich nicht nur, um den Mythos Wehrmacht, sondern vor allem, um die durch ihn verkleidete Werteordnung und das konservative Bild von der antirepublikanischen deutschen Nation[21] zu bewahren.

Diese geschichtspolitische Dimension diente gleichermaßen als Einfallstor für rechtsextreme Ideologien. Die geschichtspolitische Agitation entsprach Reflexen der historischen »Rechts«-»Links«-Konstellation. In der Rezeption der »Wehrmachtsausstellung« wird bisher völlig unterschätzt, daß ein bedeutender Teil der Deutschen weiterhin an den Mythos Wehrmacht glaubt, vor allem aber, daß viele in mehr oder weniger diffuser Weise an eine Volksgemeinschaftsideologie glauben, die einem spezifischen Nationalismus und expansiven Machtstaatsgedanken den Boden bereitet. Dieser Zusammenhang wird insbesondere dann deutlich, wenn Geschichte durch ein aktuell-politisches Thema aufgeladen und Politik mit der Geschichte gemacht wird – wie in München geschehen.

Im Vorfeld der Münchener Ausstellung liefen die Verhandlungen über die deutsch-tschechische Erklärung, die schließlich am 20. Dezember 1996 paraphiert wurde. Gegen den Willen der Sudetendeutschen Landsmannschaft mit ihren CSU-Wählerpotentialen[22] enthielt sie klare Worte zur Vergangenheit, wobei »Ursache und Wirkung in der Abfolge von Geschehnissen nicht verkannt«[23] wurden. Die deutsche Seite hatte die Bedeutung und Rolle der »nationalsozialistischen Gewaltpolitik gegenüber dem tschechischen Volk« anerkannt. Vertreibung und Zwangsaussiedlung wurden nicht grundsätzlich als Unrecht deklariert, sondern als Folge der NS-Gewaltpolitik. Von der Sudetendeutschen Landsmannschaft und weiten Teilen der CSU wurde die Erklärung als bittere Niederlage empfunden, hatte die tschechische Seite doch »nur« die Folgen ihrer Nachkriegspolitik gegenüber den Sudetendeutschen, deren Enteignung und Ausbürgerung, zu bedauern. Aus Sicht der Rechtskonservativen und ihres politischen Umfeldes mußte diese Art der deutsch-tschechischen Versöhnung als schwerer Schlag empfunden werden. Sie erschütterte deren Bewußtsein »aus geschichtlichen Zerrbildern, historischem Unwissen, alten Vorurteilen, bruchstückhaften individuellen Erfahrungen, Mythen und emotionalen Verwerfungen«, die sie für ein Abbild der Wirklichkeit hielten.[24] Zu dieser Zeit kam schließlich die »Wehrmachtsausstellung« nach München, die eine Legende zerstören wollte.

Die politische Rechte wollte die Dokumentation für ihre politischen Zwecke instrumentalisieren: In der Sitzung des Stadtrates im Dezember 1996 erklärte Manfred Brunner (BFB), was »Wahrheit und was Unwahrheit, was historisch gesichert und was historisch nicht gesichert ist, das ist bei der Ausstellung völlig unklar ... ungenaue Quellenangaben, die Unterschriften sind willkürlich, die Unterschriften und die Fotos decken sich in weiter Hinsicht nicht«[25]. Die später (1999) von Reemtsma mit der Untersuchung beauftragte Historiker-Kommission sollte den Vermutungen von Brunner und anderen teilweise recht geben. Allerdings kam sie nicht zu dem Ergebnis, daß die zentralen Aussagen der Ausstellung in Frage stehen. Diese zu unterminieren, war das eigentliche Ziel der Gegner der Ausstellung: »Wir alle wissen nicht und können durch diese Bilder nicht wissen, ob es sich um Kriegshandlungen, um völkerrechtlich gedeckte Geiselerschießungen, um Exzesse oder um rechtswirksame (! – J. K.) Kriegsgerichtsurteile handelt.«[26] Man mag zu Recht einwenden, daß von den (Militär-)Historikern bisher die Probleme und Methoden der Archivwissenschaften zu wenig reflektiert wurden, doch trifft dieser Einwand gleichermaßen die Kritiker selbst. Bedeutsamer jedoch ist der Umstand, daß der Forschungsstand der etablierten Geschichtswissenschaft mit den Hauptaussagen der Ausstellungsmacher übereinstimmt.[27] Kritiker haben sogar häufig eingewendet, die Ausstellung »Vernichtungskrieg« liefere keine neuen Erkenntnisse. Die spezifische und wirksame Argumentationsform des Relativierens besteht u. a. darin, Zutreffendes mit falschen Schlußfolgerungen zu verbinden, wie es z. B. geschieht, wenn Brunner auf das Völkerrecht verweist, das Geiselerschießungen deckt (allerdings nicht als geplante Vernichtungsaktion) und die

Inanspruchnahme zu Recht mit der Feststellung kritisiert: »Es bleibt das Entsetzen, was sich die Menschen an Strukturen und oft auch an pseudolegitimistischen Argumentationen einfallen lassen, um sich so zu verhalten.« Ausgehend von der Feststellung, daß uns dieses Entsetzen nicht erspart bleibe, zog Brunner die Schlußfolgerung, daß dies zeige, wozu der Mensch fähig sei. Dieses angeblich »Allzumenschliche« führt ihn zu den »Abgründen, die im Menschen schlummern, und ..., daß sich solche Abgründe gerade in Kriegszeiten, wo scheinbar alles erlaubt und alles möglich ist, auftun.«[28] Hier tut sich die folgenschwere Legende auf, es sei eben Krieg gewesen und im Krieg sei alles möglich, wobei es den Ausstellungsmachern gerade darauf ankam, das Besondere des Zweiten Weltkriegs herauszustellen, daß er im Vorfeld als Vernichtungs- und Eroberungskrieg geplant und durch die extrem-rassistische Ideologie des deutschen Faschismus begründet wurde.

Keinesfalls sei es gerechtfertigt, von »Verbrechen der Wehrmacht« zu sprechen, wie die Ausstellung »Vernichtungskrieg« suggeriere. Sie sei historisch so umstritten, »daß die Bundesregierung und das Bundesverteidigungsministerium sie nicht akzeptieren können.« Immer weitere Begründungen und Instanzen werden angeführt, um die Thesen der Ausstellung zu widerlegen. Wenn »man innerhalb der Deutschen« schon verschiedener Meinung sei, »dann ist es doch interessant, was das Ausland, unsere Kriegsgegner (!)[29], dazu sagt«: Sowjet-Marschall Schukow schrieb: »... der deutsche Soldat kannte seine Pflicht im Gefecht und im Felddienst und war ausdauernd, selbstsicher und diszipliniert.« – Also kein »marodierender, plündernder und mordender Haufen«, wie die Ausstellung unterstelle. Der große britische Militärhistoriker, »Sir Liddell Hart« habe erst kürzlich »die beispielgebende Disziplin der deutschen Soldaten« gelobt, sie seien »Mann für Mann die erstaunlichsten Kämpfer des Kriegs gewesen«.

Lob also von allen Seiten, sogar von François Mitterand,

dem früheren Präsidenten Frankreichs, der zum 50. Jahrestag des Kriegsendes am 8. Mai 1995 alle gleichermaßen lobte, »gleich, welcher Ideologie sie dienten, ganz gleich, welche Uniformen sie trugen, ... sie haben in einer großartigen Geste diesen Kampf geführt«[30]. Solches Lob ist opportun geworden, nachdem bald nach dem Zweiten Weltkrieg die einstigen Kriegsgegner zu Verbündeten geworden waren. Die Brisanz ihrer Aussagen und die Gefahr ihrer Instrumentalisierung zu fremden Zwecken wie der Rettung der Legende von der »sauberen Wehrmacht« und dem »ritterlich« kämpfenden Soldaten scheint ihnen nicht bewußt zu sein. An den Vernichtungskrieg und die Verbrechen der Wehrmacht haben alle zitierten »Zeugen« anscheinend nicht gedacht, sondern an politische Opportunität, wie am Beispiel der Haltung der Westalliierten bei der Wiederbewaffnung der Bundesrepublik nach Kriegsende gezeigt wurde.[31]

Letztendlich gelangt Brunner zur »Figur« des Ausstellungsleiters Hannes Heer und zu der des Institutsleiters Jan Philipp Reemtsma, deren Biographien er mit erkennbarer Diffamierungsabsicht darstellt: Brunner versucht, das Institut für Sozialforschung in seinem Anspruch als wissenschaftliche Einrichtung herabzusetzen, interpretiert seine Gründung als großangelegtes Tarn- und Täuschungsmanöver – alles angeblich zum Zwecke der »Verunglimpfung der Toten«[32]. Hannes Heer hält er seine Vergangenheit im SDS und im »maoistisch orientierten Kommunistischen Studentenverband« sowie verschiedene Anklagen usw. in den 70er Jahren vor. Daraus zieht Brunner zwanzig Jahre später noch die Schlußfolgerung, Heer wolle mit der »Wehrmachtsausstellung« »die von ihm verhaßte bürgerliche Gesellschaft ad absurdum« führen. Das erinnert an Kampagnen wie jene gegen den Grünen Bundesaußenminister Joschka Fischer, dem man ja ebenfalls seine »chaotische« Vergangenheit des linken Radikalismus vorhält. In beiden Fällen ist der Wahrheitsgehalt der Vorwürfe selbst dann gering, wenn man annimmt, sie hielten sich noch heute an ihre biographische Vergangenheit.[33]

Der nationalliberale Brunner zog einen folgenschweren Schluß aus Hannes Heers Vergangenheit – mit opportunistischem Bezug zum Tagesgeschehen: »Deshalb (!) ist der Bogen über seine (!) verleumderische Wehrmachtsausstellung bis Bad Kleinen und den Killerstaat und die Killerpolizei von mir nicht willkürlich gezogen. Sondern wer Augen hat zu sehen und wer Ohren hat zu hören, der weiß, wohin das gehen soll und was für Leute das sind, von denen der Oberbürgermeister glaubt, daß er sie ins Rathaus holen muß.« – (Beifall bei der CSU).[34] SPD und Grüne stellte Brunner als Komplizen Hannes Heers dar (»eine Politikergeneration, ... die sehr genau weiß, daß sie sich in vielerlei Hinsicht einem Tribunal stellen müßte – die Massentötungen an ungeborenem Leben will ich hier nur beispielhaft nennen ...«)[35] und verlangte, »daß sie den Menschen der damaligen Kriegsgeneration wenn schon vielleicht keine Achtung, aber doch Mitleid entgegenbringen, ehrendes (Hervorh. – J. K.) Mitleid.«[36]

Darauf folgte eine große politische Debatte.

Bis auf den CSU-Stadtrat Franz Forchheimer boykottierten die Abgeordneten von CSU und BfB in der Folge die Debatte im Münchener Rat. Nach dem Beschluß des Münchener CSU-Parteivorstands sei diese »Geschichtsschau« lediglich »eine linke Tendenzveranstaltung zur Herabwürdigung der deutschen Soldaten in ihrer Gesamtheit.«[37] Ihr Vorsitzender Peter Gauweiler entfachte gegen Jan Philipp Reemtsma und Hannes Heer eine Diffamierungskampagne mit den Worten er, Reemtsma, »solle ›eine Ausstellung machen über die Toten und Verletzten, die der Tabak angerichtet hat, den er verkauft hat‹, anstatt mit dieser ›Einseitigkeit‹ viele Menschen in ihrer Ehre zu kränken«[38].

Florian Sturmfall, Mitarbeiter des »Bayerkurier«, des Zentralorgans der Christlich Sozialen Union, verschärfte die Debatte um die Ausstellung noch durch das Argument der durch »Linke« der Nach-68er-Jahre gekränkten Nation. Mit Verweis auf die Goldhagen-Debatte sah Sturmfall Kräfte am Werk, »denen es eine Lust« sei, »Deutschland und die Deutschen pauschal zu verurteilen«. Jene Pauschalisierer und Kollektivschuldvertreter wie Daniel J. Goldhagen seien längst widerlegt. Argumentationsmuster vieler Leserbriefschreiber aufgreifend, die seiner Legitimation dienen und derjenigen, der sich betroffen Fühlenden, schrieb Sturmfall: »Um jedem Mißverständnis vorzubeugen: Es wird von keiner Seite bestritten, daß die Mitglieder der Wehrmacht Verbrechen begangen haben. Doch waren diese eine vergleichsweise geringe Zahl von Fällen, die nach Maßstäben individueller Schuld und Verantwortung zu beurteilen sind.« Sturmfalls Bagatellisierung des Nazi-Völkermords, für den der Generalstab und das Oberkommando der Deutschen Wehrmacht angeklagt worden waren, hält der Realität und dem Ausmaß der Verbrechen nicht im mindesten stand. Die deutsche Wehrmacht hatte einen völkerrechtswidrigen Angriffskrieg begonnen, mit dem Ziel der Vernichtung ganzer Völker und Menschengruppen, der Ausbeutung und Kolonialisierung anderer Nationen. Abgesehen davon, beginnt die juristische und moralische Schuld nicht erst beim tausendfach geübten Mord, sondern schon vor 1941 mit den Kriegen gegen Frankreich und Polen, vor 1938 mit der Besetzung der Tschechoslowakei, der »Heimholung« Österreichs ins Reich, mit den Gesetzen und Verordnungen gegen Juden, mit der Reichsprogromnacht, mit den Gesetzen gegen die Menschlichkeit, mit der Illegalisierung Andersdenkender und der »Ausmerze« »artfremden« Lebens usw.

Wäre es zu viel verlangt, danach zu fragen, worin Schuld und Verantwortung in einer Gesellschaft von Menschen bestehen, die sowohl vor als auch nach 1933 trotz allem über die Werte des Humanismus und der Aufklärung verfügte und nicht nur über Ideologien des Rassismus und

Antisemitismus. Die Menschen selbst hielten sich für »zivilisiert«. Sollen aber jene, die ihre wirtschaftlichen und politischen Ziele wie ihre rassistischen und antisemitischen Ideologien zum Zwecke der Eroberung und Ausplünderung von »Lebensraum« und der Vernichtung ganzer Völker deshalb bar jeder Schuld und Verantwortung sein, weil sie es angeblich nicht besser wußten?

Die deutsche Wehrmacht und ihre Soldaten haben überwiegend nicht oder wenige erst spät, zu spät – nach dem Ende des »Holocausts« – im Angesicht der von ihnen zum Teil selbst noch kurz vorher ausgeführten Vernichtungspolitik zum Widerstand gefunden. Das Gefangensein in Traditionen des preußisch-deutschen Militarismus, die Hörigkeit des Militärs gegenüber dem, was »Befehl« und »Pflicht« bedeutete, und ein verbreiteter Antisemitismus hatten einen früher organisierten Widerstand gegen das NS-System verhindert. Dafür trugen sie die volle Verantwortung. Solche Gedanken der kritischen Auseinandersetzung mit Begriffen wie »Schuld« und »Verantwortung« wären nötig und nicht Versuche der Rechtfertigung, wie jener Sturmfalls, daß »ein Krieg allgemein Hemmschwellen senkt«, was nichtsdestoweniger zutreffen kann.

Der »Linken« und damit auch den Ausstellungsmachern warf Sturmfall vor, sie würde »daran arbeiten, die Strafmaßnahmen von Nürnberg gegenüber Deutschland noch zu verschärfen und einen moralischen Vernichtungsfeldzug gegen das deutsche Volk zu führen.« Der Internationale Militärgerichtshof hatte nicht über »Deutschland« zu Gericht gesessen, sondern er hatte die Aufgabe, zu klären, wer, d. h., welche Personen und Gruppen sich der Verbrechen des NS-Staates hauptschuldig gemacht haben. Sturmfall mobilisierte mit seiner Äußerung der »deutschen Volksgemeinschaft« drohe ein »moralischer Vernichtungsfeldzug« gegen die imaginierte Linke, derer sich Deutschland erwehren müsse und gegen diejenigen, die »Deutschland und die Deutschen pauschal verurteilen« oder die

»Millionen von Deutschen die Ehre« absprechen. Inhaltlich, aber auch in der Tonlage, sind die Äußerungen der Neonazis, der Soldatenverbände und der CSU kaum zu unterscheiden. Der »Ring Deutscher Soldatenverbände«, der »Verband deutscher Soldaten« und der »Deutsche Luftwaffenring« veröffentlichten rassistische und nationalistische Großanzeigen in der Münchener Tagespresse mit dem Aufruf: »Münchener Bürger wehrt Euch – Boykottiert diese Ausstellung!!!« Die Ausstellung sei »Ein Angriff auf uns alle und die Ehre der Nation. Laßt das nicht zu!« »Die deutschen Soldaten waren die ritterlichsten und tapfersten der kriegsführenden Mächte.«[39] So kam es am 1. März 1997 in München zum größten Aufmarsch der NS-Szene seit Anfang der 70er Jahre. Der Marsch zur Feldherrnhalle wurde zwar verboten. Doch folgten der NPD und vor allem den Jungen Nationaldemokraten 4 bis 5 000 Anhänger zur größten Demonstration nationalistischer Kräfte. Fast 15 000 Teilnehmer nahmen an einer Gegenkundgebung teil.

So oder so ähnlich ging es von nun an in fast allen Ausstellungsorten zu. In Frankfurt/M. löste die inzwischen zur Präsidentin des Heimatbundes der Vertriebenen gewählte Bundestagsabgeordnete der CDU, Erika Steinbach, »ultrarechten Bocksgesang« aus. In Bremen lehnte die CDU das Bremer Rathaus als Ort der Ausstellung mit der Behauptung ab, die Ausstellung sei »demagogisch und die Verunglimpfung leiste gar den Rechtsradikalen Vorschub«[40]. In Dresden, Bonn, Hannover, Kiel und anderswo fanden größere Demonstrationen der Ausstellungsgegner statt, die teilweise in Gewalt eskalierten. Auch in Saarbrücken mobilisierten nazistische Gruppen unter dem Motto »Unsere Großväter waren keine Mörder«, mit dem auch die CDU eine Anzeige in der »Saarbrücker Zeitung«[41] überschrieb. In demselben Blatt wehrte die Partei sich gegen »die pauschale Diffamierung aller Wehrmachtsangehörigen« und beklagte, daß diese Diffamierung »jenem Zeitgeist« geschuldet sei, »der es angebracht findet, Bundeswehrsoldaten als ›Mörder‹ zu titulieren.«[42] Zwei Tage später wurde ein Bombenanschlag auf das Gebäude der Ausstellung, die Volkshochschule, verübt. Es hatte bis dahin noch keinen Ausstellungsort gegeben, an dem die CDU eine Anzeige schaltete, die dem Vokabular der extremen Rechten entsprach.[43] Alleine als die Ausstellung in Konstanz und Aachen Station – zwei von 34 – machte, gab es einen überparteilichen Konsens der politisch Verantwortlichen. Der Nährboden für diesen Haß und die extremen Formen der Abwehr waren auch anderswo zu finden, nicht nur im Umfeld konservativer Parteien und Traditionen.

3.

»Und die Fahne flattert uns voran!«

Die Traditions- und Soldatenverbände gehörten naturgemäß zu den ersten, die vehement gegen die Ausstellung polemisierten: »Kyffhäuserbund«, »Verband deutscher Soldaten« (VdS), »Ring Deutscher Soldatenverbände« (RDS), »Arbeitsgemeinschaft Kameradenwerke und Traditionsverbände« (ARGE), »Stahlhelm« und die auf der Bundesebene aufgelöste, auf Landesebene jedoch weiterexistierende »Hilfsgemeinschaft auf Gegenseitigkeit« (HIAG) der Soldaten der ehemaligen Waffen-SS bilden immer noch eine virulente Subkultur.[44] Sie »lebt aus der gemeinsamen Erinnerung des Zweiten Weltkriegs als einer Zeit der Bewährung von Kameradschaft, Pflichterfüllung, Tapferkeit, Ehre und Opferbereitschaft, der Bewährung von zeitlos gültigen »soldatischen Tugenden«, an denen man sich seinerzeit guten Glaubens orientiert hätte, die freilich von der NS-Führung für deren politische Zwecke mißbraucht worden seien.«[45] Diese Verbände identifizieren sich noch heute mit der Volksgemeinschaftsideologie und sind politisch teils nationalistisch, teils völkisch ausgerichtet. Dementsprechend bewegen sie sich in einer Grauzone zwischen konservativer und rechtsextremer Gesinnung. Eine Fülle von organisatorischen und personellen Verbindungen mit diesem Spektrum existieren ebenso wie auch mit der Bundeswehr, dem »Deutschen Bundeswehrverband« und dem »Verband der Reservisten der Bundeswehr«. Zu ihren Hochzeiten organisierten die Soldaten- und Traditionsverbände aber nie mehr als eine halbe Million der rund 18 Millionen Wehrmachtsangehörigen. Heute zählen der »Kyffhäuserbund« nach eigenen Angaben immerhin noch rund 60000, die HIAG rund 20000 und der Reservistenverband der Bundeswehr rund 135000 Mitglieder.[46] Die Erlebnisse des Krieges hatte sie zusammengeführt, um das, was sie gesehen, was sie getan und was sie erlitten hatten, in ihre Lebensgeschichte zu integrieren. Vielfach war und ist es bis zum heutigen Tage für viele Kriegsteilnehmer unmöglich, mit dem Krieg abzuschließen. Im Wehrmachtbericht vom 9. Mai 1945 wurden die Programmpunkte vorformuliert, die den ehemaligen Wehrmachtssoldaten eine Reintegration in die Gesellschaft ermöglichen sollten. Grundlegend dafür war das Verschweigen des Charakters des Krieges. Dagegen wurden der ehrenhafte Kampf und die unvergeßlichen Leistungen und Opfer des deutschen Wehrmachtssoldaten, getreu seinem Eid, »im höchsten Einsatz für sein Volk« herausgestellt. Dieser an die »Volksgemeinschaft« und speziell an die deutschen Soldaten gerichtete letzte Wehrmachtsbericht enthielt schon die Sprachregelungen, die den Mythos Wehrmacht letztlich begründen sollten.[47]

Noch über 50 Jahre nach Kriegsende verklären ehemalige Wehrmachts- und Bundeswehrsoldaten im Organ des Verbandes deutscher Soldaten das Bild der Wehrmacht. Im Mitteilungsblatt »Soldat im Volk« wurde gegen die Ausstellung heftig polemisiert. 1997 gab es fast keine Ausgabe des Blattes, die nicht dagegen und gegen die Verantwortlichen hetzte. Ehemalige Führungsoffiziere wie General a. D.

Heinz Trettner, Generalinspekteur der Bundeswehr von 1964 bis 1966, Generalmajor a. D. Dr. Jürgen Schreiber oder Brigadegeneral a. D. Reinhard Uhle-Wettler traten oft und wirkungsvoll in Erscheinung. Der Krieg gegen die Sowjetunion wurde generell als Präventivkrieg gedeutet und der Vernichtungscharakter geleugnet. Die »Umerziehung« des deutschen Volkes durch die Alliierten wurde dafür verantwortlich gemacht, daß die deutsche Geschichte zu einer einzigen Verbrechensgeschichte degradiert würde: Die Deutschen als die eigentlichen Opfer der Weltgeschichte und insbesondere der beiden Weltkriege. Der Verband deutscher Soldaten tat die »sogenannte« Wehrmachtsausstellung als antideutsche Propaganda ab, was deutlich macht, daß sie das Bild der »sauberen« Wehrmacht noch nicht aufgegeben hatten. Ein Geschichtsbild, das auch in den Reihen der Bundeswehr weiterhin vertreten wird.[48] Offiziell stand die Bundeswehr, bei allen Versuchen der Distanzierung, den Soldatenverbänden aber nicht im erhofften Maße zur Seite[49], was eher einem gentlemen's agreement gleichkam. Denn für eine offizielle Anordnung, sich am Beispiel der Ausstellung »Vernichtungskrieg« mit der Geschichte und den Traditionen der Wehrmacht auseinanderzusetzen, konnten sich Verteidigungsminister Volker Rühe und die Bundeswehrführung nicht entscheiden, obwohl sie immer auf den zweiten Traditionserlaß vom 20. September 1982 hinweisen.[50]

4.
Vorbild Wehrmacht?

Welches Bild von der Wehrmacht in der Bundeswehr wirklich existiert oder vermittelt wird, ist einerseits von erheblicher Bedeutung für die Beantwortung der Frage, ob die deutsche Wehrmacht in irgendeiner Form für die Bundeswehr traditionsbildend sein kann, andererseits vor allem dafür, von welchen Werten das deutsche Militär geleitet wird und welche Mentalitäten ausgebildet werden, die schließlich im Zusammenhang mit der Militärpolitik seinen Charakter ausmachen.

Die Wehrbeauftragte des Deutschen Bundestages, Claire Marienfeld, kritisierte in ihrem Jahresbericht 1997, wie in beiden Jahren zuvor, den Stand der historischen und politischen Bildung in der Bundeswehr, die »teilweise bemerkenswerte Unkenntnis über politische und historische Zusammenhänge«, und konstantierte eine »breite Infragestellung hergebrachter Werte« bei den Soldaten. Sie wiederholte ihre schon aus den vorigen Jahresberichten bekannte Kritik. Zwar begrüßte die Wehrbeauftragte die Aussagen in den Richtlinien zum Traditionsverständnis und zur Traditionspflege in der Bundeswehr vom 20. September 1982 und die sich dazu bekennenden Aussagen des damaligen Bundesverteidigungsministers Volker Rühe, hält sie aber gleichwohl für *nicht* ausreichend, was ihre Konkretion und Verankerung betrifft. Allgemeinpolitische Richtlinien genügten nicht. Eine Entscheidung über die Regelung des Traditionsverständnisses der Bundeswehr erscheinen der Wehrbeauftragten »dringend geboten«. Claire Marienfeld wollte aus der öffentlich geführten Debatte über die Verantwortung der Wehrmacht für den Vernichtungskrieg und für die von ihr begangenen Verbrechen konsequentere Folgen ziehen, als die bisher festgelegten Richtlinien von 1982.

In der Bundeswehr besteht eine erhebliche Kluft zwischen Reden und Erlassen, wie auf der Fachtagung zur Eröffnung der Ausstellung »Vernichtungskrieg« am 26. Februar 1997 im Bremer Rathaus deutlich wurde: Zunächst sprach der Bonner Historiker Hans-Adolf Jacobsen davon, daß die Wehrmacht das Instrument einer wahnwitzigen Doktrin und Politik gewesen sei, »deren Ziel es war, ›Lebensraum‹ zu erkämpfen, die ›Rassenfeinde‹ zu vernichten und eine totalitäre Herrschaft in Europa zu errichten.« Im militärischen Sinne seien die Wehrmachtssoldaten nicht nur Opfer einer gewissenlosen Führung gewesen, sondern Mittäter.[51]

Die Gegenposition vertrat der Generaloberstabsarzt a. D. der Bundeswehr und Weltkriegsteilnehmer Professor Ernst Rebentisch. Er bezeichnete die Wehrmacht als »Zufluchtsort für zahlreiche Persönlichkeiten, um sich der Pression durch Partei und ihre Organisationen zu entziehen«, »die jungen Offiziere« »als frei von nationalsozialistischer Schulung und Einflußnahme«; »das Konzept der NS-Führungsoffiziere (sei – J. K.) bei den Kampftruppen gescheitert,« »der Kommissarbefehl lediglich vereinzelt befolgt« worden. Er folgerte schließlich: »Wie andere Kenner der Tatsachen halte ich diese Behauptung für falsch und infam. Sie beinhaltet eine unglaubliche Diffamierung der Millionen gefallener, gestorbener und noch lebender Soldaten der Wehrmacht. (...) Sie haben im Krieg ihren Auftrag zuverlässig ausgeführt und durch ihre Leistungen hohes Ansehen, selbst bei den einstigen Gegnern, erworben.«[52] Ebenso wie Brunners Denkmuster und Argumente sind auch Rebentischs falsch: Er verharmlost den Kommissarbefehl und unterschlägt die verbrecherischen Befehle; er verkennt, wie tief die Jugend und die Soldaten von der rassistischen und antisemitischen NS-Ideologie durchdrungen waren.[53] Die Entscheidung des Internationalen Militärgerichtshofs von Nürnberg, Generalstab und Oberkommando nicht unter die verbrecherischen Organisationen einzuordnen, verfälscht Rebentich in einen Freispruch für die Wehrmacht, indem er die Begründung der Richter verschweigt.[54] Auch er beschuldigt die Ausstellungsmacher, alle Angehörigen der Wehrmacht zu Verbrechern abzustempeln.

Der ehemalige Amtschef des Militärgeschichtlichen Forschungsamtes der Bundeswehr in Potsdam, Brigadegeneral a. D. Dr. Günther Roth, sah gar »die deutsche Wehrmacht, wie jede Armee eines andern Staates« als Mittel der Politik, die durch den Primat der Politik gezwungen sei, »der Staatsführung zu gehorchen«. Die überwiegende Mehrheit der Soldaten hätte bei Kriegsausbruch »nichts von den rassenideologischen Zielen« gewußt. Bedingungen, die im NS-Deutschland zwischen 1933 bis 1939 herrschten, und Maßnahmen zur Vorbereitung des Großen Kriegs und Raubzugs, wie z. B. Haß, Feindschaft gegen und Verfolgung von Anhängern der Arbeiterorganisationen und aufrechten Demokraten, von Juden, Sinti und Roma, Homosexuellen, Behinderten und Kranken, schienen dem ehemaligen Leiter des MFGA völlig fremd. Dem Angriff Hitler-Deutschlands auf Europa und die Welt gab er »den Anstrich eines völkerrechtskonformen Akts«[55]. Zu offensichtlich ist seine Ignoranz, Kenntnis zu nehmen von einem Vernichtungskrieg, der von der deutschen Wehrmacht geplant und durchgeführt wurde, mit dem Ziel der Eroberung, Ausplünderung und Kolonialisierung. Ungeheuerlich war Roths Behauptung: Den Betrachtern der Ausstellungsfotos bliebe »oft auch der Zugang verschlossen, ob es sich beispielsweise um gehenkte Juden handelt, die den rasseideologischen verbrecherischen Fixierungen des NS-Regimes durch die SS zum Opfer fielen, um gefangengenommene und exekutierte Partisanen, oder ob es sich um Geiselnahmen handelt, deren Hinrichtung mit den Genfer und Haager Konventionen im Einklang standen.«[56]

Hat ein Aggressor, der alle Konventionen bricht, also ein Recht auf Erschießungen und Deportationen? Im Völkerrecht war nirgends die Rede davon, »Geiselerschießungen« als Prinzip der Vernichtung anzuwenden: Überdies entwickelt sich der Kodex der Menschenrechte weiter, wie sollte man sich sonst erklären, daß viele – wenn sie auch zu schwach waren – Widerstand gegen den deutschen Faschismus entwickelten. Bestand für die Exekutoren nicht die Möglichkeit, »zwischen Recht und Unrecht von Erschießungen und Deportationen zu unterscheiden«[57]? Roth vergleicht die Folgen, die die Verweigerung eines Erschießungsbefehls an Zivilisten oder wehrlosen Gefangenen an der Front des Vernichtungskrieges mit denen, die den Widerständlern der Militärs gegen Hitler drohten. So richtig es ist, daß auf letzteres der Tod, Verfolgung und Sippenhaft für die Angehörigen stand, so falsch ist die Legende, daß die Weigerung, sich am Erschießen von Zivilisten zu beteiligen, zu nennenswerten Nachteilen geführt hätte. Das jedenfalls hat die Zentralstelle der Landesjustizverwaltungen zur Aufklärung nationalsozialistischer Verbrechen in Ludwigsburg über vierzig Prozeßjahre hinweg aktenkundig gemacht.[58] Roths Argumentation, die von anderen Ausstellungsgegnern geteilt wird, gilt stellvertretend für ehemalige und noch aktive Soldaten der Bundeswehr. Die durch die deutsche Wehrmacht verursachten Opfer finden nur selten Erwähnung und wenn, dann nicht als Personen. Erst wenn es um die deutschen Opfer geht, regt sich etwas, was zumindest von heute aus eine Verkehrung des tatsächlichen Geschehens ist, des von Deutschland verbreiteten Terrors der Vernichtung.

Was lehren also die Rebentischs und Roths und die vielen anderen als Vorbilder ihre Soldaten? Eine nur zu berechtigte Frage. Am extremen »Fall« des Brigadegenerals und Amtschefs des MFGA Roth kann nachvollzogen werden, wohin die Loslösung einzelner Aspekte aus dem Gesamtzusammenhang führen kann: nicht nur zur Rettung des Mythos Wehrmacht, sondern zur Darstellung eines revisionistischen Geschichtsbilds in deutsch-nationaler Tradition. Nachzulesen ist jener historische Revisionismus in einem Werk zur »Geschichte des Zweiten Weltkriegs«, das vom Amtschef des MFGA persönlich gefördert worden ist und sich vor allem an die »jüngere Generation« sowie insbesondere an die Soldaten der Bundeswehr richtet.[59]

Die politisch »mißbrauchte« Wehrmacht könne zwar nicht traditionsbildend sein, aber die »völlige Gleichschaltung der Wehrmacht«[60] sei Hitler nicht gelungen, resumierte der ehemalige Generalinspekteur der Bundeswehr General Ulrich de Maizière. Wider besseren Wissens verklärt de Maizière die historischen Tatbestände. Denn die

Wehrmacht war eine eigenständige Kraft, die in der Frage der Aufrüstungs- und Kriegspolitik prinzipiell und von Anbeginn mit Hitler konform ging und die Ausschaltung der SA 1934 durchsetzte. Hitler habe »aus seinem wachsenden Mißtrauen gegen Generale und Generalstab des Heeres keinen Hehl gemacht. Für viele deutsche Männer ist das Heer ein Hort innerer Emigration geworden, wo sie bis zum Sommer 1944 dem Zugriff der Partei und der Gestapo entzogen waren. Soldaten der Wehrmacht haben eine handelnde Rolle im Widerstand gegen Adolf Hitler gespielt. Sie sind in die Tradition der Bundeswehr übernommen worden als leuchtende Beispiele für die, die ihr Gewissen höher gestellt haben als den formalen Gehorsam gegenüber einem Eid, der von dem Eidnehmer Hitler längst selbst gebrochen war.«[61] An den »guten« Seiten hält de Maizière – auf Kosten auch der historischen Wahrheit – unbedingt fest und verklärt so den militärischen Widerstand, der jedoch erst spät, in den sechziger und siebziger Jahren, Anerkennung fand. Renommierte Historiker wie Hans Mommsen oder Manfred Messerschmidt kommen demgegenüber zu dem Urteil, »daß eine beträchtliche Anzahl derjenigen, die am 20. Juli 1944 aktiv mitgewirkt und dabei vielfach ihr Leben geopfert haben, zuvor am Rassenvernichtungskrieg teilgenommen, ihn jedenfalls streckenweise gebilligt und in einigen Fällen aktiv vorangetrieben haben.«[62] Der bei der Eröffnung der Wanderausstellung »Aufstand des Gewissens« in Frankfurt/M. als Hauptredner vorgesehene Emeritus Hans Mommsen wurde wieder ausgeladen, weil der verantwortliche CDU-Dezernent zu viele differenzierte oder kritische Worte über die konservativen Vorstellungen des Widerstands befürchtete.[63]

Die revisionistische Literatur zur Rolle der Wehrmacht nimmt einen nicht geringen Raum ein. Von den über 130 Neuerscheinungen zur Wehrmacht seit 1995 stammt ein erheblicher Teil aus den Federn historischer Revisionisten der politischen Rechten. Bezeichnend ist auch, daß sich

Frontoffiziere, die dem Widerstand nahestanden oder aus politischen Gründen aus der Wehrmacht entlassen wurden, heute einem Geschichtsrevisionismus huldigen.[64] Deren Methode besteht in groben Verzerrungen und Fälschungen der historischen Wahrheit.[65] Die »Wehrmachtsdebatte« machte nicht nur in der Literatur, sondern auch in großen Tageszeitungen Anstrengungen sichtbar, den Wehrmachts-Mythos aufrecht zu erhalten und ihn darüber hinaus kritisch in Stellung zu bringen gegen diejenigen, die für ›Aufklärung‹ stehen; denn mit jenen verband man den »Liberalismus« der Bonner Republik, den es zu überwinden galt.

5.

Die Tagung des MFGA zur Wehrmachtsdebatte

Im Spätsommer 1997 veranstaltete das Militärgeschichtliche Forschungsamt (MGFA) eine Tagung über »Die Wehrmacht«. Man wollte sich bewußt in die öffentliche Debatte um die »Wehrmachtsausstellung« einschalten, um deren verengter Perspektive in Bezug auf die Kriegsverbrechen mit einem »ganzheitlichen Bild von der Wehrmacht«, so der Amtschef Oberst i. G. Friedhelm Klein, entgegenzutreten.[66] Klein ließ sich im Vorwort des Ende 1999 veröffentlichten Tagungsbandes von der Vorstellung leiten, daß beim Neuaufbau der Bundeswehr – »fest eingefügt in das rechtsstaatliche System der Bundesrepublik Deutschland und in die auf freiheitliche Werte gründende transatlantische Verteidigungs- und Sicherheitsgemeinschaft«[67] – zugleich ein politischer und moralischer Neuanfang erfolgt sei. Die dabei behilflichen Wehrmachtsoffiziere hätten sich von den Fehlentwicklungen der Reichswehr und Wehrmacht bewußt abgekehrt.[68] Dennoch gab es bis in die jüngste Zeit hinein die Diskussion über Tradition und Traditionsverständnis in der Bundeswehr! Rolf-Dieter Müller,

Historiker am MFGA, kritisierte den Schlüsselbegriff Vernichtungskrieg, weil er die »militärische Dimension des Krieges mit der ideologischen Zielsetzung Hitlers« in unzulässiger Weise verquicke.[69] Nun haben andere Untersuchungen aber belegt, daß die Widersprüche zwischen den verschiedenen politischen Traditionen, ob nationalkonservativ, NS-näher oder -ferner, nicht so groß sind, um die These vom Vernichtungskrieg in Frage zu stellen.[70] Vom Verlag wurde das Buch als »Meilenstein auf dem Weg zu einer Wehrmachtsforschung post-reemtsma, post-goldhagen angekundigt«[71], das der ehemalige Hamburger Bürgermeister Klaus von Dohnanyi der Öffentlichkeit vorstellte. Dem Sohn des ermordeten Widerständlers, der die 12 Jahre Nazi-Terror nicht für die zentrale Achse der deutschen Geschichte hält[72], geht es in seinen zahlreichen geschichtspolitischen Debattenbeiträgen vielmehr um die »Ehre des Vaterlandes« und um die deutsche Nation als verschworene Gemeinschaft. Einer Gemeinschaft, die – wie Hanno Loewy schrieb – »alle Erinnerungen ausschließen muß, die zu solcher Identitätsstiftung nicht taugen.«[73]

Goldhagens Verdienste und die der Ausstellung »Vernichtungskrieg« widersprachen diesen Revisionsversuchen. Offensichtlich sollte das Bewußtsein breitgestreuter deutscher Täterschaft abgewehrt werden.[74] Welche Ursachen, also ob Rassenhaß, politische Überzeugung, Herrenmenschentum, völkische Ideologie, aggressiver Nationalismus, Kameradschaft usw. im einzelnen den Ausschlag gaben für die Durchführung der verbrecherischen Taten, wird die Geschichtswissenschaft nur schwer letztgültig herausfinden. Alle Motive zusammengenommen führten dazu, am Vernichtungs- und Raubkrieg mitzuwirken. Die These, viele oder die meisten Soldaten hätten keine Verbrechen begangen bzw. geduldet, ist auch von einer Seite kritisch zu befragen, die in der bisherigen Diskussion kaum in Betracht gezogen wurde: Viele Deutsche kamen nicht in die Situation, Verbrechen zu planen und auszuführen. Die Ablehnung des Pauschalisierungsvorwurfs bedeutet nicht notwendig, daß die große Mehrheit der deutschen Soldaten prinzipiell unschuldig war, sondern daß sie an der Durchführung von Exekutionen und anderen Verbrechen unbeteiligt war. Zwischen *Mittäterschaft* und Widerstand gab es eine Vielzahl individueller Verhaltensweisen, die sich am Maßstab moralischer Verantwortung (der christlichen Ethik, des bürgerlichen Rechts, der Vernunft usw.) messen lassen müssen. Auf den daraus folgenden Verantwortungsdruck wird schnell mit Abwehr reagiert, von der selbst Historiker nicht frei sind: Rolf-Dieter Müller vom MFGA bemühte sich, die durch die »Wehrmachtsdebatte« in den öffentlichen Raum gestellten Thesen abzuschwächen: »Komplexe Zusammenhänge«, so Müller, ließen »sich nicht ohne Verformung auf eindimensionale Erklärungsmuster reduzieren«.[75] Soll das bedeuten, daß die Geschichtswissenschaft nicht in der Lage ist, genügend zu verifizieren, ob es sich um einen Raub- und Vernichtungskrieg handelte? Wir meinen, nein![76] Deshalb heißt auch die neue Ausstellung, die am 28. November 2001 in Berlin eröffnet wird, »Verbrechen der Wehrmacht. Dimensionen des Vernichtungskrieges 1941–1944«. Die Grundauffassung der Ausstellungsmacher über den Vernichtungskrieg war und ist richtig. Das hat nicht zuletzt die Überprüfung der Ausstellung durch eine Historiker-Kommission ergeben.[77]

6.
Wehrmachtsdebatte und neue Bundeswehr

Der Streit um die Fragen, ob die Wehrmacht in irgendeiner Form für die Bundeswehr traditionsbildend sein könne und welche Bilder von der Wehrmacht in der Bundeswehr wirklich existieren, berührte noch eine ganz andere Dimension: die der zukünftigen neuen Rolle des vereinigten Deutschlands in Europa und in der Welt, die geschichtsträchtig mit dem Leitbegriff der »Normalisierung deutscher Macht«[78] umschrieben ist. Der Weg zur »Normalität« der Berliner Republik zeigte sich auch in den Planungen für eine neue Militärpolitik, die noch während der »Wende« begonnen wurden, und im Umbau der Bundeswehr. Dieser allerdings begann schon Mitte der achtziger Jahre.[79] Er zeichnete sich seit 1991 auch im Rückgriff auf deutsche Militärdoktrinen der Vernichtungsschlachten, auch der Wehrmacht, aus: Tannenberg 1914, Frankreich 1940, Charkow 1943 oder die Ardennen-Offensive 1944[80]. Mit einem Male galt das Motto: »kämpfen wollen!« und nicht mehr »der Friede ist der Ernstfall«[81] – sondern der Krieg. Der neue militärische Auftrag wurde innerhalb der Bundeswehr mit historischen Rückgriffen begründet, aber gleichzeitig aus dem politisch notwendigen Kontext gerissen – der Geschichte aggressiver Eroberungen.[82] Unter neuen militär- und sicherheitspolitischen Voraussetzungen und Anforderungen ist der Mythos Wehrmacht für die Bundeswehr weiterhin traditionsbildend, obwohl der Umbau der Bundeswehr zur Interventionsarmee – wie aller modernen Armeen in der Welt – schon lange begonnen wurde.[83] Insofern sind die »Kontinuitätsfäden« zwischen kaiserlicher Armee, Reichswehr, Wehrmacht und Bundeswehr[84] »bei allen Differenzen im Detail, allemal kräftiger als die Regimebrüche«[85] und Zeitenwenden vermuten lassen. Verteidigungsminister Volker Rühe hatte 1997 in Berlin eine Kaserne nach General Johannes Steinhoff benannt – und dabei ausdrücklich die Kontinuität zur Wehrmacht hergestellt. Über die Biographie eines durch »Tapferkeit« beim Abschuß von über 140 feindlichen Flugzeugen ausgezeichneten Offiziers sollte die »saubere« Vergangenheit der Pflichterfüllung – hier: von Verbrechen des Nationalsozialismus unberührt, zugleich unberührt von der historischen Bedingung des Angriffs- und Eroberungskrieges – in die Bundeswehr geholt werden. Nach den eher peinlichen Debatten wie die um den NS-General Dietl wurde nunmehr mit General Steinhoff die »richtige« Tradition der Wehrmacht geschaffen. Damit stellte die Bundeswehr – mit gewissen Unterschieden zur ersten Phase des Traditionalismus[86] – die Wehrmacht in ihr Repertoire der Erinnerung und koppelte sich vom gesellschaftlichen Diskurs über die Einordnung der NS-Zeit ab, der in der Reformära der siebziger Jahre Erfolge gezeigt hatte. Das historische Vorbild vom Primat des Militärischen führte insbesondere nach 1990 zu einer bedenklichen restaurativen Umsteuerung beim deutschen Militär.

Vorbereiter dieser Entwicklung war der damalige Generalinspekteur der Bundeswehr, Klaus Naumann, dessen nach ihm benannte Vorlage zur Grundlage der »Verteidigungspolitischen Richtlinien« von 1992 und damit der neuen Militärpolitik wurde. Die Bundeswehr sollte nicht mehr zurückstehen – sich durch Wehrmachtsdebatten nicht mehr gefesselt fühlen – und dem Militärischen auch in Deutschland wieder ein größeres Gewicht verleihen: »Die deutsche Einschätzung der Rolle militärischer Macht ist es, die unsere Situation im Bündnis so ungeheuer erschwert. Staaten, die aus Tradition ein gewachsenes und gesundes Verhältnis zur Macht haben, sehen die Zukunft der Rolle militärischer Macht im globalen Kontext weit nüchterner, weit objektiver als wir. In diesem zusammenwachsenden Europa, das in einer interdependenten Welt entsteht, ... muß man Macht in allen Facetten ausüben können. Wir haben infolge unseres Verhaftetseins aus geschichtlicher Erfahrung in einem Versöhnungs- und Friedenspathos Probleme, uns mit der legitimen Anwendung von Gegengewalt auseinanderzusetzen. Insofern sind wir Deutschen völlig isoliert im westlichen Bündnis. ... Solange wir diesen Widerspruch nicht auflösen und uns zu militärischer Machtanwendung bekennen können, werden wir im zusammenwachsenden Europa eine untergeordnete Rolle spielen, werden Politik- und Handlungsfähigkeit verlieren.«[87]

Daher entstand große Unruhe auf der Hardthöhe, als –

gleichsam als Kontrastprogramm zu dieser Politik – 1995 mit dieser Ausstellung eine öffentliche Auseinandersetzung um die Bewertung der NS-Zeit und der Rolle der Wehrmacht begann. Der Argumentationsbogen war gefährdet. Die Wehrmacht sollte tendenziell zum Normalfall des deutschen Militärs geraten, wenn auch anders als nach der »Ehrenerklärung« im Jahr 1951. Die neunziger Jahre verlangten geradezu eine mentale Unterfütterung des Berufsprofils in der Auslegung des neuen Auftrages. Die Ausstellung verstörte nicht nur und setzte nicht »nur« Emotionen und Kriegserzählungen frei.[88] Sondern sie wurde zum Politikum[89], weil sie den eingeschlagenen militärpolitischen Weg der Berliner Republik zur »Normalität« gefährden könnte, wenn »falsche« Fragen gestellt würden: Was hat die Wehrmacht mit der Bundeswehr und was hat der Vernichtungskrieg mit dem »normalen« und dem »humanitären« Krieg zu tun?

Grundlage für die zu gewinnende Handlungsfähigkeit waren die »Verteidigungspolitischen Richtlinien« für eine neue, an deutschen Interessen orientierte Militär- und Interventionspolitik, die am 19. Februar 1992 förmlich von der konservativ-liberalen Regierung unter Kanzler Helmut Kohl beschlossen wurde: Sie bereitete eine Grundgesetzänderung vor, die das Land berechtigte – im Einvernehmen mit den Vereinten Nationen –, an internationalen Militäreinsätzen teilzunehmen. Um Streitfragen zum Auslandseinsatz deutscher Truppen zu regeln, wurde das Bundesverfassungsgerichts angerufen. In ihrem Urteil vom 12. Juli 1994 erklärten die Richter, daß eine Änderung des Grundgesetzes nicht erforderlich sei, um deutsche Soldaten außerhalb der NATO einzusetzen, daß aber die parlamentarische Zustimmung jeweils gegeben werden müßte. Der deutsche Staat war höchstrichterlich ermächtigt worden, seine Außenpolitik auch militärisch zu unterstützen.[90] Der nun vollzogene Paradigmenwechsel bestand darin, »militärischen Machtgebrauch am nationalen Interesse zu rechtfertigen.«[91] Am 30. Juni 1995 beschloß der deutsche Bundestag daher mit den Stimmen der CDU/CSU- und FDP-Mehrheit, 45 Abgeordneten der SPD und vier der Grünen erstmals einen »out-of-area«-Einsatz. Dieser Beschluß legitimierte die UN-Mission in Bosnien unter dem Kommando der NATO zum Einsatz von Kampfflugzeugen.

Die monatelange Kontroverse um die Zulässigkeit militärischer Kampfeinsätze traf die deutsche Gesellschaft an einem zentralen Nerv: der Bewältigung der NS-Vergangenheit. Die heftigen Debatten[92] der »Bündnisgrünen« über die Identität ihrer Partei signalisierten, daß ein über 50 Jahre währender gesellschaftlicher Konsens auf dem Spiel stand. Zwei völlig gegensätzliche Lehren wurden aus der Vergangenheit gezogen: Die erste, die sich schließlich auch mehrheitlich in der deutschen Gesellschaft durchsetzte, geht davon aus, »daß sich mörderische Brutalität (Stichwort »Juli 1995 Srebrenica« – J. K.) nur mit Gewalt bezwingen läßt – schließlich wurden auch die Nationalsozialisten mit Waffengewalt und nicht durch gutes Zureden besiegt –, und die Deutschen trügen seit Auschwitz eine besondere Verantwortung, solcher Brutalität entgegenzutreten. Die Gegenposition lehnt Gewalt als Mittel legitimer Politik unter allen Umständen ab, was besonders für die Deutschen gelten müsse, deren Militarismus eben die Kräfte entfesselte, die Auschwitz möglich machten.«[93] Diese pointierte Darstellung der beiden unversöhnlichen Positionen durch den amerikanischen Politologen und Berater der US-Regierung Markovits beschreibt den Paradigmenwechsel in Deutschland eingängig, der mit dem Anbruch der Neuen Zeit nach dem Zusammenbruch der kommunistischen Staatenwelt mehrheits-, ja gesellschaftsfähig wurde, und er zeigt, wie Geschichte und Politik sich hierbei wechselseitig durchdringen. Die Zeit der Machtbeschränkung, in die sich die deutsche Variante der Scheckbuch-Diplomatie fügte, ist »historisch erledigt.«[94] Gefragt sind Militäreinsätze, zum Beispiel gegen den Terrorismus, im Innern Deutschlands und weltweit, wofür die Bundeswehr in die Lage versetzt werden soll (vgl. die Regierungserklärung von Gerhard Schröder vom 11. Oktober 2001).

7.

Deutsches Aufarbeiten

Wochen-, ja monatelang füllte die »Wehrmachtsausstellung« die Leserbriefspalten der großen und kleinen Tageszeitungen und bildete den Anlaß für Kommentare und ganzseitige Beiträge von Historikern, Zeitzeugen und Journalisten. Die Medien trugen einen erheblichen Teil zur Lenkung der öffentlichen Debatte bei. Weit mehr als 10 000 Artikel sind dazu publiziert worden.[95] Dabei vertrat die eher »liberale« Presse die Position der Aufklärung, während »konservativ« ausgerichtete Zeitungen Wertbestände der deutschen Nation in Gefahr wähnten. Während die »Süddeutsche Zeitung«, die »Frankfurter Rundschau« und »Die Zeit« im Geschichtsstreit um die Legende von der »sauberen Wehrmacht« denjenigen mehr Raum gab, die insgesamt das Anliegen und die Thesen der Ausstellungsmacher teilten, waren es – abgesehen von den Medien der neuen und extremen Rechten – die »Frankfurter Allgemeine Zeitung« (FAZ) und »Die Welt«, die eher die Kritiker und Gegner ins Feld führten, zumal ihre Redakteure an vorderster Stelle gegen die Ausstellung Front machten.

Friedrich Karl Fromme, der damalige leitende Redakteur für Innenpolitik, beklagte den Aufklärungseifer der Deutschen. Stets seien sie auf der Suche danach, »noch ein Stück ›unbewältigte Vergangenheit‹ aus den dunklen Jahren der Vergangenheit der nationalsozialistischen Herrschaft ans Licht zu holen.« Damit müsse endlich Schluß sein. Zuviel Aufklärung führe zur Verdunkelung der Erkenntnis. Die

Ausstellung bringe »inhaltlich nichts Neues« und leiste »nicht einmal bei der kleinen Minderheit der absolut Uneinsichtigen einen aufklärerischen Beitrag.« Warum löste sie dann aber so heiße Diskussionen aus? Von der Ausstellung wurden ja nicht nur individualpsychologische Mechanismen der Verdrängung angegriffen, sondern vor allem Geschichtsbilder, Bilder der Wehrmacht, Werte und Ordnungsvorstellungen des Konservatismus und der extremen Rechten. Die »FAZ« griff Vorbehalte und Stimmungen dieser Schichten auf und verdächtigte Reemtsma und Heer der Verunglimpfung der deutschen Nation. Frommes investigativer Journalismus verschärfte die Lage, doch verdeckte er damit nur sein Defizit an historischem Wissen. Gleichzeitig entsprach er damit der Erfahrungs- und Gefühlslage eines großen Teils der Leserschaft und der Gesellschaft: »auch« Soldaten der Wehrmacht hätten gegen das Kriegsvölkerrecht verstoßen und »Massenverbrechen und Verwirklichungen des Hitlerschen Rassenwahns begangen« – »sicher wurde der Krieg mit besonderer Härte geführt ... Das hing mit einer sich verbreitenden Verzweiflung zusammen, gewiß auch damit (!), daß nun zum ersten Mal Krieg geführt wurde gegen den ›Jüdischen Bolschewismus‹, in welchem Begriff die beiden Hauptfeindbilder des Nationalsozialismus in eines verschmolzen.« Bei Fromme ist keine Rede davon, daß dies ein Vernichtungskrieg war, der die Ausrottung und Dezimierung großer Menschengruppen zum Ziel hatte, an dessen Planung und Durchführung die deutsche Wehrmacht an vorderster Stelle beteiligt war. Ohne diesen Krieg hätte es kein Auschwitz gegeben. Fromme wandte sich nicht nur gegen die vermeintliche »Indoktrination«, sondern verband seine Polemik mit einem Schlag gegen die in der Diskussion befindliche Anerkennung der Deserteure als Kriegsopfer und Kriegsgegner. Beides, so Fromme, würde auf einer Linie liegen: Die Anerkennung aller Deserteure als Opfer sei ebenso einseitig wie die Geschichtsdarstellungen der Ausstellung. Reemtsma, Heer und Konsorten hätten die Ehre der Krieger verletzt: »Die alten Soldaten wollen eine ihrer Lebensphasen in erträglichem Licht sehen dürfen.«

Eckard Fuhr vertrat in seinem »FAZ«-Kommentar »Deutsches Aufarbeiten« die These, daß die Legende von der »sauberen Wehrmacht« selbst eine von den Ausstellungsmachern geschickt »volkspädagogisch« konstruierte Legende sei, die nur »im nachhinein einen Anschein von Plausibilität« erwecke! Fuhr wertete sie als »üble Erscheinung neuer deutscher Volkskultur«: »Die Lust an nationaler Psychoanalyse und – therapie ist heute die auffälligste Erscheinungsform eines deutschen Nationalgefühls. Die Aufmerksamkeit, die dem amerikanischen Historiker Goldhagen widerfuhr, der Erfolg, den er mit seinen Thesen ... beim Publikum, nicht bei den Kollegen, hatte, sind ohne die Lust nicht zu erklären, die aus dem Selbsthaß von Angehörigen des ›Tätervolkes‹ ebenso gespeist wird wie aus der Bewunderung für das eigene unermüdliche Sichabarbeiten an der historischen Bürde.« Fuhr offenbarte ein Denken, das die neue intellektuelle Rechte nicht besser beherrschte: Er konstruierte ein Sinnbild vom »Bewältiger« auf dem Psychologen- oder Psychotherapeutenstuhl sitzend, obwohl die Psychologie von jeher ein Feind des Starken ist. Aus der Sicht einer reaktionären Geisteshaltung ist, wer einen Psychologen besucht, immer irgendwie unheilbar krank. Und die deutsche Nation krankt an mangelndem Selbstbewußtsein. Der »FAZ«-Redakteur verdrehte die Darstellung Goldhagens und die Vorstellungen der Ausstellungsmacher so, daß sie gleichzeitig eine anti-aufklärerische Wirkung entfalten konnten: »Heute, nach Goldhagen und angesichts der Wehrmachtsausstellung, sagen die guten Deutschen, daß alle Deutschen tatsächliche oder potentielle Täter gewesen seien. Wer zu den guten Deutschen gehören will, wer die Lektionen der Vergangenheitsbewältigung gelernt hat, muß also daran glauben, daß die alliierten Armeen 1945 ein Tätervolk befreit haben.

Darüber lohnt sich nachzudenken.« Fuhr konstruiert das Bild vom guten Deutschen so, daß der Leser nicht dazu gehören will, denn er selbst verkörpert eigentlich den *guten* Deutschen. Zwei Denkmöglichkeiten blieben dem Leser: Entweder fällt ihm ein, daß die Alliierten die Kollektivschuldthese bald fallenließen oder sie gar nicht vertraten, weil sie zwischen Hitler und dem deutschen Volk unterschieden oder, daß die Alliierten zu jenen gehörten, die das Selbstbewußtsein untergraben haben: »Darüber lohnt sich nachzudenken.« (!) Das ist eine kaum verhüllte Drohung (auch) gegen die westlichen Alliierten.

Die geistig-politische Haltung, die in diesen wenigen Beispielen zum Ausdruck kommt, unterscheidet sich nicht von den Anliegen neurechter Intellektueller: Die NS-Vergangenheit und der Verbrechenscharakter dieses Systems werden Stück für Stück relativiert, um so einen positiven Bezug auf die deutsche Nation zu ermöglichen. Für die *neue Bundeswehr* gilt die seit 1990 von politischer Seite verkündete »Neue Normalität« als Erlaubnis zum Rückgriff auf Traditionen aus der Zeit des deutschen Sonderwegs vor 1945, insbesondere auf Wehrmachtstraditionen.[96] Was für die neue Bundeswehr schon feststand, das wollte die »FAZ« noch herausfinden: Auf welchen geistig-kulturellen Grundlagen die »Neue Normalität« aufbauen könnte.

8.
Zwischen Aufklärung und Verdrängung

Leserbriefe[97] machten deutlich, daß diese Art der Medienberichterstattung die Rechtfertigungsstrategien derjenigen untermauerte, die weiterhin glauben, die deutsche Wehrmacht (ausgenommen einige Offiziere der Wehrmachtsführung) und insbesondere die einzelnen Wehrmachtssoldaten seien (auch hier von Ausnahmen abgesehen) »sauber«

geblieben, hätten ihre »Pflicht« getan und »ritterlich« fürs »Vaterland« gekämpft. Das eigene Selbstverständnis und Bild von der Wehrmacht war immun gegen historische Fakten, die sie erschüttern mußten. Der Berliner Antisemitismusforscher Wolfgang Benz beschreibt den Mechanismus dieser Verdrängung: »Dazu dienten ›Deckerinnerungen‹ an die deutschen Kriegsgefangenen, die in der Sowjetunion zurückgehalten wurden, an die Grausamkeiten der Roten Armee bei der Besetzung Deutschlands, an das Schicksal der Flüchtlinge und Vertriebenen.« In der Erinnerung der meisten Zeitgenossen »wurde so aus dem Überfall auf die Sowjetunion ein Krieg, den man als schicksalhaft oder notwendig empfand, und mit dieser Empfindung waren die eigene Mitwirkung und das eigene Verhalten ohne weitere Reflexion zu rechtfertigen«, erklärt Benz. Auf diese Weise sind aus dem kollektiven Gedächtnis »die Befehle der deutschen Führung verschwunden, die geltende Gesetze der Kriegsführung außer Kraft setzten und den Kampf gegen die Sowjetunion zum Ausrottungs- und Vernichtungskrieg machten.« Die ehemaligen Wehrmachtssoldaten relativierten die eigenen Taten durch die »schlimmeren« der Feindsoldaten.[98]

Relativierung oder Leugnung historischer Tatbestände ist eine typische Form der Verarbeitung von Kriegserlebnissen durch die Zeitgenossen, die sich noch heute mit der Volksgemeinschaftsideologie identifizieren. Das Volksgemeinschaftliche und Völkische hat sich tradiert und kommt auch in der geschichtspolitischen Argumentation derjenigen zum Ausdruck, die den Nachkriegsgenerationen angehören. Bei jenen ist der Mythos Wehrmacht nicht »erfahrungsgesättigt«, sondern durch Erzählungen vermittelt, die ins eigene Werte- und Ordnungsbild aufgenommen wurden. Häufig wird ein »Schlußstrich« gefordert, der die »Aufarbeitung« beenden solle. Der Vernichtungskrieg der deutschen Wehrmacht wird mit Kriegen der Gegenwart in Jugoslawien, Ruanda, Zaire usw. auf eine Stufe gestellt.

Das Besondere des Vernichtungskriegs und der verbrecherischen Befehle wird nicht erkannt. Das gilt allerdings auch für manche Befürworter der Ausstellung. Der »Vernichtungskrieg« unterscheidet sich von »normalen« Kriegen in seiner Entgrenzung: Bewußt und vorsätzlich wurden die Zivilbevölkerung liquidiert, Kriegsgefangene ihrem Schicksal überlassen, der Hungertod geplant und Strafaktionen durchgeführt. Radikal war die Vernichtung und radikal wurde beispielsweise Opfern der Rückzug verwehrt.

Ein wichtiges Instrument, die Bedeutung und das Ausmaß der Wehrmachtsverbrechen zu bagatellisieren, war die Haltung, sich selbst in die Rolle des Opfers zu begeben, etwa als »Opfer von Hitler« oder der NS-Diktatur oder allgemeiner als »Opfer der Geschichte«.[99] Empirische Untersuchungen belegen[100], daß allerdings nur eine Minderheit der ca. 900 000 Ausstellungsbesucher – es waren vornehmlich Besucher der jüngeren und mittleren Generation – der Ausstellung »Vernichtungskrieg« kritisch-ablehnend gegenüberstand. Bei den Leserbriefschreibern vornehmlich an Zeitungen, die ein konservatives Weltbild vermittelten, dominierten die Gegner der Ausstellung, die überwiegend der mittleren und älteren Generation angehören. Die Studien deuten darauf hin, daß in der Beurteilung der Funktion und Bedeutung der Wehrmacht im deutschen Faschismus und in der Beurteilung und Einstufung des Zweiten Weltkriegs als Vernichtungskrieg die »deutsche Nation« in zwei größere Lager gespalten ist. Fraglich ist daher die Einschätzung, daß die Legende von der »sauberen Wehrmacht« und damit ihr Mythos wirklich substantiell gebrochen ist. Gerade bei der Kriegsgeneration hält sich dieses Tabu, aber auch und insbesondere im geschichtspolitischen Lager der Ausstellungsgegner, die sich im »Normalisierungsfeld« der Renationalisierung und des Konservatismus befinden. Die jüngeren Generationen, die in größerer Distanz zur NS-Vergangenheit stehen als die Kriegs- und Nachkriegsgeneration und die unbefangener urteilen, sind sehr stark geprägt durch die sozialen, politischen und kulturellen Lebensverhaltnisse und die geistige Situation unserer Zeit und weniger durch das Bewußtsein, »Lehren aus der Geschichte« zu ziehen. Der historisch-kritische Ansatz »aus der Geschichte« zu lernen, insbesondere der des NS-Staates, mußte durch die Verwerfungen im Gefolge der Entwicklungen nach 1989/90 (Zusammenbruch der sozialistischen Staatengemeinschaft, zahlreiche Interventionskriege der demokratischen Staatengemeinschaft, Wandel insbesondere der Grünen in der Frage militärischer Interventionen usw.) und durch die Schwäche von Gegenkräften einen enormen Bedeutungsverlust hinnehmen. Was bis 1989 mit dem Schlagwort »Nie wieder Krieg – Nie wieder Auschwitz« verbunden wurde, nämlich die Ablehnung des Krieges, erstens aus Prinzip und zweitens, damit er nicht zum Völkermord genutzt werde, heißt heutzutage »militärische Intervention«, um Völkermord zu verhindern. Die moderne Sprachregelung verklärt den Paradigmenwechsel in doppelter Weise, erstens, indem sie Geschichte und politische Traditionen der Bonner Republik für überholt erklärt, allein weil sich mit der Vereinigung beider deutscher Staaten globale und nationale Voraussetzungen geändert haben – die Bonner Republik als Sonderweg. Und zweitens, indem »Krieg« als »militärische Intervention« kleingeredet und drapiert wird.[101] Die »Zivilisierung« des Militärischen ist dafür der konzeptionelle Ausdruck. Über die eigentliche Ambivalenz dieses militärpolitischen Konzepts kann nicht hinweggesehen werden, erklärt es doch die Entwicklung der Zivilgesellschaft ohne Militär zur sozialen (unmöglichen) Utopie.

Bundestagsdebatte

Auch im Deutschen Bundestag wurde am 13. März 1997 in einer Debatte über die Wehrmachtsausstellung für wenige Minuten der »Schutzvorhang vor den wirksamsten Verdrängungsmechanismen« weggerissen.¹⁰² Die Debatte stand ganz im Zeichen erschütternder, von Emotionen getragener Kriegs- und Familiengeschichten aus der NS-Zeit, die von einigen Abgeordneten vorgetragen wurden. Schöne Worte, wie sich später herausstellte. Auf der Sitzung am 24. April 1997 schwächten die Parlamentarier ihre ansatzweise politisch-emotionale Reflexion über die eigene Geschichte ab. Schließlich nahm die Parlamentsmehrheit aus CDU, CSU und FDP eine Entschließung an, in der das »verbrecherische Regime des Nationalsozialismus« verantwortlich gemacht wurde für die »furchtbarste Tragödie«. Doch das, worauf die Ausstellung »Vernichtungskrieg« gerade hatte aufmerksam machen wollen, auf die individuelle Verantwortung, wurde im weiteren Verlauf der Parlamentsdebatte auf das »nationalsozialistische Regime« abgewälzt. Damit wurde ein Geschichtsbild präsentiert, das nur in der Hinsicht eindeutig war, nämlich die meisten Soldaten von ihrer Verantwortung freizusprechen. Sie waren nicht Mit*täter*, sie waren nicht Widerständler. Sie waren willenlose (?) *Opfer*, für die es zwischen diesen Extremen keine Handlungsmöglichkeiten gab. Daß damit eine weitere Legende Bestätigung fand, die in den Geschichten der Deserteure, Retter und Helfer in der Wehrmacht¹⁰³ widerlegt ist, wirft ein bezeichnendes Licht darauf, wie weit persönliches *Bekennen* und politische *Konsequenz* auseinanderliegen. Handlungsmöglichkeiten einzuräumen, widerspricht leider nicht nur konservativem Geschichtsdenken. Die Existenz alternativer Möglichkeiten des Handelns dagegen einzugestehen, eröffnet erst den Raum zur Freiheit, sich aus immer wieder behaupteten übergeordneten Zwängen zu lösen. Der *Opfer*-Mythos dagegen zementiert die Unmöglichkeit dieser selbst-verantwortlichen Freiheit. Die Politik aber tut sich schwer mit der Anerkennung von Deserteuren und von Wehrmachtsverbrechen in Italien und Griechenland, die in beiden Fällen Entschädigungsansprüche zur Folge haben müßte.¹⁰⁴ Und sie greift zur »Rechtfertigung eines kriegerischen Eingriffs auf dem Balkan« auf die Erinnerung an den Holocaust zurück, wie vier Abgeordnete der SPD und der »Bündnisgrünen« kritisch anmerkten.[105] Solche Deutungen und Instrumentalisierungen wirken einer geschichtspolitisch unbefrachteten Einbeziehung der von Deutschen begangenen Verbrechen in die deutsche Geschichte und Identität entgegen.

9.
»Wehrmachtsausstellung« im Verdacht

Der Fälschungsverdacht

Dem geschichtspolitischen Bündnis aus Gegnern der Ausstellung »Vernichtungskrieg« war es bis ins Jahr 1999 hinein nicht gelungen, seine Kritik wirklich zu fundieren. Klagen vor den Gerichten, in denen man den Hamburger Ausstellungsmachern Geschichtsfälschung unterstellte, waren erfolglos geblieben. Denn renommierte Historiker und Experten wie Manfred Messerschmidt, Christian Streit, Omer Bartov, Wolfram Wette, Gerhard Schreiber und viele andere – wie die Arbeiten des Militärgeschichtlichen Forschungsamts der Bundeswehr – hatten keinen Zweifel daran aufkommen lassen, daß die Kernaussagen der Ausstellung mit dem Stand der Forschung übereinstimmten: Beim Krieg gegen die Sowjetunion handelte es sich um einen ›Vernichtungskrieg‹, und es stand nicht in Frage, daß die deutsche Wehrmacht einen verbrecherischen Rassen- und antisemitischen Krieg führte.

Anfang November zog Jan Philipp Reemtsma die Ausstellung »Vernichtungskrieg« zurück. Dieser Vorgang hatte eine kurze Vorgeschichte. Bei einigen Fotos wurde die Zurechenbarkeit von Verbrechen auf die deutsche Wehrmacht in Frage gestellt. Das Neue bestand darin, daß die Kritik erstmals wissenschaftlich untermauert worden war. Der polnische Historiker Bogdan Musial und sein ungarischer Kollege Krisztián Ungváry hatten an einer bisher nicht genau bestimmten Zahl von Fotos nachgewiesen, daß frühere Bedenken teilweise zu Recht geäußert worden waren. Doch waren von ihrer Kritik weder die grundlegenden »verbrecherischen Befehle« der Wehrmachtsführung noch der Vernichtungskrieg betroffen, obwohl dieser Sachverhalt wieder zum Gegenstand der geschichtspolitischen Debatte wurde. Musials und vor allem Ungvárys Einwände waren allerdings überzogen. Der ungarische Historiker bezweifelte die Aussagekraft fast aller Fotos. Es wurde jedoch die Problematik deutlich, Fotos quasi als Beweise für die Verbrechen der Wehrmacht zu verstehen. Die am jeweiligen Ausstellungsort vom lokalen Veranstalter organisierten zahlreichen Begleitprogramme zur Ausstellung boten allerdings die Möglichkeit, diesem Problem zu begegnen, eröffneten sie doch die Chance, den Vernichtungskrieg im Osten in das Herrschaftssystem des deutschen Faschismus und in den größeren historischen Zusammenhang einzuordnen.

Der Totalitarismusverdacht

Es war insbesondere die »FAZ«, die nach dem Moratorium von 1999 an ihre frühere Kampagne gegen die Ausstellung anknüpfte. Sie ließ den Leiter des Münchener Instituts für Zeitgeschichte, Horst Möller, ausführlich zu Wort kommen. Ihm ging es um die Interpretation des Kriegsgeschehens in dem Sinne, die Gewaltexzesse des 20. Jahrhunderts vor allem auf der Folie totalitärer Diktaturen zu lesen und deshalb danach zu fragen, »welchen Anteil die fanatischen Ideologien von Nationalsozialismus und Bolschewismus und die Dialektik beider an dieser Entfesselung, Entgrenzung und scheinbaren Legitimierung brutaler Gewalt hatten.«[106] Auch wenn es »Wechselwirkungen« in den Kriegshandlungen gab, dürften sie nicht so interpretiert werden, die Verantwortung der deutschen Wehrmacht (Kriegsziele, Kriegsplanung, Besatzung und Umsetzung) zu mindern. Die deutsche Angriffskriegsführung und die sowjetische Kriegsführung müßten in ihrer Anlage gesondert betrachtet und eingeschätzt werden, bevor Kriegslagen analysiert werden, bei denen es zu Wechselwirkungen gekommen sei. Kurz vor diesen Ausführungen hatte Möller in der Sendung ›Monitor‹ sogar erklärt, »die Wehrmacht sei ›nicht als Instrument zur Erschießung von Zivilisten eingesetzt worden‹.«[107] Seine Kritik gipfelte letztendlich darin, der »mißlungenen Ausstellung« selbst Legendenbildung anzulasten und die Dokumentation mit dem Signum des »Totalitären« zu versehen: »Tatsächlich ist es wie im Falle der beiden fanatischen Ideologien Bolschewismus und Nationalsozialismus: Die eine Legende stützt die andere, sie schaukeln sich wechselseitig hoch.«[108] Der Leiter des Instituts für Zeitgeschichte unterstellte damit den Ausstellungsmachern totalitäres Denken und darüber hinaus, sie hätten die Öffentlichkeit durch die Legende der Legende von der ›sauberen Wehrmacht‹ verführt. Gleichzeitig aber bagatellisierte er die Beteiligung der Wehrmacht am Holocaust.

Möllers Einwände gerieten zu einer Polemik gegen Hannes Heer. Das wiederum einte ihn mit dem Berliner Historiker Jörg Friedrich, für den die späte und verhaltene Kritik deutscher Historiker »das linkstotalitäre Meinungsklima« im Land zeigte.[109] Damit kamen Positionen zu Wort, die den weitgehenden Konsens der Wissenschaft, selbst bei Kritikern der Ausstellung, »daß es ein rassistischer Vernichtungskrieg war, den die Deutschen seit 1939 im Osten führten, und daß die Wehrmacht darin eine ›aktive Rolle‹ spielte«[110], in Frage stellte. Das wäre in der Tat ein Rückschritt im Stand der Forschung. Auch Rolf-Dieter Müller vom Militärgeschichtlichen Forschungsamt plädierte für eine größere Differenzierung bei der Frage nach der Motivation der Wehrmacht zur Beteiligung am ›Vernichtungskrieg‹. Der Charakter des Krieges darf jedoch nicht verschwiegen oder relativiert werden. Zurecht kritisierte der Berliner Historiker Christian Gerlach, daß das MGFA bisher zur Erforschung dieser Zusammenhänge keine Vorreiterrolle eingenommen habe: der Vernichtung der sowjetischen Kriegsgefangenen, der Verbrechen bei der Partisanenbekämpfung, der Ermordung der europäischen Juden und des Verhältnisses der Fronteinheiten zu den Massenverbrechen.[111]

*Verdächtigungen gegen Hannes Heer,
den Leiter der Ausstellung*

Im Geschichtsstreit über die Rolle der Wehrmacht und der Wehrmachtssoldaten aber mußte das Hamburger Insitut für Sozialforschung einen Glaubwürdigkeitsverlust hinnehmen, indem die Ausstellung selbst dazu benutzt werden konnte, ›Vernichtungskrieg‹ und ›Verbrechen der Wehrmacht‹ zu relativieren. Historiker und Medien nutzten diese Entwicklung zu einer Abrechnung mit der Geschichtsphilosophie der Bonner Republik. Für die Fehler und Mängel der »Wehrmachtsausstellung« wurde ein Sündenbock gesucht, der zwei Dinge zu erfüllen hatte, erstens, die Verantwortung zu tragen für die Glaubwürdigkeitsverluste und zweitens, Gründe zu liefern, die dahin geführt hatten. Es wurden aktuell politische sowie persönliche Aversionen gegen »die« sogenannten 68er, gegen die es gerade wieder opportun geworden war, Stimmung zu machen, mit historischen Fragestellungen vermengt. Ein Redakteur der »Frankfurter Rundschau«, die bis dahin den Befürwortern großen Raum gab und redaktionell nicht als Kritikerin in Erscheinung getreten war, forderte nun vehement eine andere Konzeption der »Wehrmachtsausstellung«, weil ihre »Intension« angeblich »schon im Kern verfehlt« gewesen sei. Das, was man bisher unterstützt, ja gegen Angriffe von rechts verteidigt hatte, griff man nun heftig an.

Der »FR«-Redakteur Thomas Medicus erweckte den Eindruck, mit Reemtsma konform zu gehen. Denn dieser hatte sich »einvernehmlich«, wie es hieß, vom »militanten Alt-68er« Hannes Heer getrennt. Jener »räume das Feld«, weil er an der alten Konzeption festhalten wollte, würde kolportiert.[112] Wahr ist, daß Reemtsma selbst unmittelbar nach der Pressekonferenz im November 1999 der »FAZ« zu Protokoll gab, »es sei niemals um die Legende von der ›sauberen Wehrmacht‹ gegangen, das sei eine Zuschreibung der Presse gewesen.«[113] Dabei hieß es doch schon in den ersten Sätzen des Ausstellungskatalogs: »1945, kaum daß Nazi-Deutschland besiegt war, begannen die ehemaligen Generale mit der Fabrikation einer Legende – der Legende von der ›sauberen Wehrmacht‹ ... 1995, fünfzig Jahre später, ist es an der Zeit, sich von dieser Lüge zu verabschieden und die Realität eines großen Verbrechens zu akzeptieren.«[114]

Heers »geliehener Antifaschismus« sei für eine »Fortentwicklung« des *Hamburger Instituts für Sozialforschung* »zum Hemmschuh« geworden, weiß der »FR«-Redakteur zu berichten. Die zurückgezogene »Wehrmachtsausstellung« sei durch die »Geschichtspolitik der 68er Generation« gekennzeichnet und repräsentiere »damit die alte Bundesrepublik«. Die Ausstellung sei angeblich »durch empirische Forschungen angezweifelt worden, wie sie vor 1989 kaum vorstellbar gewesen wäre – eine Empirie, die im Ergebnis auf die totalitäre Logik und totalitäre Dimension der Kriegsverläufe an der Ostfront hinweist.«[115] Hannes Heer, der ehemalige Leiter der Ausstellung »Vernichtungskrieg. Verbrechen der Wehrmacht«, habe im Geschichtsstreit darüber eine »Politik der Schuld«[116] betrieben. In seiner Polemik behauptete Medicus, diese Ausstellung bezeuge »nur die Wahrnehmungs- und Denkmuster vergangener Zeiten und den hilflosen Versuch, ihrerseits an obsoleten ideologischen Frontverläufen festzuhalten.«[117] Er schreibt, ohne zu merken, daß er demselben Antrieb unterliegt, den er in totalitärer Manier »der« 68er-Generation unterstellt: Die »noch vom Vaterprotest der 68er zehrende, manichäische Geschichtspolitik« sei »ebenso obsolet wie die diese Perspektive tragende Ideologie des Antifaschismus.« Medicus forderte stattdessen einen Blickwinkel, »der die Erinnerungs- und Betroffenheitskultur über Bord wirft und einer neototalitaristischen Debatte öffentlichkeitswirksam den Weg bereitet, die sich von der üblichen Schuldentlastung emanzipiert hat.«[118]

Der aggressive Duktus vermittelt nicht nur ein Bild von der aufgeheizten Stimmung, sondern auch den wissenschafts- und geschichtspolitischen Hintergrund. Mit dem Renationalisierungsschub und der neuen Machtpolitik Deutschlands nach 1990 tauchten eine ganze Reihe schon überwunden geglaubter Deutungen und politische Theorien in modernem Gewand wieder auf: Neben der »Hitler«-Renaissance als Erklärungs- und Rechtfertigungsmodell für die Herrschaft des »Nationalsozialismus« und den unfaßbaren Verbrechen eben auch die Wiederkehr verschiedener Varianten der Totalitarismustheorie. Letztere sind insofern von besonderer Bedeutung , als sie auch dazu dienen, jede Art kritischer Gesellschaftstheorien des Totalitarismus zu verdächtigen. Das geschieht, wie bei Medicus, indem gegen andere Vorstellungen ein Ideologie-Verdacht erhoben wird. Zumeist wird dieser Vorwurf aber genutzt zur rhetorischen Entzauberung des Kontrahenten, indem man jenem unterstellt, er verfüge einfach über ein falsches oder nicht mehr opportunes Bewußtsein. Wo das empirische Argument fehlt, muß allemal der Ideologievorwurf herhalten.[119] Indem Vermittler, wie die Medien vorgeben, prinzipiell gegen jede Art von Ideologie gefeit zu sein, erzeugen sie eine bestimmte Lesesituation: Der konforme oder auch indifferente Leser stellt die Voraussetzungen im Denken und Schreiben der Vermittler nicht mehr in Frage. Dadurch wird vom Deutungsakteur die aparte Situation selbst erzeugt, die kritisches Nachfragen erst gar nicht entstehen läßt. Er kann nun selbst ideologisch argumentieren, ohne als geschichtspolitischer Deutungsakteur beim Leser in

Ungnade zu fallen, der in unideologischen Zeiten zu leben wähnt. Nicht mehr Ideologie-Kritik vermittelt Erkenntnis, sondern schon die bloße Verdächtigung genügt, um den falschen Schein einer Tatsache zu erwecken. Friedrich Schorlemmer, Theologe, SPD-Mitglied und Mitbegründer der Oppositionsbewegung in der DDR, selbst auch schon unter den Verdacht der PDS-Nähe gestellt, kann gewissermaßen als ein Kronzeuge der Angeklagten unter vielen zitiert werden: »Besonders problematisch erweist sich der heute weitverbreitete Antitotalitarismus, der antikommunistisch motiviert und durch den Totalitarismus so geschädigt ist, daß er keinen differenzierenden Blick auf die überwundenen diktatorische Wirklichkeit zuläßt. Die Fragen, die das sozialistische Gesellschaftssystem gestellt hat, sind jedoch nicht dadurch zu erledigen, daß man alles, aber auch alles, was das Leben in der DDR ausgemacht hat, schwarz einfärbt und gar auf eine Stufe mit dem Leben im moralisch und politisch indiskutablen, menschenfeindlichen, rassistischen und chauvinistischen deutschen Faschismus in seiner spezifischen Ausprägung als Nationalsozialismus mit germanischen Vorherrschaftsambitionen stellt. Das fatale Wort vom ›Auschwitz in den Seelen‹ der ›Stasi, die viel schlimmer als die Gestapo‹ gewesen sei, zeigt, welche verbalen Geschütze aufgefahren werden, um jede Differenzierung unmöglich zu machen.«[120]

10.
Historische Wahrheit und Bilder-Kritik

Der Bericht[121] der Ende 1999 eingesetzten Historiker-Kommission hat ausdrücklich die Grundaussagen über den Charakter des »Vernichtungskrieges im Osten« bestätigt. Er hat zudem, darüber hinausgehend, auf neue Forschungsergebnisse[122] verwiesen, die das Ausmaß der Verbrechen noch krasser erscheinen lassen. »Nicht zu bestreiten sind die verbrecherischen Grundsatzentscheidungen und Befehle der Wehrmachtsführung ...«[123] Die Wehrmacht spielte eine wesentliche Rolle beim »Genozid an den Juden im Osten«[124], den Verbrechen an den sowjetischen Kriegsgefangenen und im Kampf gegen die Zivilbevölkerung.[125] Sie war nicht nur in diesen Völkermord »verstrickt«, sondern an diesen Verbrechen »teils führend, teils unterstützend beteiligt.«[126]

Das Gutachten der Historiker ist eine Niederlage für die konservativen Grundsatzkritiker. Drei Hauptvorwürfe gegen die Ausstellung wurden widerlegt: Ein Standardargument, das der Historiker-Kommission erneut von der Neuen Züricher Zeitung[127] vorgehalten wurde, die Ausstellung habe das damals geltende Kriegsrecht außer Betracht gelassen. Aus dem Gutachten jedoch geht hervor, daß das Kriegsvölkerrecht noch nie so systematisch verletzt wurde wie von den Deutschen 1941 bis 1945: »In der Forschung ist unbestritten, daß es 1941 eine ernstzunehmende Partisanengefahr in Weißrußland nicht gegeben hat. ... Der Einwand, die Haager Landkriegsordnung erlaube die Exekution von Partisanen, ist ein Scheinargument, da nur ein kleiner Teil derjenigen, die als »Partisanen« exekutiert wurden, tatsächlich Partisanen im Sinne des Art. 1 der HLKO waren, also Zivilisten, die nicht unter einem verantwortlichen Führer kämpften, ihre Waffen verdeckt führten, nicht ein von weitem erkennbares Zeichen trugen und die Gesetze und Gebräuche des Krieges nicht achteten. Die deutsche Führung hatte mit Zustimmung der militärischen Führung – auch der Generale der Ostarmeen – schon Monate vor dem Angriff entschieden, daß das Kriegsvölkerrecht, also auch die HKLO, in keiner Weise berücksichtigt werden sollte. Die Ausstellung bezieht mit gutem Grund die Entscheidungen mit ein, die vor dem deutschen Überfall gefällt wurden und die vom ersten Tag an das Schicksal der sowjetischen Zivilbevölkerung bestimmten. Die von der Wehrmachtsführung mitgeplante und mitzuverantwortende Ausbeutung der sowjetischen Nahrungsressourcen bezog den Hungertod von »zig Millionen« sowjetischer Bürgern durchaus ein.«[128]

Ein zweiter Vorwurf behauptete eine Bilderlüge, die sich auf Musials Aufsatz in der Zeitschrift »Vierteljahreshefte für Zeitgeschichte«[129] berief. Dort hatte der Historiker berichtet, daß einige Bilder der Ausstellung Opfer zeigten, die gar nicht von deutschen Soldaten, sondern vom sowjetischen Geheimdienst NKWD ermordet worden seien. An dem folgenden »Bildersturm« beteiligten sich nun alle, »die schon immer gewußt haben wollten, daß die Ehre deutscher Soldaten von Fälschern und Ideologen besudelt werde. Nicht nur die Fotos seien falsch, hieß es, sondern die Ausstellung an sich, nicht nur Bilder seien vertauscht, sondern die historische Wahrheit sei verdreht worden.«[130]

Dritter Vorwurf: Die deutsche Wehrmacht war an den meisten Verbrechen gar nicht beteiligt. Der ungarische Historiker Krisztiàn Ungvàry hatte behauptet, nur zehn Prozent zeigten überhaupt Verbrechen der Wehrmacht. Das Urteil der Gutachter war vernichtend: Er »löse die Bilder völlig aus dem historischen Kontext« und übersehe dabei, daß Wehrmacht und SS »arbeitsteilig« kooperierten. Die Kritik allerdings, daß die vom sowjetischen NKWD (in Tarnopol und Zloczow) begangenen Verbrechen in der Ausstellung nicht einbezogen wurden, hielten die Gutachter für gerechtfertigt.

Zur Relativierung der eigentlichen Thesen der Ausstellung taugten die Kritiken Musials und vor allem Ungvàrys dennoch nicht, im Gegenteil, deren Einwände wurden für überzogen gehalten. Der Ausstellungsmacher Hannes Heer wurde vom Manipulations-Vorwurf Bogdan Musials entlastet.[131] Bei weniger als 20 der 1433 Bilder, von denen ca. 60 Prozent von der Kommission begutachtet wurden, gab es Interpretationsprobleme. Nur zwei Fotos sind nachweislich falsch zugeordnet worden. Bei wenigen mußte die Zuordnung überhaupt offen bleiben.[132]

Das schmeckte weder den Kritikern noch einem Teil der Medienvertreter, die klare und einfache Antworten lieben. Daß die »Wahrheit« manchmal im Detail steckt, dieses aber nicht zu finden oder zu rekonstruieren ist, paßt nicht in deren Vorstellungswelt. Übrig blieben nicht gering zu schätzende »grobe handwerkliche« Mängel bezüglich der Zuordnungen von Fotos und der Mangel an Differenzierung.[133] Das brisante Thema der Ausstellung hatte das Problem der historischen Bildkritik erstmals in den Mittelpunkt öffentlicher Diskussion gerückt. Die Arbeit der Ausstellungsmacher wurde in Frage gestellt, ihr allzu lockerer Umgang mit photographischen Bildern. So schwerwiegend die Kritik an den Bildern aber ist, wird eine Erkenntnis zumeist bleiben, daß Fotos, Bilder überhaupt als historisches Quellenmaterial »umstritten« sind. Der Dokumentationsgehalt von Fotos ist immer »dubios«, wenn man nur auf das Abgebildete schaut. Entscheidend aber ist, »daß der Dokumentar-Charakter eines Bildes nie allein über das Dargestellte bestimmt werden kann, und zwar grundsätzlich nicht.«[134] So wichtig also die weitere Erforschung der Zurechenbarkeit von Verbrechen an die deutsche Wehrmacht ist[135] und die Bildauswahl abgesichert sein muß, kann aus Fehlern und Verstößen gegen die Wissenschaftlichkeit der Ausstellung keineswegs abgeleitet werden, ihre Grundaussagen seien falsch. Wohl aber wurden immer wieder falsche Bildzuordnungen als Anlaß genommen, in der »Wehrmachtsausstellung« eine zu Unrecht erfolgte Verunglimpfung ganzer Generationen (des Ersten und Zweiten Weltkriegs) zu sehen. Diesen Sachverhalt nicht genügend auseinander gehalten zu haben, muß sich Bogdan Musial bis heute zurechnen lassen.[136] Dagegen bemühten sich die Gutachter um Kritik, die Differenzierungen Raum läßt. Sie anerkannte gerade die kritischen Einwände Musials dort, wo sie diese gerechtfertigt sah.[137] Abschließend gilt es zu bedenken, daß der Effekt, den die Bilder bei vielen Besuchern der Ausstellung erzielten, nicht im Entferntesten das wirkliche Ausmaß der von der Wehrmacht begangenen Verbrechen widerspiegelte, nicht widerspiegeln konnten. Sie sollten beim Publikum nicht mehr, aber auch nicht weniger die Frage hervorrufen: Wie konnte das geschehen? Mit dem Hinweis, das Bilder-Verfahren der Ausstellung sei Schock-Pädagogik und daher abzulehnen, wird andererseits eine Wissenschaft einseitig benutzt. Der pädagogisch-didaktische Aufwand, den die lokalen Veranstalter betrieben, ist sicher einmalig gewesen.

Deren Bericht gab indirekt denen recht, die dafür plädieren, wissenschaftliche Erkenntnis als öffentlichen Vorgang einer Entwicklung zu sehen. Auch eine Behebung der Mängel der »Wehrmachtsausstellung« und ihre Fortführung wäre denkbar gewesen, wenn man in ihr das neue Modell öffentlicher Darstellung gesehen hätte: »Eine reflexive Präsentation, die ihre eigenen Fehler und Zweifel zum Thema macht. Die Kritik, die sie erfährt, verarbeitet; die das (frühere) Falsche neben dem Richtigen zeigt und den Prozeß sichtbar macht, in dem wir zu unseren Einsichten kommen.«[138] Die letztliche Entscheidung, ob die Mängel und Fehler der Ausstellung durch Überarbeitung behoben werden könnten, oder eine Neubewertung erforderlich sei, überließen die Gutachter aber ihrem Auftraggeber und seinem Mitarbeiterstab.

Der Bericht der Historiker – und das war wagemutig – machte außerdem die Medien für die Zuspitzungen im Streit über das Geschichtsbild der deutschen Wehrmacht mit verantwortlich, indem jene – übrigens noch heute – mit der Verwendung des Begriffs »Wehrmachtsausstellung« den Eindruck erwecken, die Ausstellung, die eigentlich »*Vernichtungskrieg. Verbrechen der Wehrmacht ...*« heißt, wolle *alle* Wehrmachtssoldaten der Verbrechen beschuldigen. Über den eigenen Anteil am Geschichtsstreit über die sogenannte Wehrmachtsausstellung will ein Teil der Medien ebenso wenig sprechen, wie über die von den Historikern begründeten Differenzierungen. Geradezu als Bestätigung der Medienschelte durch die Wissenschaftler schrieb die »FAZ« innerhalb weniger Tage in teils einander widersprechenden Beiträgen unterschiedlicher Autoren, damit auch jedem sein Geschichtsbild bliebe: »Wie es wirklich gewesen ist, kann uns die Ausstellung nicht sagen und auch nicht der Bericht,«[139] schrieb Andreas Platthaus am Ende seines Kommentars, den er mit »Ohnmacht« überschrieben hatte. Den Auftritt der Experten bezeichnete er in Anspielung auf die »Wehrmachtsausstellung« als »Ohnmachtsausstellung«. Der Historiographie seien eben enge Grenzen gezogen. Rainer Blasius schlußfolgerte in derselben Zeitung: »Es gab weder eine »saubere« noch eine »verbrecherische« Wehrmacht.«[140] Franziska Augstein wenig später: Seit den Nürnberger Prozessen ist bekannt, »daß die Wehrmacht als Institution ihre Ehre verloren und sich schlimmster Bluttaten schuldig gemacht hat.«[141] Sie glaubt, daß die neue Konzeption genau dieses würde »didaktisch« richtig vermitteln können. Die alte »Wehrmachtsausstellung« war ein »Tribunal«: »Tribunale dienen nicht der Wahrheitsfindung und nicht der Aufklärung. Sie sind öffentliche Inszenierungen von Schuldzuweisungen.« Der Internationale Militärgerichtshof von Nürnberg wurde und wird in bestimmten Kreisen »Tribunal« genannt, mit eben dem Ziel, »Wahrheitsfindung« und »Schuldspruch« auseinander zu definieren. Das Faktum der öffentlichen Inszenierung hatte und hat allein den Sinn, ins Volk zu tragen, daß »Recht« gesprochen wurde auf Grundlage der Fakten von unabweisbaren Verbrechen und von Verbrechern, die sie im Dienste des deutschen Faschismus geplant und ausgeführt haben. Dieses »Wahrheit« zu nennen, ist das mindeste, und dem faktischen historischen und juristischen Wissen geschuldet – Schuldsprüche daher die notwendige Konsequenz. Man kann es Pluralismus oder auch Desorientierung nennen, das Ergebnis ist allemal dasselbe, was den Lesern an Aufklärung versagt blieb. Am Ende weiß auch der lernwilligste Leser, daß der Streit um die Geschichte und das richtige Geschichtsbild auch eine Erfindung der Medienakteure ist, die das historische Wissen nur vermittelt reflektieren und dazu noch nach eigenem Gutdünken. Das Provozierende lieben sie ebenso wie Polemik und Koketterie mit den Mächtigen. Sie erzeugen Ideologisierungen und geschichtspolitische Instrumentalisierungen. Wie sonst ist es zu verstehen, der Historiker-Kommission dafür zu danken, was man selbst hätte leisten können: «einen eminent wichtigen Beitrag zur Versachlichung». Das hätte ein »FR«-Redakteur unautorisiert selbst leisten können, »die Ideologisierungen und geschichtspolitischen Instrumentalisierungen der Vergangenheit zu beenden,« – zwei Wochen vorher hatte er noch für den »Abschied von gestern«[142], für das Ende der alten »Wehrmachtsausstellung« und für den Rückzug des ehemaligen Ausstellungsleiter polemisiert. Das jedoch, das nicht Faßbare, ist die Funktion der medialen Deutungsakteure.

So gelang es den Medien, von ihrer eigenen Rolle im selbst miterzeugten Geschichtsstreit abzulenken. Weil nun dieser Bericht die Erwartung bestimmter Deutungsakteure nicht erfüllte, wurde die Historiker-Kommission in ihrer Reputation in Frage gestellt. Nicht, daß Historiker als Fachleute nicht kritisch zu befragen wären, steht zur Debatte, sondern die Kritik selbst, die an ihnen geübt wurde, war oft davon geprägt, die »Wehrmachtsdebatte« als Debatte um die deutsche Nation und deutsche Identität fortzuführen. Hätten die Gutachter das letzte Wort gehabt, wie sollte man mit der geschichtspolitischen Debatte als Ausstellungsgegner nun eigentlich weiter umgehen? Es sind oft die vermittelnden Medien selbst, die den Eindruck erwecken, aufklärerisch zu wirken, ohne es in Wirklichkeit zu sein.[143] Ganz »nebenbei« und oft unerkannt initiieren oder verstärken sie im Zusammenspiel mit anderen Deutungs- bzw. organisierenden Akteuren (Politik, Wissenschaft, Intellektuelle) *Paradigmenwechsel*, die durch bedeutende politische Veränderungen – wie der deutsch-deutschen Vereinigung und der neuen Militärpolitik – begünstigt oder erst ermöglicht wurden. Immer häufiger nutzen die Medien ihre Freiheit – nicht um Tatsachen zu vermitteln –, sondern um mit ihren Deutungen und Interpretationen die eigene Macht als Medium auszubauen. In Wirklichkeit beeinflussen und lenken sie mit ihren »Informationen« das Wissen der Gesellschaft, die »Wissensgesellschaft«. Deshalb konnte zunächst auch der Anschein entstehen, Reemtsma wolle über die Einwände der Historiker-Kommission hinaus die »neue« »Wehrmachtsausstellung« unter ein anderes Leitmotiv stellen: Er wolle wissen, »unter welchen Umständen Menschen ihresgleichen umbringen«[144] oder anders gefragt: »Wann ... der Normalbürger zum Mörder« werde?« Ins Zentrum der Betrachtung sollte der angeblich »universale Mechanismus« rücken, der »sich auf vielen Kriegsschauplätzen« wiederfinde, – die »kalte Quälerei«, die »mit der heißen Mordgier der Marodeure« zusammentraf, was dann »zu Eskalationen« führte.[145] Manche Deutungsakteure werteten dies schon als ein neues Projekt.[146] »Dann wäre die Ausstellung ein Exemplum für das, was sich immer und überall an Barbarei ereignen kann, aber nicht länger die Präsentation eines präzedenzlosen Verbrechens, für das Deutsche die Verantwortung tragen«, kritisierte Volker Ullrich von der »Zeit«.[147] Damit würde die *Singularität von Auschwitz* zur Disposition gestellt, was durchaus zeitgemäß wäre, nicht nur aus Sicht der politischen Rechten.[148] Die Vorstellung, daß das »Böse« überall in gleicher Weise am Werke sei, machte nicht nur das Besondere des Vernichtungskriegs und von Auschwitz obsolet, sondern gleichzeitig die besondere Verantwortung der Deutschen für diese Verbrechen. Deutschland wäre von der Erblast der NS-Geschichte befreit. Fühlte Reemtsma sich dahingehend richtig verstanden? Wiederholt und präzisiert hat er, was seit Planung der Ausstellung bekannt ist, daß der »Gezeitenwechsel« eben schon 1989/90 begonnen hat, daß das »alte Muster der deutschen ›Vergangenheitsbewältigung‹«[149] – also auch das Muster des »Antifaschismus« –

damit beerdigt wurde. Die »Linke« und damit auch »linke« Theorien seien mit dem Untergang des »sowjetischen Blocks« obsolet geworden, hatte er schon früh behauptet[150] und sich der »historischen Anthropologie« zugewandt. Jene aber ist »nicht die methodische Leitvorstellung für die neue Ausstellung«, sondern der Kontext, »in dem die Arbeiten hier im Institut stehen.«[151] Die Leitfrage lautete nach den Bedingungen dafür, »daß im 20. Jahrhundert an ganz unterschiedlichen Orten dieses nicht gekannte Maß an Destruktivität entbunden werden konnte. Die Ausstellung *Vernichtungskrieg* sollte eine neue Dimension des Krieges im 20. Jahrhundert deutlich machen. Nun hat man der alten Ausstellung zuweilen vorgehalten, sie mache nicht klar, wovon sie eigentlich spreche, wenn von Verbrechen die Rede sei. Oder man hat gesagt, sie blicke von einem heutigen Level der Zivilisiertheit in eine gleichsam archaische Zeit zurück, in der keine Regeln gegolten haben. Deswegen wollen wir jetzt den damaligen Stand des Kriegs- und Völkerrechts explizit thematisieren, um zu zeigen, wie mit Befehlen und Verordnungen diese Regeln bewußt außer Kraft gesetzt wurden und damit Handlungsspielräume eröffnet wurden, in denen die Destruktivität entbunden werden konnte. Das zeigt etwas von diesem, für den Nationalsozialismus ja insgesamt kennzeichnenden, absichtsvollen Bruch mit der Moderne.« Befürchtungen und Kritik, daß Reemtsma Singularitäten wie die des Vernichtungskrieges oder von Auschwitz auflöse, begegnete er damit, daß er bestimmte Handlungsweisen der Nazis für präzedenzlos hält, wie den direkten Angriff auf die »Ideale von Zivilität und Humanität«.[152] Gegenüber der Problematik gegenwärtiger militärischer Gewaltanwendung hält sich das *historische* Forschungsinstitut allerdings bedeckt.

Wie es aussieht, ist man im Hamburger Institut für Sozialforschung der frühen Kritik des Literaturhistorikers Gerhard Kaiser bei der Neukonzeption gefolgt.[153] Er hatte darauf hingewiesen, daß es einen Unterschied zwischen historischer Schuld und Verantwortung der »Deutschen als Volk« und individueller Verantwortung gibt, zwischen Schuld und Unschuld im juristischen und im moralischen Sinne: »Täterschaft oder Mittäterschaft, Augenzeugenschaft, exakter Kenntnis und gerüchteweiser Information, und vor allem zwischen Arten der Unrechtshandlungen: individueller Exzeß oder Handeln auf Befehl, Gruppentäterschaft und Einzeltäterschaft, Tötung, Körperverletzung, Erniedrigung, Zwangsmaßnahmen gegen Freiheit und Güter.«[154] Wie werden die Gegner der alten Ausstellung damit umgehen, wenn der Komplex der Wehrmachtsverbrechen umfassender und gründlicher ausgeleuchtet wird als bisher und das Gesamtbild der Rolle der Wehrmacht und der Wehrmachtssoldaten noch düsterer werden wird, wie es neueste Untersuchungen andeuten?[155] Unbeeindruckt vom Konzept der neuen Ausstellung »Verbrechen der Wehrmacht«, die am 28. November 2001 in Berlin eröffnet wird, und noch vor Kenntnis seiner Realisierung, faßte im Wiesbadener Stadtparlament soeben eine Koalition aus CDU, FDP und Republikanern den Beschluß, die Vorbereitungen zu stoppen, die derzeit laufen, um die neukonzipierte Ausstellung nach Wiesbaden zu holen.[156] Offen bleibt die Frage, ob mit der *historischen Anthropologie* der freie und unvoreingenommene Blick möglich wird, der erforderlich ist, den Krieg und die Verbrechen der Deutschen unter den übergreifenden und zentralen Fragen des 20. Jahrhunderts zu interpretieren. Dabei geht es nicht nur um die Darstellung der Zusammenhänge von Kriegs- und Revolutionserfahrungen, sondern prinzipiell um die Frage nach den Triebkräften und den Voraussetzungen ihres Wirkens.

11.
Mythos Wehrmacht in der Gegenwart

Entgegen allen Rufen vom Abschied von der Bonner Republik und vom Schlußstrich ist die Aufarbeitung der NS-Vergangenheit in der Berliner Republik ein offener Prozeß, dessen Ende nicht absehbar ist.[157] Die Historikerdebatten der 90er Jahre zeigten sehr deutlich die Rückkopplung und Anbindung der Politik an die Verbrechensgeschichte Deutschlands von 1933 bis 1945 und ihre vielfältigen Instrumentalisierungs- und Deutungsformen, deren Gehalt mehr oder weniger vom Stand des historischen Wissens abweichen. Durch die Abweichung von gesicherten Fakten allerdings erhalten sie erst ihren Wert für die Geschichtspolitik.

Traditionen erweisen sich als zählebig, auch im politischen Sinne als konservativ, obwohl sie – wie bei der neuen Bundeswehr – keineswegs als »zeitgemäß« erscheinen. Die geschichtspolitische Rezeption der Ausstellung »Vernichtungskrieg. Verbrechen der Wehrmacht« ist nur allzu deutlich hervorgetreten. Sie hat in diesem Zusammenhang zwei Haupttendenzen kultureller und identitätsstiftender Entwicklung in der Bundesrepublik Deutschland nach der »Wende« sichtbar werden lassen: Einmal jene Gruppe, die das Modell Bundesrepublik mehr oder weniger und auch kritisch-positiv als »Erfolgsgeschichte« betrachten – vor allem in der »Dritten Nachkriegs-Generation«.[158] Sie steht für Empörung, Kritik und Abgrenzung gegenüber von Deutschen begangenen Verbrechen in der Nazizeit. Sie kann als Basis für die Entwicklung der »antitotalitaristischen«, »zivilgesellschaftlichen Moderne«[159] in der Berliner Republik interpretiert werden. Die antitotalitäre, zivilgesellschaftliche Moderne hat die individuelle Verantwortung zum Ethos erhoben. Bezogen auf die Historiographie bedeutete das, »Menschen nicht als willenlose Exekutoren ihrer Ansichten darzustellen, sondern zu betonen, daß

Menschen auch für das verantwortlich sind, was sie für richtig halten.«[160] Die Betrachtung der Möglichkeit, *jeder* habe in einer Gesellschaft, die sich für zivilisiert hielt, Massenmord begehen können, war angenommen worden. Und die Bereitschaft, sich dieser Frage zu stellen, wurde u. a. akzeptiert in der Antwort, die durch die Ausstellung »Vernichtungskrieg« gegeben wurde: Daß »die Obsession, die jüdische Bevölkerung Europas als ein Problem zu sehen, das gelöst werden müsse, äußerst weit verbreitet gewesen ist. Und die Formulierung des Problemphantasmas sowie der möglichen Lösungen in einem zunehmend mörderischen Vokabular erfolgte – und daß der Kreis derjenigen, die zur Mittäterschaft bereit waren, weit größer war, als zuvor angenommen.«[161]

Damit ist die Erinnerung an das Jahrhundertverbrechen aber noch nicht wirklich Teil einer nationalen Identität geworden. Trotz der »Holocaust-Debatten« mangelt es an Bewußtsein über den Holocaust[162]. Der Bau des Holocaust-Mahnmals in Berlin und die Entschädigung für Zwangsarbeiter konnten erst nach langen Debatten auf innergesellschaftlichen und internationalen Druck hin zu einem positiven Ende gebracht werden. »Zivilisatorische« Fragen werden in der Gesellschaft kaum noch erörtert oder gar beantwortet. Weder stellen wir uns wirklich der Frage nach dem Entwicklungsstand unserer Demokratie noch, ob die Demokratisierung unserer Gesellschaft eine Widerholung des Nazi-Terrors unmöglich macht.[163]

Harald Welzer hat auf die Folgen der Enthistorisierung für das Geschichtsbewußtsein aufmerksam gemacht: Die Frage, wie es zum Hitlerfaschismus und den Menschheitsverbrechen kommen konnte, als Frage nach den *sozialen Voraussetzungen*, drohe zu verschwinden – »bei allem faktischen Geschichtswissen, das der Geschichtsunterricht, die politische Bildung und die Gedenkstättenarbeit in den vergangenen Jahrzehnten so erfolgreich etablieren konnte.«[164] Mithin sind grundlegende Analysen von »Macht«, »Herrschaft« und »Strukturen«, die den Zusammenhang der NS-Verbrechen mit »Staat«, »Wirtschaft« und »Gesellschaft« erhellen könnten, aus der Mode gekommen. Die staatliche Erinnerungspolitik erscheint als ambivalent und widersprüchlich zwischen äußerer (notwendiger) Symbolik (wie des Holocaust-Mahnmals) und wirklicher gesellschaftlicher Akzeptanz, Anerkenntnis zur Verantwortung der Deutschen für den Holocaust, praktischer Gedenkstättenarbeit und verschiedensten Formen von politischem Mißbrauch der Erinnerung bis zur (im extremsten Fall) Kriegslegitimation.[165]

Die Anhänger der *nicht-konservativen*, antitotalitären, zivilgesellschaftlichen Moderne, ja einer »Weltbürgergesellschaft« können Unvereinbares vereinbaren: Heftige Kritik an der NS-Vergangenheit und Aufdeckung von (historischen) Verbrechen gegen die Menschheit mit aktuellen »Erfordernissen« von Militäreinsätzen der Bundeswehr; Kritik an *historischer* Gewalt und an *historischen* Destruktionskräften und gleichzeitiges Einverständnis bzw. stillschweigende Hinnahme aktueller *politischer* und *militärischer* Gewaltanwendung gegen nicht-konforme Gesellschaften. So gebiert das »unwiederbringliche« Ende der »Etappe der deutschen Nachkriegspolitik«[166] ein neues politisch-kulturelles Establishment, das die geschichtliche Erfahrung im Friedensgebot des Grundgesetzes (und des 2+4-Vertrages von 1990) in der Formel der »legitimen Anwendung von Gegengewalt« auflöst und das sich zur militärischen Machtanwendung bekennt, die der ehemalige Generalinspekteur der Bundeswehr und Viersternegeneral in der NATO, Klaus Naumann, früh forderte.[167] Wahrnehmungs- und Denkmuster vergangener Zeiten stören da nur und werden folgerichtig von Politik und Medien tabuisiert.

Zum anderen zeigt sich jene Tradition des vielfältig durchströmten Revisionismus aus Konservativismus, neuen und alten Rechten in den Geschichtsdebatten der neunziger als langlebig und beständig. Mit der »Vergangenheitsbewältigung« à la »Bonner Republik« soll Schluß sein. Auch diese Tradition erfreut sich breiter gesellschaftlicher Zustimmung bei Parteien, Medien und Intellektuellen. Deren Anhänger wollen die Anbindung der Gegenwart und Zukunft an die NS-Zeit lösen, indem sie auf Traditionen vor 1933 oder gar vor 1945 verweisen. Das Geschichtsbewußtsein der »Naherinnerung« soll von der Erinnerung an die »kollektive Vergangenheit der Nation« abgelöst werden.[168] Vom möglichen unterschiedlichen Gebrauch von Bohrers These einmal abgesehen – dieser reicht bis zu extremen Varianten deutscher Machtstaatspolitik –, betrachtet der nationalkonservative Vordenker den »Holocaust« als negativen Bezugspunkt deutscher Geschichte, der dem deutschen Geschichtsbewußtsein den Boden entziehe. Weder das historische Bewußtsein der Deutschen noch die deutsche Nation könnte auf diesem »abgründigen Grund« aufgebaut werden. Doch ist es gerade diese Position der Verleugnung, die langlebige Mythen und Legenden am Leben erhält.

Anmerkungen

Mythos Wehrmacht. Einleitung

1 Vgl. neuerdings Edgar Wolfrum, Geschichte als Waffe. Vom Kaiserreich zur Wiedervereinigung. Göttingen 2001.
2 Ebenda, S. 140.
3 Vgl. ebenda, S. 329.
4 Christian Hacke, Weltmacht wider Willen – Die Außenpolitik der Bundesrepublik Deutschland. Frankfurt/M., Berlin 1993.
5 Karl Kaiser / Hans-Peter Schwarz (Hrsg.), Die neue Weltpolitik. Bonn 1995.
6 Hans-Peter Schwarz, Die Zentralmacht Europas. Deutschlands Rückkehr auf die Weltbühne. Berlin 1994.
7 Gregor Schöllgen, Angst vor der Macht – Die Deutschen und ihre Außenpolitik. Berlin, Frankfurt/M. 1993.
8 Arnulf Baring, Deutschland, was nun? Ein Gespräch mit Dirk Rumberg und Wolf Jobst Siedler. Berlin 1991.
9 Rainer Zitelmann / Karl Heinz Weißmann / Michael Großheim (Hrsg.), Westbindung, Chancen und Risiken für Deutschland. Frankfurt/M., Berlin 1993.
10 Baring, Deutschland, (wie Anm. 8), S. 14. An anderer Stelle ist sich Baring sicher, daß sich die Polen, wenn man sie nur lassen würde, »mit großen Mehrheiten der Bundesrepublik anschließen« würden. (Ebenda, S. 167.)
11 Vgl. ebenda, S. 83.
12 Ebenda, S. 70.
13 Ebenda, S. 160 u. 210.
14 Vgl. hierzu Gerd Wiegel, Die Zukunft der Vergangenheit. Konservativer Geschichtsdiskurs und kulturelle Hegemonie. Köln 2001.
15 Vgl. ders. und Detlef Bald, Die rot-grüne Außen- und Sicherheitspolitik – Zu den Hintergründen einer nationalen Machtpolitik. In: Christiane Lammers / Lutz Schrader (Hrsg.), Neue deutsche Außen- und Sicherheitspolitik? Eine friedenswissenschaftliche Bilanz zwei Jahre nach dem rot-grünen Regierungswechsel. Baden-Baden 2001.
16 Hans-Jürgen Rautenberg / Norbert Wiggershaus, Die »Himmeroder Denkschrift« vom Oktober 1950. In: Militärgeschichtliche

Mitteilungen, 1/1977; zitiert nach Heinrich Senfft, Lauter feine Herren, einige Lords und die Wiederbewaffnung. In: Blätter für deutsche und internationale Politik, 8/2001, S. 996.
17 Albert Kesselring, Soldat bis zum letzten Tag. Bonn 1953, S. 445; zitiert nach Heinrich Senfft, Lauter feine Herren, ebenda, S. 1001.
18 Vgl. dazu: Vernichtungskrieg: Verbrechen der Wehrmacht 1941 bis 1944. Hrsg. von Hannes Heer und Klaus Naumann. Hamburg 1995.
19 Vgl. Johannes Hürter, Ein deutscher General an der Ostfront. Die Briefe und Tagebücher des Gotthard Heinrici 1941/42. Erfurt 2001, S. 46f.
20 Vgl. ebenda, S. 28f.
21 Vgl. ebenda, S. 33.

Detlef Bald
Kämpfe um die Dominanz des Militärischen

1 Vgl. Norbert Frei, Der Führerstaat. Nationalsozialistische Herrschaft 1933–1945. 6. erw. Aufl. München 2001, S. 29ff.; Jost Dülffer, Deutsche Geschichte 1933–1945. Führerglauben und Vernichtungskrieg. Stuttgart 1995; Omer Bartov, Hitlers Wehrmacht. Soldaten, Fanatismus und die Brutalisierung des Krieges. Reinbek 1995; Rolf-Dieter Müller / Gerd R. Ueberschär, Hitlers Krieg im Osten. Ein Forschungsbericht. Darmstadt 2000.
2 Vgl. Charles S. Maier, Die Gegenwart der Vergangenheit. Geschichte und nationale Identität der Deutschen. Frankfurt/M. 1992; Julius H. Schoeps (Hrsg.), Ein Volk von Mördern? Die Dokumentation zur Goldhagen-Kontroverse um die Rolle der Deutschen im Holocaust. Hamburg 1977; Gottfried Niedhart, Lernfähigkeit und Lernbereitschaft nach Kriegen. In: Detlef Bald / Paul Klein (Hrsg.), Historische Leitlinien für das Militär der neunziger Jahre. Baden-Baden 1988, S. 13ff.
3 Michael Thomas Greven / Oliver v. Wrochem (Hrsg.), Der Krieg in der Nachkriegszeit. Der Zweite Weltkrieg in Politik und Gesellschaft der Bundesrepublik. Opladen 2000; Manfred Messerschmidt, Aus der Geschichte lernen. Vom Umgang mit der Erblast des Nationalsozialismus. In: Detlef Bald (Hrsg.), Die Nationale Volksarmee. Beiträge zu Selbstverständnis und Geschichte des deutschen Militärs 1945–1990. Baden-Baden 1992, S. 13ff.
4 Vgl. Gerhard Ritter, Das Problem des Militarismus in Deutschland. In: Historische Zeitschrift, 177/1954, S. 21ff.; allgemein

wichtig Volker Rolf Berghahn, Militarismus. Die Geschichte einer internationalen Debatte. Hamburg 1986; vgl. zur neuesten Erörterung dieses Problems Wolfram Wette (Hrsg.), Militarismus in Deutschland 1871 bis 1945. Zeitgenössische Analysen und Kritik. Münster 1999.

5 Friedrich Meinecke, Die deutsche Katastrophe. Betrachtungen und Erinnerungen. 5. Aufl., Wiesbaden 1955, S. 77f., 156.
6 Militärgeschichtliches Forschungsamt (Hrsg.), Verteidigung im Bündnis. Planung, Aufbau und Bewährung der Bundeswehr 1950–1972. München 1975, S. 32; vgl. Karlheinz Höfner, Die Aufrüstung Westdeutschlands. Willensbildung, Entscheidungsprozesse und Spielräume westdeutscher Politik 1945–1950. München 1990.
7 Vgl. Wolfram Wette, Das Bild der Wehrmacht-Elite nach 1945. In: Gerd R. Ueberschär (Hrsg.), Hitlers militärische Elite. Bd. 2: Vom Kriegsbeginn bis zum Weltkriegsende. Darmstadt 1998, S. 293 ff.
8 Manfred Messerschmidt, Vorwärtsverteidigung. Die »Denkschrift der Generale« für den Nürnberger Gerichtshof. In: Hannes Heer / Klaus Naumann (Hrsg.), Vernichtungskrieg. Verbrechen der Wehrmacht 1941–1945. Hamburg 1995, S. 531.
9 Vgl. Erich von Manstein, Verlorene Siege. Bonn 1955.
10 Bernd Wegner, Erschriebene Siege. Franz Halder. Die »Historical Division« und die Rekonstruktion des Zweiten Weltkrieges im Geist des deutschen Generalstabes. In: Ernst Willi Hansen u. a. (Hrsg.), Politischer Wandel, organisierte Gewalt und nationale Sicherheit. München 1995, S. 287 ff.
11 Vgl. Klaus Naumann, Nachkrieg. Vernichtungskrieg, Wehrmacht und Militär in der deutschen Wahrnehmung nach 1945. In: Mittelweg 36, 6/1997, S. 11 ff.; Christian Greiner, »Operational History (German) Section« und »Naval Historiacal Team«. Deutsches militärstrategisches Denken im Dienst der amerikanischen Streitkräfte von 1946 bis 1950. In: Militärgeschichte. Probleme – Thesen – Wege. Stuttgart 1982, S. 409 ff.
12 Vgl. Norbert Frei, Vergangenheitspolitik. Die Anfänge der Bundesrepublik und die NS-Vergangenheit. München 1996.
13 Vgl. die Edition des Dokuments von Hans-Jürgen Rautenberg / Norbert Wiggershaus, Die »Himmeroder Denkschrift« vom Oktober 1950. Politische und militärische Überlegungen für einen Beitrag der Bundesrepublik Deutschland zur westeuropäischen Verteidigung. Karlsruhe 1977; ergänzend dazu das Doku-

ment: Aufbau eines deutschen Marinekontingents im Rahmen deutscher Mitwirkung an der Verteidigung Westeuropas. März 1951, als Anhang zu Heinrich Gerlach, Aus den Anfängen der Bundesmarine. Vortrag, 21. Januar 1971 (Archiv Führungsakademie, Hamburg).
14 Vgl. Himmeroder Denkschrift. S. 40; allgemein Martin Kutz, Realitätsflucht und Aggression im deutschen Militär. Baden-Baden 1990; Jehuda Wallach, Das Dogma der Vernichtungsschlacht. Die Lehren von Clausewitz und Schlieffen und ihre Wirkungen in zwei Weltkriegen. Frankfurt/M. 1967; für die atomare Ausrichtung vgl. Detlef Bald, Hiroshima 6. August 1945. Die atomare Bedrohung. München 1999, S. 129 ff.
15 Vgl. Heinz Brill / Bogislaw von Bonin, Im Spannungsfeld zwischen Wiederbewaffnung – Westintegration – Widervereinigung. Ein Beitrag zur Entstehungsgeschichte der Bundeswehr 1952 bis 1955. Baden-Baden 1987; Detlef Bald, Erfahrungen des Weltkrieges und Ansätze zu einem alternativen Verteidigungskonzept in den fünfziger Jahren: die Miliz. In: Detlef Bald (Hrsg.), Miliz als Vorbild? Baden-Baden 1987, S. 71 ff.
16 Vgl. Norbert Wiggershaus, Die Entscheidung für einen westdeutschen Verteidigungsbeitrag 1950. In: Anfänge westdeutscher Sicherheitspolitik 1945–1956. Hrsg. von Militärgeschichtliches Forschungsamt. Bd. 1. München 1982, S. 363 ff.
17 Himmeroder Denkschrift, S. 36, 38, 53.
18 Zum Wirken von Baudissin vgl. Hilmar Linnenkamp / Dieter S. Lutz (Hrsg.), Innere Führung. Zum Gedenken an Wolf Graf von Baudissin. Baden-Baden 1995; Dieter S. Lutz, Im Dienst von Frieden und Sicherheit. Festschrift für Wolf Graf von Baudissin. Baden-Baden 1985.
19 Zitat bei Detlef Bald, Wolf Graf von Baudissin – Die Zivilisierung des Militärs. In: Claudia Fröhlich / Michael Kohlstruck (Hrsg.), Engagierte Demokraten. Vergangenheitspolitik in kritischer Absicht. Münster 1999, S. 84.
20 Gespräch mit Wolf Graf von Baudissin. In: Axel Eggebrecht (Hrsg.), Die zornigen alten Männer. Gedanken über Deutschland seit 1945. Reinbek 1979, S. 208.
21 Vgl. Hans-Ulrich Wehler, Deutsche Gesellschaftsgeschichte. Bd. 1: Vom Feudalismus des Alten Reiches bis zur Defensiven Modernisierung der Reformära 1700–1815. München 1987, S. 397 ff.
22 Vgl. Reinhard Höhn, Scharnhorsts Vermächtnis. Frankfurt/M. 1972, S. 54 ff.

23 Wolf Graf von Baudissin, Diskussionsbeitrag. In: ders., Soldat für den Frieden. Entwürfe für eine zeitgemäße Bundeswehr. Hrsg. von Peter von Schubert. München 1969, S. 24.
24 Gespräch, S. 208.
25 Abschiedsvorlesung von Baudissin, Universität Hamburg, 18. Juni 1986. In: Wolf Graf von Baudissin, Dagmar Gräfin Baudissin, ... als wären wir nie getrennt gewesen. Briefe 1941–1947. Hrsg. von Elfriede Knoke. Bonn 2001, S. 267.
26 Vgl. Klaus von Schubert (Hrsg.), Sicherheitspolitik der Bundesrepublik Deutschland. Dokumentation 1945–1977. 2 Teile. Bonn 1977, 1978.
27 Himmeroder Denkschrift, S. 53.
28 Wolf Graf von Baudissin, Staatsbürgerliche Bildung und Erziehung zur politischen Verantwortung. In: ders., Soldat, S. 258.
29 Baudissin, Diskussionsbeitrag, S. 24.
30 Zitate bei Claus Frhr. v. Rosen, Das Ausbildungsmodell der Gruppe »Inneres Gefüge« im Amt Blank. Reformplanungen für die Bundeswehr. In: Detlef Bald (Hrsg.), Militärische Verantwortung in Staat und Gesellschaft. 175 Jahre Generalstabsausbildung in Deutschland. Koblenz 1985, S. 131 ff.
31 Der von Baudissin verfaßte Text in: Handbuch Innere Führung. Hilfen zur Klärung der Begriffe. Bonn 1957, S. 60 ff.
32 Rosen, Ausbildungsmodell, S. 139; Publikation im Handbuch Innere Führung. Vgl. Bundesministerium für Verteidigung (Hrsg.), Schicksalsfragen der Gegenwart. Handbuch politisch-historischer Bildung. Bde. 1–6. Tübingen 1957 ff.
33 Gerhard Graf von Schwerin an Konrad Adenauer, Okt. 1950, abgedruckt in: Himmeroder Denkschrift. S. 60.
34 Schubert, Sicherheitspolitik. Teil 2, S. 366.
35 Zitate bei Detlef Bald, Militär und Gesellschaft 1945–1990. Die Bundeswehr der Bonner Republik. Baden-Baden 1994, S. 34.
36 Vgl. Detlef Bald, Der deutsche Generalstab. Reform und Restauration in Ausbildung und Bildung 1859–1939. Bonn 1978, S. 87 ff.
37 Franz Josef Strauß, Die Erinnerungen. Berlin 1989, S. 286.
38 Vgl. Dieter Krüger, Das Amt Blank. Die schwierige Gründung des Bundesministeriums für Verteidigung. Freiburg 1993, S. 149 ff.
39 Eine Auswertung der Dokumente zur Rekrutierungspolitik und diese Zitate bei Detlef Bald, Alte Kameraden. Offizierskader der Bundeswehr. In: Ursula Breymayer u. a. (Hrsg.), Willensmenschen. Über deutsche Offiziere. Frankfurt/M. 1999, S. 50 ff.

40 Vgl. Karl Demeter, Das Deutsche Offizierkorps in Gesellschaft und Staat 1645–1945. 2. Aufl. Frankfurt/M. 1962; Nikolaus von Preradovich, Die militärische und soziale Herkunft der hohen Generalität des deutschen Heeres am 1. Mai 1944. Osnabrück 1978.

41 In: Manfred Messerschmidt (Hrsg.), Offiziere im Bild von Dokumenten aus drei Jahrhunderten. Stuttgart 1964, S. 192 ff.

42 Die historischen Linien aufgezeigt bei Detlef Bald, Der deutsche Offizier. Sozial- und Bildungsgeschichte des deutschen Offizierkorps im 20. Jahrhundert. München 1982.

43 Hans-Jürgen Rautenberg, Planungen zur Offizierausbildung künftiger Streitkräfte von 1950 bis 1954. In: Hans H. Hoffmann (Hrsg.), Das deutsche Offizierkorps 1860–1960. Boppard 1980, S. 387.

44 Vgl. Wolfgang R. Vogt, Militär und Demokratie. Funktionen und Konflikte der Institution des Wehrbeauftragten. Hamburg 1972; F. A. Klausenitzer, Die Diskussion um die Innere Führung. Zum Verhältnis von Bundeswehr und Öffentlichkeit. In: Georg Picht (Hrsg.), Studien zur politischen und gesellschaftlichen Situation der Bundeswehr. Teil 2. Witten 1966, S. 166.

45 Vgl. Wido Mosen, Bundeswehr. Elite der Nation? Determinanten und Funktionen elitärer Selbsteinschätzungen von Bundeswehrsoldaten. Neuwied 1970.

46 Zu dieser weitgehend vergessenen Reform-Initiative von Heusinger vgl. Detlef Bald u. a. (Hrsg.), Tradition und Reform im militärischen Bildungswesen. Von der Allgemeinen Kriegsschule zur Führungsakademie der Bundeswehr. Eine Dokumentation 1815–1985. Baden-Baden 1985, S. 214 ff.

47 Hellmuth Heye, In Sorge um die Bundeswehr. München 1964, S. 59.

48 Vgl. Bald, Hiroshima (wie Anm. 14), S. 118 ff., 134 ff.

49 Vgl. Gerd Schmückle, Kommiß a. D. Stuttgart 1971, Einleitung.

50 Heinz Karst, Das Bild vom Soldaten. Versuch eines Umrisses. Boppard 1967, S. 50.

51 Vgl. Detlef Bald, Bundeswehr und gesellschaftlicher Aufbruch. Der Widerstand des Militärs in Unna gegen die Demokratisierung. In: Westfälische Forschungen. Bd. 48. 1998, S. 297 ff.

52 Die Schnez-Studie. Gedanken zur Verbesserung der inneren Ordnung im Heer. In: Schubert, Sicherheitspolitik (wie Anm. 26). 1978, S. 429 ff.

53 Zitat einer Befragung als Zeitzeugen bei Klaus Reinhardt, Generalstabsausbildung in der Bundeswehr. Bonn, Herford 1977.

54 Bernd C. Hesslein (Hrsg.), Die unbewältigte Vergangenheit der Bundeswehr. Fünf Offiziere zur Krise der Inneren Führung. Reinbek 1977, S. 24.
55 Vgl. Wilfried von Bredow, Die unbewältigte Bundeswehr. Zur Perfektionierung eines Anachronismus. Frankfurt/M. 1973.
56 Vgl. Rudolf Hamann, Armee im Abseits. Hamburg 1972; Ralf Zoll (Hrsg.), Wie integriert ist die Bundeswehr? München 1979.
57 Bundesminister der Verteidigung (Hrsg.), Weißbuch 1970. Zur Sicherheit der Bundesrepublik Deutschland und zur Lage der Bundeswehr. Bonn 1970, S. 121.
58 Die letzte Textversion lautet »Niederschrift der Ergebnisse einer Arbeitstagung von Hauptleuten (Kompaniechefs) im Dezember 1970«. In: Klaus Heßler, Militär, Gehorsam, Meinung. Berlin 1971, S. 115 ff.; leichter zugänglich in: Schubert, Sicherheitspolitik. 1978, S. 447 ff.
59 Generalmajor von Reichert. In: Wehrkunde, 8/1973, S. 398.
60 Jürgen Habermas, Stichworte zur »Geistigen Situation der Zeit«. Bd. 1. Einleitung. Frankfurt/M. 1979, S. 18.
61 Gespräch mit Baudissin. In: Eggebrecht, Männer, S. 216.
62 Es erscheint typisch, daß die rechtskonservative Zeitschrift »Criticon« sehr früh die Plattform für die Kampagne abgab. Vgl. Ralph Giordano, Die Traditionslüge. Vom Kriegerkult in der Bundeswehr. Köln 2000.
63 Dieter Stockfisch, Das Ethos des Soldaten heute. In: Truppenpraxis, 5/1983, S. 329.
64 Gerhard Hubatschek, Wertewandel in der Bundeswehr. In: Die Welt, 11. November 1982, S. 7.
65 Klaus Hammel, Sinnfragen des Soldatenberufs. In: Vierteljahresschrift für Sicherheit und Frieden, 3. Jg., 1/1985, S. 14 f.
66 Vgl. Detlef Bald, Neotraditionalismus und Extremismus. Eine Gefährdung für die Bundeswehr. In: Reinhard Mutz u. a. (Hrsg.), Friedensgutachten 1998. Münster 1998, S. 277 ff.
67 Wolfgang R. Vogt (Hrsg.), Militär als Gegenkultur? Streitkräfte im Wandel. Opladen 1986, Einleitung, S. 11 ff.; vgl. Jakob Knab, Falsche Glorie. Das Traditionsverständnis der Bundeswehr. Berlin 1995.
68 Die Schnez-Studie. In: Schubert, Sicherheitspolitik, 1978.
69 Hubatschek, Wertewandel (wie Anm. 64).
70 Kurt Kister, Innere Führung ohne Überzeugung. In: Franz H. U. Borkenhagen (Hrsg.): Bundeswehr. Demokratie in oliv? Streitkräfte im Wandel. Berlin 1986, S. 162 f.

71 Vgl. Messerschmidt, Geschichte (wie Anm. 3), S. 13 ff.
72 Vgl. Borkenhagen, Bundeswehr (wie Anm. 70), S. 181 ff.
73 Adalbert von der Recke, Last und Chance unserer Geschichte. In: Evangelisches Kirchenamt der Bundeswehr (Hrsg.), De officio. Zu den ethischen Herausforderungen des Offizierberufes. Hannover 1985, S. 249 f.
74 General Carstens, Vortrag auf der Kommandeurtagung des Heeres. Bonn 1985, S. 6.
75 Dokumentiert in dem Themenheft »Kriegsbild und Soldatenberuf«. In: Vierteljahresschrift für Sicherheit und Frieden, 5. Jg., 2/1987.
76 Andreas Broicher, »Nebenkriegsschauplatz« – Vom Nutzen der Kriegsgeschichte für die Aus- und Weiterbildung des Offiziers. In: Truppenpraxis, 3/1991, S. 296; ebenso Johann Adolf Graf v. Kielmansegg, Der Krieg ist der Ernstfall. In: Truppenpraxis, 3/1991, S. 304 ff.
77 Jürgen Reichardt, Der Maßstab bleibt das Gefecht. Traditionen und der Wandel soldatischer Aufgaben. In: FAZ, 21. Oktober 1999, S. 14.
78 Erich Vad, Kein Beruf wie jeder andere. In: Schwarzes Barett, 10/1993, S. 13.
79 Christian Millotat, Das preußisch-deutsche Generalstabssystem – Wurzel, Entwicklung, Fortwirken. Köln o. Jg. (1997).
80 Ebenda, S. 59.
81 Ebenda, S. 67.
82 Ebenda, S. 60.
83 Christian Millotat, Gedanken zur Erziehung und Führung eines Offizierkorps. Das von der Führung der Bundeswehr gewünschte Bild vom Offizier. In: Truppenpraxis, 6/1986, S. 575.
84 Vgl. Detlef Bald, Paradigmenwechsel der Militärpolitik. In: Mittelweg 36, 8. Jg., 5/1999, S. 23 ff.
85 Vgl. die Kritik aus militärischen Akademien und dem »Zentrum Innere Führung«: Jürgen Groß, Probleme und Perspektiven militärischer Macht. Baden-Baden 2001, S. 136 ff, 162 ff.; Andreas Prüfert (Hrsg.), Innere Führung im Wandel. Zur Debatte um die Führungsphilosophie der Bundeswehr. Baden-Baden 1998; Detlef Bald, »Innere Führung« nach dem Jahr 2000. Normative Impulse für den Umbau der Bundeswehr. In: Hans-Georg Ehrhart (Hrsg.), Militär und Gesellschaft im Kontext europäischer Sicherheit. Wie modern ist das Denken Graf Baudissins im 21. Jahrhundert? Baden-Baden 2001, S. 43 ff.; Oskar Hoffmann / Andreas

Prüfert (Hrsg.), Innere Führung 2000. Die deutsche Führungskonzeption für eine Bundeswehr auf dem Wege ins 21. Jahrhundert. Baden-Baden 2001; Rudolf Hamann, Abschied vom Staatsbürger in Uniform. In: Führungsakademie der Bundeswehr (Hrsg.), Beiträge zur Weiterentwicklung der Lehre, Heft 3, Hamburg 2000; Eckardt Opitz (Hrsg.), 50 Jahre Innere Führung. Von Himmerod (Eifel) nach Pristina (Kosovo). Bremen 2001.
86 Elmar Wiesendahl, Rechtsextremismus in der Bundeswehr. In: Vierteljahresschrift für Sicherheit und Frieden, 16. Jg., 4/1998, S. 239 ff.
87 Willfried Penner, Innere Führung im 21. Jahrhundert. Herausforderungen und Perspektiven. In: Ehrhart (Hrsg.), Militär und Gesellschaft (wie Anm. 85), S. 32.
88 Richard von Weizsäcker, Gemeinsame Sicherheit und Zukunft der Bundeswehr. Bericht der Kommission an die Bundesregierung. Berlin 2000; vgl. die Beiträge in Wissenschft und Frieden, 18. Jg., 2000, und Blätter für deutsche und internationale Politik, 25. Jg., 2000.
89 Die Zeit, 19. Dezember 1997.

Wolfram Wette
Die Bundeswehr im Banne des Vorbildes Wehrmacht

1 Ulrich de Maizière, Neuschöpfung mit Tradition. In: Die politische Meinung. Monatsschrift zu Fragen der Zeit. Hrsg. von Bernhard Vogel. 43. Jg., 341/1998, Nr. 341, S. 11–19.
2 Vgl. zum Folgenden: Wolfram Wette, Bilder der Wehrmacht in der Bundeswehr. In: Blätter für deutsche und internationale Politik, 2/1998, S. 186–196, sowie ders., Das Bild der Wehrmacht-Elite nach 1945. In: Gerd R. Ueberschär (Hrsg.), Hitlers militärische Elite. Bd. 2: Vom Kriegsbeginn bis zum Weltkriegsende. Darmstadt 1998, S. 293–308.
3 Zum Inhalt und zur Bedeutung der Himmeroder Denkschrift vgl. die Ausführungen von Detlef Bald in diesem Band.
4 Norbert Frei, Vergangenheitspolitik. Die Anfänge der Bundesrepublik und die NS-Vergangenheit. München 1996.
5 Zit. bei de Maizière, Neuschöpfung (wie Anm. 1), S. 17.
6 Diese Zahlen nennt de Maizière, Neuschöpfung (wie Anm. 1).
7 Eine minutiöse, aber unkritische und unsystematische Schilderung der Geschichte dieser Planungen bietet Georg Meyer, Zur

Entwicklung der Bundeswehr bis 1960/61. In: Anfänge westdeutscher Sicherheitspolitik. Bd. 3: Die NATO-Option. Von Hans Ehlert, Christian Greiner, Georg Meyer und Bruno Thoß. München 1993, S. 851–1132, zum Personalgutachterausschuß: S. 1034 ff.

8 Siehe Richtlinien für die Prüfung der persönlichen Eignung der Soldaten vom Oberstleutnant – einschließlich – an abwärts, beschlossen vom Personalgutachterausschuß für die Streitkräfte am 13. Oktober 1955, Abschnitt III: Sonderfälle. In: Bundesarchiv-Militärarchiv Freiburg i. Br. (BA-MA) BW 27/32, Bl. 108. Danach durften ehemalige Angehörige des NKFD nur nach einer persönlichen Entscheidung des Ministers eingestellt werden.

9 So der Vorsitzende des Personalgutachterausschusses, Staatssekretär a. D. Rombach (CDU) in einer Pressekonferenz. Siehe den Bericht der Frankfurter Neuen Presse, 15. Okt. 1955. BA-MA BW 27/50 a, Bl. 99.

10 Verfügung II/1 Gr. 1 vom 4. Aug. 1955 gez. i. V. Karst. In: BA-MA Personalgutachterausschuß für die Streitkräfte BW 27/32, Bl. 2–6.

11 Kommentar »Tugend«. In: Frankfurter Rundschau, 18. Okt. 1955. BA-MA BW 27/49 b, Bl. 137.

12 Bericht »Der Aufbau einer westdeutschen Armee«. In: Neue Zürcher Zeitung, Nr. 284, 16. Okt. 1955. BA-MA BW 27/50 a, Bl. 119.

13 Kommentar »Der Charakter des Soldaten«. In: Christ und Welt, 20. Okt. 1955. BA-MA BW 27/49 b, Bl. 151.

14 Zitate aus dem Tätigkeitsbericht des Personalgutachterausschusses. In: BA-MA BW 27/17.

15 Abschlußbericht des Personalgutachterausschusses vom 6. Dezember 1957. BA-MA BW 27/13, Bl. 13. Personalgutachterausschuß für die Streitkräfte, Findbuch, Vorbemerkung von Herget, S. XXIV f.

16 Im Abschlußbericht heißt es: »… glaubt der Personalgutachterausschuß feststellen zu können, daß die von ihm gebilligten militärischen Führer den Anforderungen der Richtlinien entsprechen; jedenfalls wurden alle zweckdienlichen Möglichkeiten einer Prüfung ausgenutzt, um dieses Ziel zu erreichen«. Zitat aus dem Tätigkeitsbericht des Personalausschusses für die Streitkräfte vom 6. Dezember 1957 (= Deutscher Bundestag, 3. Wahlperiode, Drucksache 109). In: BA-MA BW 27/17, Bl. 7–16, hier: S. 16.

17 Formulierung von Georg Meyer, Militärische Führungsschichten im Wandel. In: Labskaus Nr. 4, hrsg. von der Landeszentrale für politische Bildung Schleswig-Holstein. Kiel 1995, S. 23–30, hier: S. 24.
18 BA-MA BW 27/11.
19 Zit. nach Lorenz Knorr, Beleidigte Generäle. In: Ossietzky. Zweiwochenschrift für Politik, Kultur, Wirtschaft, Nr. 23, 28. Nov. 1998, S. 748–752, hier: S. 750. Ebenso in dem Buch desselben Autors: Rechtsextremismus in der Bundeswehr. Deutsches Militär von Massenmördern geprägt? Frankfurt/M. 1998, S. 113.
20 Sammlung wehrrechtlicher Gutachten und Vorschriften, Heft 19. Bearbeitet von Rudolf Absolon. Bundesarchiv – Zentralnachweisstelle Aachen-Kornelimünster – 1981, Ziffer 22: Zur Frage der Personalakten- usw. Führung für die Offiziere im früheren OKH/Heerespersonalamt, insbesondere ab Dezember 1944, S. 60–62, hier: S. 62.
21 Alfred Streim, Saubere Wehrmacht? Die Verfolgung von Kriegs- und NS-Verbrechen in der Bundesrepublik und in der DDR. In: Hannes Heer / Klaus Naumann (Hrsg.), Vernichtungskrieg. Verbrechen der Wehrmacht 1941–1944. Hamburg 1995, S. 569 bis 597, hier: S. 578.
22 Zit. nach Ulrich Herbert, Best. Biographische Studien über Radikalismus, Weltanschauung und Vernunft. Bonn, Berlin 1996, S. 497.
23 Näheres bei Herbert, Best (wie Anm. 22), S. 495ff., 507ff..
24 Vgl. die DDR-Publikation: Braunbuch. Kriegs- und Naziverbrecher in der Bundesrepublik. Staat, Wirtschaft, Armee, Verwaltung, Justiz, Wissenschaft. Hrsg. vom Nationalrat der Nationalen Front des Demokratischen Deutschland, Dokumentationszentrum der staatlichen Archivverwaltung der DDR. 2. Aufl., Berlin 1965. Zur »Bonner Armee«: S. 189–232.
25 Vgl. Ulrich Herbert, Die deutsche Militärverwaltung in Paris und die Deportation der französischen Juden. In: ders. (Hrsg.), Nationalsozialistische Vernichtungspolitik 1939–1945. Neue Forschungen und Kontroversen. Frankfurt/M. 1998, S. 170–208.
26 Elmar Krautkrämer, Generalleutnant Dr. phil. Hans Speidel. In: Gerd R. Ueberschär (Hrsg.), Hitlers militärische Elite. Bd. 2: Vom Kriegsbeginn bis zum Weltkriegsende. Darmstadt 1998, S. 245–255, hier: S. 252.
27 Christian Zentner / Friedemann Bedürftig (Hrsg.), Das große Lexikon des Dritten Reiches. München 1985, S. 251.

28 Erklärung des Generalleutnants Adolf Heusinger vom 1. Dez. 1945 in: Internationales Militärtribunal Nürnberg (IMT), Bd. 4, S. 525–527, Dokument 3717-PS.
29 Siehe dazu Knorr, Rechtsextremismus (wie Anm. 19), S. 57–79.
30 Belege in der Presseausschnittsammlung des Personalgutachterausschusses. BA-MA BW 27/49-60.
31 Vgl. Jakob Knab, Falsche Glorie. Das Traditionsverständnis der Bundeswehr. Berlin 1995, S. 54f.
32 Liste der Namen von Bundeswehrkasernen, die aus Hitlers Traditionsoffensive stammen: ebenda, S. 57–59.
33 Kurzbiographien dieser und anderer Kasernenpatrone: ebenda, S. 72–93.
34 Formulierung von Brigadegeneral Winfried Vogel, »Nun sag, wie hältst du's mit der Tradition ...?« In: Knab, Glorie (wie Anm. 31), S. 119–130. Dokumentation des Streits um die Generaloberst-Dietl-Kaserne in Füßen: ebenda, S. 131–144. Diesen »Krieg« hat Jakob Knab schließlich gewonnen. 1995 wurden die nach Dietl und Kübler benannten Kasernen endlich umbenannt.
35 Siehe dazu die treffliche Karikatur in: Knorr, Rechtsextremismus (wie Anm. 19), S. 96.
36 Friedrich von Rabenau, Seeckt. Aus seinem Leben 1918–1936. Bd. 2. Leipzig 1940, S. 193.
37 Rede Heusingers vom 27. Sept. 1958. Zit. nach Knorr, Rechtsextremismus (wie Anm. 19), S. 61.
38 Christian Millotat, Das preußisch-deutsche Generalstabssystem. Wurzeln, Entwicklung, Fortwirken. Köln o. J. (etwa 1998), S. 60. Zur Kritik dieser Arbeit vgl. Detlef Bald, Neotraditionalismus in der Bundeswehr. In: Wissenschaft und Frieden, 16. Jg., 4/1998, S. 57–59.
39 Vgl. die Überblicksdarstellung von Donald Abenheim, Bundeswehr und Tradition. Die Suche nach dem gültigen Erbe des deutschen Soldaten. München 1989 (= Beiträge zur Militärgeschichte, hrsg. vom MGFA, Bd. XI).
40 Johann Adolf Graf Kielmansegg (Generalmajor), Der Krieg ist der Ernstfall. In: Truppenpraxis, 3/1991, S. 304–307, beklagte angesichts des zweiten Golfkrieges im Jahre 1991, daß unsere Gesellschaft ein generell gestörtes Verhältnis zum Krieg habe. Er belehrte seine Leser: »Und der Ernstfall ist eben nicht nur der Frieden, so einsichtig dies auf den ersten Blick auch scheinen mag und so gut sich damit werben läßt. Der Ernstfall ist vor allem der Krieg. Auch das Grundgesetz ist da ganz eindeutig.

Der Verfassungsauftrag der Bundeswehr heißt Verteidigung, ohne wenn und aber, nicht Frieden.« Kielmansegg unterfütterte diese Sicht der Dinge mit einer allgemeinen, sich auf die Geschichte berufenden Kriegsapologetik. Es gebe Krieg, schrieb er, »weil diese Welt ein für allemal ist, wie sie ist, gut und böse, friedfertig und gewalttätig, gerecht und ungerecht«. Das bleibe für alle Zeiten so: »Denn Krieg, Gewalt, Tod und Ungerechtigkeit können eben nicht in einer großen moralischen und politischen Anstrengung für immer aus der Welt geschafft werden.«

41 Terminus von Norbert Wiggershaus, Zur Debatte um die Tradition künftiger Streitkräfte 1950–1955/56. In: Hans-Joachim Harder / Norbert Wiggershaus, Tradition und Reform in den Aufbaujahren der Bundeswehr. Herford, Bonn 1985 (= Entwicklung deutscher militärischer Tradition. Hrsg. vom Militärgeschichtlichen Forschungsamt. Bd. 2), S. 7.

42 Neueste Auseinandersetzung mit dem Thema: Ralph Giordano, Die Traditionslüge. Vom Kriegerkult in der Bundeswehr. Köln 2000.

43 Detlef Bald zufolge wurde der Begriff von Gerd Schmückle geprägt. Siehe seinen Beitrag: Graf Baudissin und die Reform des deutschen Militärs. In: Innere Führung. Zum Gedenken an Wolf Graf von Baudissin. Baden-Baden 1995, S. 19–53, hier: S. 44, mit einer differenzierenden Beschreibung des Spektrums innerhalb der Fraktion der Traditionalisten.

44 Zur Auseinandersetzung Baudissins mit dem Problemkreis Wehrmacht und Vernichtungskrieg vgl. den Beitrag von Detlef Bald in diesem Band.

45 Vgl. ebenda.

46 Vogel, Tradition (wie Anm. 34), S. 21.

47 Vgl. Knab, Glorie (wie Anm. 31), S. 101 ff.

48 Beim Sammeln internationaler Stimmen, welche die militärische Effizienz der deutschen Wehrmacht bewunderten, tat sich besonders der Bundeswehr-General Heinz Karst hervor. Vgl. seine unten (Anm. 69 und 70) zitierten Schriften.

49 Hans-Jochim Harder, Traditionspflege in der Bundeswehr 1956–1972. In: Harder/Wiggershaus, Tradition (wie Anm. 41), S. 97–160, hier: S. 119.

50 Erlaß des Bundesministers der Verteidigung vom 1. Juli 1965 über »Bundeswehr und Tradition«. Im Wortlaut abgedruckt in: Harder/Wiggershaus, Tradition (wie Anm. 41), S. 155–160.

51 Ziffer 6 des Erlasses.
52 Ziffer 14 des Erlasses: »Zuletzt nur noch dem Gewissen verantwortlich, haben sich Soldaten im Widerstand gegen Unrecht und Verbrechen der nationalsozialistischen Gewaltherrschaft bis zur letzten Konsequenz bewährt.«
53 Bald, Graf Baudissin (wie Anm. 43), S. 43.
54 Ebenda, S. 45.
55 Das Deutsche Reich und der Zweite Weltkrieg. Bde. 1–6. Stuttgart 1979 ff.; »Unternehmen Barbarossa«. Der deutsche Überfall auf die Sowjetunion 1941. Hrsg. v. Gerd R. Ueberschär / Wolfram Wette. Paderborn 1984; Taschenbuchausgabe: Der deutsche Überfall auf die Sowjetunion. »Unternehmen Barbarossa« 1941. Hrsg. von Gerd R. Ueberschär / Wolfram Wette. Frankfurt/M. 1991; Der Zweite Weltkrieg. Analysen, Grundzüge, Forschungsbilanz. Hrsg. von Wolfgang Michalka. 2. Aufl., München, Zürich 1990; Zwei Wege nach Moskau. Vom Hitler-Stalin-Pakt zum »Unternehmen Barbarossa«. Hrsg. von Bernd Wegner. München, Zürich 1991; Stalingrad. Mythos und Wirklichkeit einer Schlacht. Hrsg. von Wolfram Wette / Gerd R. Ueberschär. Frankfurt/M. 1992, 3. Aufl. 1997; Stalingrad. Ereignis, Wirkung, Symbol. Hrsg. von Jürgen Förster. München, Zürich 1992; Der Krieg des kleinen Mannes. Eine Militärgeschichte von unten. Hrsg. von Wolfram Wette. München, Zürich 1992, 2. Aufl. 1995.
56 Aufsehen erregte sein Vortrag in der Evangelischen Akademie Hofgeismar im Mai 1979, der seinerzeit von der »Süddeutschen Zeitung« veröffentlicht wurde und ein ungewöhnlich großes Leserecho hervorrief. Siehe weiterhin: Manfred Messerschmidt, Das Verhältnis von Wehrmacht und NS-Staat und die Frage der Traditionsbildung. In: Aus Politik und Zeitgeschichte B 17/1981, S. 11–23; ders., Das Verhältnis von Wehrmacht und NS-Staat und die Frage der Traditionsbildung: In: Tradition als Last? Legitimationsprobleme der Bundeswehr. Hrsg. von Klaus-M. Kodalle. Köln 1981, S. 57–77; ders., Der Kampf der Wehrmacht im Osten als Traditionsproblem. In: Unternehmen Barbarossa. Der deutsche Überfall auf die Sowjetunion 1941. Berichte, Analysen, Dokumente. Hrsg. von Gerd R. Ueberschär u. Wolfram Wette. Paderborn 1984, Frankfurt/M. 1991 u. ö., S. 225–237; ders., Wehrmacht, Ostfeldzug und Tradition. In: Der Zweite Weltkrieg. Hrsg. v. Wolfgang Michalka. München, Zürich 1990, S. 314–328.
57 Manfred Messerschmidt, Das Verhältnis von Wehrmacht und NS-Staat und die Frage der Traditionsbildung. In: ders., Militär-

geschichtliche Aspekte des deutschen Nationalstaates. Hrsg. vom Militärgeschichtlichen Forschungsamt. Düsseldorf 1988, S. 233–255, hier: S. 243.
58 Ebenda, S. 245.
59 Ebenda, S. 248.
60 Richtlinien zum Traditionsverständnis und zur Traditionspflege der Bundeswehr vom 20. September 1982. Herausgegeben vom Bundesminister der Verteidigung, Fü S I 3 – Az 35-08-07. In der Bundeswehr bekannt gemacht in der »Information für Kommandeure Nr. 1/82«.
61 Zitat: Ziffer 6 der Richtlinien.
62 Zusammenfassend Karl Seidl, Ein Kampf um die Geschichte der deutschen Wehrmacht. Historiker des Militärgeschichtlichen Forschungsamtes in Freiburg unter Beschuß von rechts. In: Badische Zeitung Nr. 40, 16./17. Febr. 1985.
63 So zum Beispiel das Vorstandsmitglied des Verbandes deutscher Soldaten (VdS), Oberst a. D. Dr. Rolf Elble, in der Verbandszeitschrift Soldat im Volk, September 1984, S. 4f.
64 Beginnend mit dem Abdruck eines Vortrages u. d. T. »Kein gültiges Erbe« in der Süddeutschen Zeitung vom 21./22. Febr. 1981.
65 Soldat im Volk, September 1984 (wie Anm. 63), S. 4.
66 Rolf Elble, Uns reicht's jetzt. In: Soldat im Volk, Februar 1985, S. 3.
67 Anonymer Artikel: Deutsche Geschichte »amtlich« gefälscht. In: Deutsche Wochen-Zeitung, 18. Jan. 1985, S. 3.
68 Leserbrief Körber »Eine generelle Verleumdung«. In: Badische Zeitung, 8. März 1997.
69 Heinz Karst, Das Bild des Soldaten. Versuch eines Umrisses. Boppard a. Rh. 1964.
70 Brigadegeneral a. D. Heinz Karst, Kampagne gegen die Wehrmacht. Eine zweite Welle der »Entmilitarisierung«. In: Criticon 87, Januar/Februar 1985, S. 19f.
71 Gemeint ist der SPD-Politiker Hans-Jürgen Wischnewski.
72 Karst, Kampagne (wie Anm. 70), S. 20. Eine erweiterte Fassung seines Criticon-Artikels veröffentlichte Karst u. d. T. »Wider die Selbstzerstörung. Lanze für eine gerechte Geschichtsbewertung der Wehrmacht« In: Alte Kameraden. Unabhängige Zeitschrift deutscher Soldaten. Organ der Traditionsverbände und Kameradenwerke. 33. Jg., 3/1985, S. 3–5.
73 Deutschland magazin, 20. Jg., 5/1988, Titelgeschichte: Die Bundeswehr und ihr Trojanisches Pferd.

74 Vgl. das Buch des ehemaligen baden-württembergischen Ministerpräsidenten Hans Filbinger, Die geschmähte Generation. München 1987.
75 Vgl. etwa die Wehrmacht-Diskussion in »Die Zeit« vom Frühjahr 1995 und die inzwischen mehr als 100 000mal verkaufte Broschüre mit dem Titel »Gehorsam bis zum Mord? Der verschwiegene Krieg der Wehrmacht«, erschienen in der Reihe ZEIT-Punkte, 1/1995.
76 Vgl. dazu im einzelnen den Beitrag von Johannes Klotz in diesem Band.
77 Bundesministerium der Verteidigung, Fü S I 3 – Az. 50-00-00 vom 25. April 1995, betr.: Wehrmacht im Dritten Reich.
78 Ebenda, Ziffer 14.
79 Ebenda, Ziffer 16.
80 Meyers Großes Universallexikon. Bd. 18: Deutsches Wörterbuch O-Z. Mannheim, Wien, Zürich 1986, S. 2781.
81 Diese Passage aus der Rühe-Rede in München vom November 1996 zit. nach: Winfried Vogel, Die Wehrmacht ist kein Vorbild. Volker Rühes klares Wort zum Selbstverständnis der Bundeswehr. In: Die Zeit, Nr. 49, 1. Dez. 1996, S. 16.
82 Vgl. Gerd R. Ueberschär, Literaturauswahl zur Schlacht von Stalingrad. In: Wolfram Wette / Gerd R. Ueberschär (Hrsg.), Stalingrad. Mythos und Wirklichkeit einer Schlacht. Frankfurt/M. 1992, S. 304–313.
83 Andreas Hillgruber, Der Zenit des Zweiten Weltkrieges – Juli 1941. Wiesbaden 1977, argumentiert dagegen, der Krieg sei für Deutschland im Kern schon Ende 1941 verloren gewesen.
84 So beispielsweise Alan Bullock, Hitler und Stalin. Parallele Leben. Aus dem Englischen. Berlin o. J. (ca. 1993), S. 1021.
85 Zum Beispiel Gerd R. Ueberschär, Stalingrad – eine Schlacht des Zweiten Weltkrieges. In: Wette/Ueberschär, Stalingrad (wie Anm. 82), S. 21.
86 Jost Dülffer, Stalingrad 1943–1993. In: Geschichte in Köln, Nr. 34, Dez. 1993, S. 99–124, hier: S. 103.
87 Wolfram Wette, Das Massensterben als »Heldenepos«. Stalingrad in der NS-Propaganda. In: Wette/Ueberschär, Stalingrad (wie Anm. 82), S. 43–60.
88 So die ganzseitige Schlagzeile auf der Titelseite der NSDAP-Zeitung »Völkischer Beobachter« vom 4. Febr. 1943. Faksimile-Abdruck in: Wette, Massensterben (wie Anm. 82), S. 56.

89 Thomas Mann, Deutsche Hörer! Radiosendungen nach Deutschland aus den Jahren 1940 bis 1945. Frankfurt/M. 1987.
90 Theodor Plivier, Stalingrad. Mit einem Nachwort von Hans-Harald Müller. München 1986 (Urfassung von 1943/44).
91 Vgl. Michael Kumpfmüller, Die Schlacht von Stalingrad. Metamorphosen eines deutschen Mythos. München 1996, Zweiter Teil: Die Kritik des nationalsozialistischen Textes 1943 bis 1948, S. 81–135, sowie S. 157–161.
92 Kumpfmüller, Schlacht (wie Anm. 91), S. 124.
93 Vgl. dazu den Bericht: Bundeswehr. Stalingrad-Sendung. Schau gestohlen. In: Der Spiegel, Nr. 7, 13. Februar 1963, S. 33 f.
94 Aus dem Fernschreiben Foertschs an die Truppe. Zit. nach Bundeswehr (wie Anm. 93), S. 34.
95 Bundesarchiv-Militärarchiv Freiburg i. Br., RL 30/5. Zit. nach Wette/Ueberschär, Stalingrad (wie Anm. 82), S. 36.
96 Kumpfmüller, Schlacht (wie Anm. 91), S. 237 ff., bezeichnet die Maßnahmen Foertschs als Skandal; Klaus Naumann, Wenn ein Tabu bricht. Die Wehrmachts-Ausstellung in der Bundesrepublik. In: Mittelweg 36, 5. Jg., 1/1996, S. 11, nimmt diesen Skandal zum Anlaß für die Feststellung, daß sich zwischen 1963 und 1995 die Bedingungen für Kritik an der Wehrmacht grundlegend gewandelt hätten.
97 Erich von Manstein, Verlorene Siege. Frankfurt/M. 1955, diverse weitere Auflagen. Zur Person des Autors vgl. Christian Schneider, Denkmal Manstein. Psychogramm eines Befehlshabers. In: Vernichtungskrieg. Verbrechen der Wehrmacht 1941–1944. Hrsg. von Hannes Heer u. Klaus Naumann. Hamburg 1995, S. 402–426.
98 Vgl. Manfred Kehrig, Stalingrad im Spiegel der Memoiren deutscher Generale. In: Wette/Ueberschär, Stalingrad (wie Anm. 82), S. 205–213; sowie Friedrich Gerstenberger, Strategische Erinnerungen. Die Memoiren deutscher Offiziere. In: Heer/Naumann, Vernichtungskrieg (wie Anm. 97), S. 620–633.
99 Zu den genauen Titeln siehe Kumpfmüller, Schlacht (wie Anm. 91), S. 200.
100 Typisch für diese Version war das Buch des ehemaligen Wehrmacht-Propaganda-Mitarbeiters Heinz Schröter, Stalingrad. »... bis zur letzten Patrone«. Osnabrück 1953. Neuauflage Klagenfurt 1970. Wie jetzt von Gerd R. Ueberschär ermittelt werden konnte, stellte Schröter auch das folgende, seinerzeit anonym erschienene Buch zusammen: Letzte Briefe aus Stalingrad. Frankfurt/M., Heidelberg 1950, Gütersloh 1957.

101 Vgl. Michael Schornstheimer, »Harmlose Idealisten und draufgängerische Soldaten«. Militär und Krieg in den Illustriertenromanen der fünfziger Jahre. In: Heer/Naumann, Vernichtungskrieg (wie Anm. 97), 634–650; sowie ders., Die leuchtenden Augen der Frontsoldaten. Nationalsozialismus und Krieg in den Illustriertenromanen der Nachkriegszeit. Berlin 1995.
102 Vgl. dazu Hannes Heer, Die Bilderwelt der Nachkriegsjahre. In: Vernichtungskrieg. Verbrechen der Wehrmacht 1941 bis 1944. Ausstellungskatalog. Hrsg. vom Hamburger Institut für Sozialforschung. Hamburg 1996, S. 8–18.
103 Paul Heider, Das NKFD und der BDO in der Historiographie der DDR und die »Arbeitsgemeinschaft ehemaliger Offiziere«. In: Gerd R. Ueberschär (Hrsg.), Das Nationalkomitee »Freies Deutschland» und der Bund Deutscher Offiziere. Frankfurt/M. 1995, S. 161–182.
104 Ebenda, S. 248 f.
105 Vgl. Detlef Vogel, Die deutschen und österreichischen Stalingradbünde. Schritte vom Mythos zur Realität. In: Wette/Ueberschär, Stalingrad (wie Anm. 82), S. 247–253.
106 Vgl. Gerd R. Ueberschär, Die Schlacht von Stalingrad in der deutschen Historiographie. In: Wette/Ueberschär, Stalingrad (wie Anm. 82), S. 192–204.
107 Vgl. Wolfram Wette (Hrsg.), Der Krieg des kleinen Mannes. Eine Militärgeschichte von unten. München 1992, 2. Aufl. 1995.
108 Vgl. Wette/Ueberschär, Stalingrad (wie Anm. 82).
109 Wilhelm Raimund Beyer, Stalingrad. Unten, wo das Leben konkret war. Frankfurt/M. 1987; sowie Auszüge aus dieser Schrift in: Wette, Krieg (wie Anm. 107), S. 240–254.
110 Alexander Kluge, Schlachtbeschreibung. Der organisatorische Aufbau eines Unglücks. Freiburg i. Br. 1964; überarbeitete Fassung Frankfurt/M. 1968; revidierte u. erw. Fassung u. d. T.: Der Untergang der sechsten Armee. München 1969; Neuaufl. u. d. T.: Schlachtbeschreibung. München, Frankfurt/M. 1978; weitere Auflagen von 1983 bis 1988.
111 Walter Kempowski, Das Echolot. Ein kollektives Tagebuch. Januar und Februar 1943. 4 Bände. München 1993.
112 Kumpfmüller, Schlacht (wie Anm. 91), S. 262 f.; sowie Stephanie Carp, Schlachtbeschreibungen. Ein Blick auf Walter Kempowski und Alexander Kluge. In: Heer/Naumann, Vernichtungskrieg (wie Anm. 97), S. 664–679, hier: S. 677.

113 Die Ausstellung »Vernichtungskrieg. Verbrechen der Wehrmacht 1941–1944« des Hamburger Instituts für Sozialforschung beleuchtete drei Kriegsschauplätze: Serbien, Weißrußland und den Weg der 6. Armee.
114 Vgl. hierzu die aus den Quellen gearbeitete Darstellung von Bernd Boll u. Hans Safrian, Auf dem Weg nach Stalingrad. Die 6. Armee 1941/42. In: Heer/Naumann, Vernichtungskrieg (wie Anm. 97), S. 260–296, sowie das Bildmaterial zum Beitrag von Bernd Boll u. Hans Safrian, Die 6. Armee. Unterwegs nach Stalingrad. 1941 bis 1942. In: Vernichtungskrieg (Ausstellungskatalog) (wie Anm. 102), S. 62–101.
115 Boll/Safrian, Die 6. Armee. In: Vernichtungskrieg (Ausstellungskatalog) (wie Anm. 102), S. 63.
116 Joachim Hoffmann, Stalins Vernichtungskrieg 1941–1945. München 1995. Vgl. dazu meine Besprechung: Kampfschrift gegen die Wahrheit. In: Das Sonntagsblatt, Nr. 12, 22. März 1996, S. 8.
117 Vgl. die Auswertungsstudien von Klaus Naumann, Wenn ein Tabu bricht. Die Wehrmacht-Ausstellung in der Bundesrepublik, und Walter Manoschek, Die Wehrmachtausstellung in Österreich. Ein Bericht. In: Mittelweg 36, 5/1996, H. 1, S. 11–22 und S. 25–32.
118 Eine Kurzfassung dieses Beitrages wurde veröffentlicht u. d. T.: »Lieber als Helfer krepieren«. Erstmals wird eine Bundeswehrkaserne nach einem Soldaten benannt, der im Krieg Juden rettete: Anton Schmid, Feldwebel der Wehrmacht, wurde 1942 hingerichtet. In: Die Zeit, Nr. 19, 4. Mai 2000, S. 19.
119 Bericht: Bundeswehr ehrt Widerstandskämpfer. In: Frankfurter Rundschau, Nr. 70, 23. März 2000, S. 4.
120 Nach dieser AP-Meldung berichtete die Frankfurter Allgemeine Zeitung, Nr. 70, 23. März 2000, S. 4 (Kleine Meldungen).
121 Zit. nach: Reader Sicherheitspolitik. Leitgedanken für den militärischen Führer. Ergänzungslieferung 7/00. II. Grundlagen des militärischen Dienstes. 5. Tradition der Bundeswehr. Thema: Beispielgebende Vorbilder. Hrsg. vom Bundesministerium der Verteidigung.
122 Diese Informationen nach dem Bericht von Ingo Preissler: »Die Willensbildung erfolgte von oben«. Streit um die Umbenennung einer Kaserne in Rendsburg: Ein Wehrmachtgeneral soll einem Widerstandskämpfer weichen. In: Berliner Zeitung, Nr. 84, 8./9. April 2000, S. 7.
123 Fritz Stern, Am Grab des unbekannten Retters. In der Nacht der befohlenen Grausamkeit hat er Menschlichkeit bewiesen. In:

Frankfurter Allgemeine Zeitung, Nr. 114, 17. Mai 2000, S. 54. Die Rede Sterns wurde auch abgedruckt in: Aufbau (New York), No. 10, May 18, 2000, p. 7.

124 In der Enzyklopädie des Holocaust. Die Verfolgung und Ermordung der europäischen Juden. Hauptherausgeber: Israel Gutmann. Bd. III. 2. Aufl., München, Zürich 1998, S. 1284, wird dagegen 1964 als Jahr der Ehrung in Jerusalem angegeben.

125 Yad Vashem, Jerusalem, Sammlung »Gerechte der Völker«, Dossier M 31/55: Anton Schmid, dort auch die Verleihungsurkunde vom 1. Febr. 1967, Bl. 34, in französischer und hebräischer Sprache.

126 Gemeint sind Judenmassaker.

127 Siehe: Enzyklopädie des Holocaust, Bd. III (wie Anm. 124), S. 1284, mit folgendem Literaturhinweis: Yitzhak Arad: Ghetto in Flames. The Struggle and Destruction of the Jews in Wilna in the Holocaust. Jerusalem 1980.

128 Simon Wiesenthal, Doch die Mörder leben. Hrsg. u. eingel. von Joseph Wechsberg. München, Zürich 1967, Kapitel 17: »Einer der sechsunddreißig Gerechten«, S. 328–331, hier: S. 328.

129 Ebenda.

130 Hermann Adler, Ostra Brama. Legende aus der Zeit des großen Untergangs. Zürich 1945, Achter Teil: »Die sichere Hand des Freundes«, S. 111.

131 Armeebefehl des Oberbefehlshabers der 6. Armee, Generalfeldmarschall von Reichenau, vom 10. Oktober 1941 betr. »Verhalten der Truppe im Ostraum«. In: Der deutsche Überfall auf die Sowjetunion. »Unternehmen Barbarossa« 1941. Hrsg. von Gerd R. Ueberschär u. Wolfram Wette. Frankfurt/M. 1991, S. 285f., hier: S. 284.

132 Zu den Judenmorden in Litauen vgl. Christoph Dieckmann, Der Krieg und die Ermordung der litauischen Juden. In: Nationalsozialistische Vernichtungspolitik 1939–1945. Neue Forschungen und Kontroversen. Hrsg. von Ulrich Herbert. Frankfurt/M. 1998, S. 292–329.

133 Michael MacQueen, Polen, Litauer, Juden und Deutsche in Wilna 1939–1944. In: Judenmord in Litauen. Studien und Dokumente. Hrsg. von Wolfgang Benz u. Marion Neiss. Berlin 1999, S. 51–68, hier: S. 62.

134 Benz/Neiss, Judenmord (wie Anm. 133), Zeittafel, S. 178.

135 Zahlen nach Arno Lustiger, Feldwebel Anton Schmid. Um den Preis des Lebens: Die Rettung von Juden aus Wilna und die Hilfe

beim jüdischen Widerstand. In: Frankfurter Allgemeine Zeitung, Nr. 128, 3. Juni 2000, S. III.
136 Jäger-Bericht vom 1. Dez. 1941 als Faksimile in: NS-Prozesse. Nach 25 Jahren Strafverfolgung: Möglichkeiten – Grenzen – Ergebnisse. Hrsg. von Adalbert Rückerl. Karlsruhe 1972, Anhang; sowie in transskribierter Fassung in: »Schöne Zeiten«, Judenmord aus der Sicht der Täter und Gaffer. Hrsg. v. Ernst Klee, Willi Dreßen, Volker Rieß. Frankfurt/M. 1988. S. 52–62. Siehe auch: MacQueen, Polen, S. 62.
137 Arad, Ghetto (wie Anm. 127), S. 216f.
138 Jósef Mackiewicz, Der Stützpunkt Ponary. Erzählung [zuerst veröffentlicht 1945]. In: Benz/Neiss, Judenmord (wie Anm. 133), S. 165–175, hier: S. 167.
139 Adler, Ostra Brama (wie Anm. 130), S. 109–116, hier: S. 111.
140 Diese Information wurde entnommen der Vita von Anton Schmid in: Österreichisches Biographisches Lexikon 1815–1950. Hrsg. von der Österreichischen Akademie der Wissenschaften. Bd. X, Wien 1994, S. 234f.
141 Ebenda.
142 Diese Angaben entnahm ich einem Kurzgutachten von Major Dr. Vogel (MGFA Potsdam), Kurzgutachten zur Gesamtpersönlichkeit von Feldwebel (Wehrmacht) Anton Schmid. Ein Exemplar befindet sich im Besitz d. Verf.
143 Österreichisches Biographisches Lexikon. Bd. X (wie Anm. 140), S. 244.
144 Lustiger, Schmid (wie Anm. 135), Sp. 6. In dem Artikel über Anton Schmid (1900–1942) in: Enzyklopädie des Holocaust (wie Anm. 124), S. 1284, heißt es dagegen, die Umstände seiner Verhaftung seien noch immer unklar.
145 Kurzgutachten des Majors Dr. Vogel, MGFA.
146 So Vogel, offenbar aufgrund von Informationen des Bundesarchivs, Zentralnachweißtelle Aachen-Kornelimüster.
147 Friedrich Vogl, Widerstand im Waffenrock. Österreichische Freiheitskämpfer in der Deutschen Wehrmacht 1938–1945. Wien 1977 (Hrsg. vom Ludwig Boltzmann Institut für Geschichte der Arbeiterbewegung), S. 150.
148 Brief des katholischen Kriegspfarrers Fritz Kropp an Schmids Ehefrau Stephanie. In: Vogl, Widerstand (wie Anm. 147), S. 151.
149 Veröffentlicht in: Encyclopedia of the Holocaust. Editor in Chief: Israel Gutman. Volume 4. New York, London 1990, S. 1333; sowie in: Vogl, Widerstand (wie Anm. 147), S. 233.

150 Wiesenthal, Mörder (wie Anm. 128), Kapitel 17: »Einer der sechsunddreißig Gerechten«, S. 328–331, hier: S. 328.
151 Ebenda, S. 329.
152 Als Zwangsarbeiter.
153 Wiesenthal, Mörder (wie Anm. 128), S. 329 f.
154 Zit. nach Vogl, Widerstand (wie Anm. 147), S. 150 f.
155 Wiesenthal, Mörder (wie Anm. 128), S. 330 f.
156 Auch Ralph Giordano, Die Traditionslüge. Vom Kriegerkult in der Bundeswehr. Köln 2000, teilt diese Einschätzung: »Das Ende der Traditionslüge ist eingeläutet.« (S. 435 ff.)

Johannes Klotz
Die Ausstellung »Vernichtungskrieg

1 Vgl. Ahlrich Meyer, Die deutsche Besatzung in Frankreich 1940 bis 1944. Widerstandsbekämpfung und Judenverfolgung. Darmstadt 2000; Karl-Heinz Janssen, »Vorwärts mit Gott für Deutschland!« In: »Gehorsam bis zum Mord?« ZEIT-Punkte, 3/1995, S. 7–12; Hannes Heer / Klaus Naumann (Hrsg.), Vernichtungskrieg. Verbrechen der Wehrmacht 1941 bis 1944. Hamburg 1995.
2 Otto Bräutigam, Diplomat alter Schule, Leiter der Grundsatzabteilung im Ostministerium, nach dem Krieg im Bonner Auswärtigen Amt, faßte 1942 in einer Denkschrift zusammen, worum es im Krieg gegen die Sowjetunion ging: »Im Osten wird von Deutschland ein dreifacher Krieg geführt: Ein Krieg zur Vernichtung des Bolschewismus, ein Krieg zur Zertrümmerung des Großrussischen Reiches und endlich ein Krieg zum Erwerb von Kolonialland zu Siedlungszwecken und zur wirtschaftlichen Ausbeutung.« Zit. nach Rolf-Dieter Müller, Das Reich der Herrenmenschen. In: ZEIT-Punkte, 3/1995, S. 20 f.
3 Zit. nach Müller, Reich (wie Anm. 2), S. 22.
4 Vgl. neuerdings: Der Nürnberger Lernprozeß. Von Kriegsverbrechern und Starreportern. Zusammengestellt und eingeleitet von Steffen Radlmaier. Frankfurt/M. 2001.
5 Jan Philipp Reemtsma, Eröffnungsrede. Zit. nach Klaus Naumann, Wenn ein Tabu bricht. In: Mittelweg 36, Februar/März 1996, S. 16.
6 Vgl. dagegen Klaus Naumann, Was bleibt von der Wehrgemeinschaft? Ein doppelter Blick auf die »Wehrmacht-Ausstellung«. In: Blätter für deutsche und internationale Politik, 12/1997,

S. 1489. Er unterschätzt die geschichtspolitische Bedeutung der Ausstellung.
7 Der Begriff ›Geschichtspolitik‹ thematisiert die politische Dimension der Geschichte. Vgl. zu den Kriterien im einzelnen: Edgar Wolfrum, Geschichtspolitik in der Bundesrepublik Deutschland. Der Weg zur bundesrepublikanischen Erinnerung 1948 bis 1990. Darmstadt 1999, S. 25.
8 Vgl. hier das Kapitel 10, »Historische Wahrheit«, S. 163 ff.
9 Jan Philipp Reemtsma, Was ist so interessant an der historischen Wahrheit? Überlegungen anläßlich der Debatte um die Ausstellung »Vernichtungskrieg. Verbrechen der Wehrmacht 1941 bis 1944«. In: ders., »Wie hätte ich mich verhalten?« und andere nicht nur deutsche Fragen. München 2001, S. 69.
10 Hamburger Institut für Sozialforschung (Hrsg.): Eine Ausstellung und ihre Folgen. Zur Rezeption der Ausstellung »Vernichtungskrieg. Verbrechen der Wehrmacht 1941 bis 1944«. Hamburg 1999, S. 7.
11 Ebenda, S. 9.
12 Radlmaier, Nürnberger Lernprozeß (wie Anm. 4), S. 45.
13 Der Nürnberger Militärgerichtshof verkündete u. a.: »Die Anklagevertretung hat auch verlangt, daß der Generalstab und das Oberkommando der deutschen Wehrmacht als verbrecherische Organisation erklärt werden. Der Gerichtshof ist der Anschauung, daß im Falle des Generalstabs und Oberkommandos keine Erklärung, daß diese eine verbrecherische Organisation seien, abgegeben werden solle. Ist auch die Anzahl der beschuldigten Personen größer als im Falle der Reichsregierung, so ist sie doch so klein, daß Einzelprozesse gegen diese Offiziere den hier verfolgten Zweck besser erreichen würden als die verlangte Erklärung. Aber noch ein zwingenderer Grund ist nach Meinung des Gerichtshofs darin zu sehen, daß der Generalstab und das Oberkommando weder eine ›Organisation‹ noch eine ›Gruppe‹ im Sinne des Artikel 9 des Statuts gebrauchten Bezeichnungen sind.« Die Begründung hatte nicht den Sinn, die Verbrechen der Wehrmacht zu relativieren. Vielmehr führten die Richter praktische und formaljuristische Gründe an. Schließlich formulierte der Gerichtshof: »Die Wahrheit ist, daß sie (viele dieser Männer, die der »Sammlung von Offizieren« in Generalstab und Oberkommando angehörten – J. K.) an all diesen Verbrechen rege teilgenommen haben oder in schweigender Zustimmung verharrten, wenn vor ihren Augen größer angelegte und empörende Verbrechen began-

gen wurden, als die Welt je zu sehen das Unglück hatte. Dies mußte gesagt werden. Wo es der Sachverhalt rechtdfertigt, sollen diese Leute vor Gericht gestellt werden, damit jene unter ihnen, die dieser Verbrechen schuldig sind, ihrer Bestrafung nicht entgehen.« Das Urteil von Nürnberg 1946. München 1996, S. 168.
14 Hamburger Institut für Sozialforschung (Hrsg.). Vernichtungskrieg. Verbrechen der Wehrmacht 1941 bis 1944. Ausstellungskatalog. 2. Aufl., Hamburg 1996, S. 9.
15 Generalfeldmarschall Manstein gab seiner Autobiographie den Titel »Verlorene Siege«.
16 Ebenda.
17 Vgl. den Bericht der Kommission zur Überprüfung der Ausstellung »Vernichtungskrieg. Verbrechen der Wehrmacht 1941 bis 1944«. November 2000.
18 »Gehorsam bis zum Mord?« Der verschwiegene Krieg der deutschen Wehrmacht – Fakten, Analysen, Debatte. In: ZEIT-Punkte, 3/1995.
19 Rüdiger Proske, Wider den Mißbrauch der Geschichte deutscher Soldaten zu politischen Zwecken. Eine Streitschrift; inzwischen 7. Aufl. Mainz 1996.
20 Ebenda, S. 5.
21 Beispielsweise spricht Wolfgang Schäuble von »Rückbesinnung auf unsere nationale Identität« und vom »Gedanken der Nation als Schutzgemeinschaft« gegen Individualisierung und soziale Vereinzelung. Vgl. Wolfgang Schäuble, Und der Zukunft zugewandt. Berlin 1994, S. 197, 185. Soeben hat in der CDU/CSU-Fraktion die Debatte darüber begonnen, ob »nationale Identität« zum zentralen Wahlkampfthema der Bundestagswahlen 2002 erkoren werden soll. Der Fraktionsführer der CDU/CSU Merz und der hessische Ministerpräsident Koch haben diese Ausrichtung befürwortet.
22 Alena Wagnerová, Bonn/Prag: Geschichte nach Maß. In: Blätter für deutsche und internationale Politik, 2/1997, S. 143.
23 Deutsch-tschechische Erklärung über die gegenseitigen Beziehungen und deren künftige Entwicklung vom 20. Dezember 1996. In: Blätter für deutsche und internationale Politik, 2/1997, S. 247–249, hier: S. 247.
24 Wagnerová, Bonn /Prag (wie Anm. 22), S. 145.
25 Bilanz einer Ausstellung. Dokumentation der Kontroverse um die Ausstellung »Vernichtungskrieg. Verbrechen der Wehrmacht 1941 bis 1944«. München 1998, S. 64.

26 Ebenda.
27 Vgl. in unserem Buch den Beitrag von Wolfram Wette.
28 Bilanz einer Ausstellung (wie Anm. 25), S.64f.
29 Er meint die früheren Kriegsgegner!
30 Bilanz einer Ausstellung (wie Anm. 25), S. 64f.
31 Vgl. dazu den Beitrag von Detlef Bald in diesem Band.
32 Bilanz einer Ausstellung (wie Anm. 25), S. 74.
33 Vgl. dazu auch Proske, Streitschrift (wie Anm. 19), S. 71–75.
34 Bilanz einer Ausstellung (wie Anm. 25), S. 75.
35 Ebenda, S. 69. Brunner spricht hier das Gesetz zur Fristenlösung an, das im wesentlichen von Teilen der CDU, von SPD, FDP, Grünen und PDS im Deutschen Bundestag verabschiedet wurde.
36 Ebenda, S. 75.
37 Johannes Klotz, »Anständige Leute«. Zur Auseinandersetzung um die Ausstellung »Vernichtungskrieg. Verbrechen der Wehrmacht 1941 bis 1944«. In: ders. (Hrsg.), Die selbstbewußte Nation und ihr Geschichtsbild. Geschichtslegenden der Neuen Rechten, Faschismus/Holocaust/Wehrmacht. Köln 1997, S. 179.
38 Ebenda.
39 Schwarz-braune Koalition ... in stolzer Tradition. In: Eine Dokumentation über die Auseinandersetzungen um die Ausstellung »Vernichtungskrieg. Verbrechen der Wehrmacht 1941–1944« und die Demonstrationen am 1. März 1997 in München. Hrsg. vom Münchener Bündnis gegen Rassismus, April 1997, S. 8.
40 Klotz, »Anständige Leute« (wie Anm. 37), S. 184.
41 Saarbrücker Zeitung, 6./7. März 1999.
42 Ebenda.
43 Vgl. Werner Brill, SPURENSUCHE. Analyse und Dokumentation der »Wehrmachtsausstellung« in Saarbrücken 1999.
44 Klaus Latzel, Soldatenverbände gegen die Ausstellung »Vernichtungskrieg« – der lange Schatten des letzten Wehrmachtsberichts. In: Michael Th. Greven / Oliver von Wrochem (Hrsg.): Der Krieg in der Nachkriegszeit. Der Zweite Weltkrieg in Politik und Gesellschaft der Bundesrepublik. Opladen 2000, S. 325ff.
45 Ebenda.
46 Alle Angaben siehe ebenda.
47 Ebenda, S. 329.
48 Wolfram Wette, Wehrmachtstraditionen und Bundeswehr. In: Johannes Klotz (Hrsg.), Vorbild Wehrmacht? Wehrmachtsverbrechen, Rechtsextremismus und Bundeswehr. Köln 1998.

49 Vgl. Klaus Latzel, Deutsche Soldaten – nationalsozialistischer Krieg. Paderborn 1998, S. 334.
50 Vgl. Wette, Wehrmachtstraditionen und Bundeswehr (wie Anm. 48), S. 136 ff.
51 Ralph Giordano, Die Traditionslüge. Vom Kriegerkult in der Bundeswehr. Köln 2000, S. 347.
52 Zit. nach ebenda, S. 347.
53 Vgl. hierzu Klaus Latzel, Deutsche Soldaten – nationalsozialistischer Krieg? Kriegserlebnis – Kriegserfahrung 1939–1945. Paderborn 1998, hier insbesondere das Kapitel über die Motive der Wehrmachtssoldaten, S. 370–375.
54 Hans-Günther Thiele (Hrsg.), Die Wehrmachtsausstellung. Dokumentation einer Kontroverse. Bremen 1997, S. 67.
55 Giordano, Die Traditionslüge. S. 353 (wie Anm. 51).
56 Vgl. Thiele (Hrsg.), Wehrmachtsausstellung (wie Anm. 54), S. 69.
57 Giordano, Traditionslüge (wie Anm. 51), S. 353.
58 Vgl. ebenda, S. 354.
59 Manfred Rauh, Geschichte des Zweiten Weltkriegs. Mit einem Vorwort von Günter Roth. Berlin 1991 ff.
60 Ulrich de Maizière, Die Bundeswehr – Neuschöpfung oder Fortsetzung der Wehrmacht. In: Rolf-Dieter Müller / Hans-Erich Volkmann (Hrsg.), Die Wehrmacht. Mythos und Realität. München 1999, S. 1180.
61 Ebenda.
62 Hans Mommsen, Die Stellung der Militäropposition im Rahmen der deutschen Widerstandsbewegung gegen Hitler. In: ebenda, S. 129; vgl. Manfred Messerschmidt, Motive der militärischen Verschwörer gegen Hitler. In: ebenda, S. 108–118.
63 Vgl. Gerd R. Ueberschär (Hrsg.), NS-Verbrechen und der militärische Widerstand gegen Hitler. Darmstadt 2000, S. VIII.
64 Vgl. den voluminösen Band von Hans Poeppel / W.-K. Prinz von Preußen / K.-G. v. Hase (Hrsg.), Die Soldaten der Wehrmacht. Mit einem Geleitwort von Bundesminister a. D. Gerhard Stoltenberg. München 1998; Franz W. Seidler, Verbrechen an der Wehrmacht. Selent 1998.
65 Der frühere Mitarbeiter der CDU im Deutschen Bundestag und emeritierte Professor für Neuere Geschichte an der Universität der Bundeswehr in München Franz W. Seidler schrieb u. a. vom »Kommissarbefehl als Segen für die Rote Armee«, Franz W. Seidler, Verbrechen an der Wehrmacht. Selent 1998, S. 18.; zum Fackelmänner-Befehl neuerdings: Christian Hartmann / Jürgen

Zarusky, Stalins »Fackelmänner-Befehl« vom November 1941. Ein verfälschtes Dokument. In: Vierteljahreshefte für Zeitgeschichte, 4/2000, S. 667–674.
66 Müller/Volkmann (Hrsg.), Wehrmacht (wie Anm. 60), S. XII.
67 Ebenda, S. XI.
68 Vgl. dazu in diesem Band die Beiträge von Detlef Bald und Wolfram Wette.
69 Rolf-Dieter Müller, Die Wehrmacht – Historische Last und Verantwortung. Die Historiographie im Spannungsfeld von Wissenschaft und Vergangenheitsbewältigung. In: Müller/Volkmann (Hrsg.), Wehrmacht (wie Anm. 60), S. 20f.
70 Vgl. Johannes Hürter, Ein deutscher General an der Ostfront. Siehe Einleitung zu unserem Buch; vgl. auch den Beitrag von Wolfram Wette und den dort referierten Stand der Geschichtsforschung zum Thema.
71 Pressedienst Oldenbourg Wissenschaftsverlag.
72 Klaus von Dohnanyi am 26. Mai 2000 während der Römerberggespräche in Frankfurt/M.
73 Hanno Loewy, Der Widerstand zwischen unbequemer Erinnerung und nationalem Mythos. In: Gerd R. Ueberschär (Hrsg.), NS-Verbrechen und der militärische Widerstand gegen Hitler. Darmstadt 2000, S. 5.
74 Vgl. Klaus Theweleit, Männerphantasien 1 + 2. Nachwort. Frankfurt/M. 2000, S. 489.
75 Müller/Volkmann (Hrsg.), Wehrmacht (wie Anm. 60), S. 23.
76 Vgl. Christian Gerlachs fundamentales Werk: Kalkulierte Morde. Die deutsche Wirtschafts- und Vernichtungspolitik in Weißrußland 1941 bis 1944. Hamburg 1999.
77 Vgl. hierzu das Kapitel »Historische Wahrheit und Bilderkritik«, S. 163.
78 Andrei S. Markovits / Simon Reich, Das deutsche Dilemma. Die Berliner Republik zwischen Macht und Machtverzicht. Berlin 1998, 332. Wir verstehen diesen Begriff ganz im Sinne von Kontinuitäten und Brüchen in der deutschen Geschichte. Vgl. Bruno Schoch, Die schillernde Rede von der Normalisierung Deutschlands. Friedensgutachten 1996. Münster 1996, S. 70–90.
79 Detlef Bald, Neotraditionalismus und Extremismus – eine Gefährdung für die Bundeswehr. In: Friedensgutachten 1998. Münster 1998, S. 277–288, hier: S. 282 ff.
80 Brigadegeneral Andreas Broicher, Leiter der Ausbildung im Heer. Zit. nach Bald, Neotraditionalismus (wie Anm. 79), S. 284.

81 So hatte der ehemalige Bundespräsident Gustav Heinemann den Auftrag der Bundeswehr definiert.
82 Bald, Neotraditionalismus (wie Anm. 79), S. 284.
83 Erstmals wurde die neue Art, Krieg zu führen, im Golfkrieg 1990/91 sichtbar.
84 Klaus Naumann, Mitarbeiter des Hamburger Instituts für Sozialforschung, bezieht die Bundeswehr nicht in diese Kontinuitätsgeschichte ein; vgl. dazu: Erfolgreiches Verschwinden, Soviel Abschied war selten: Mit der Bonner Republik endet auch die alte Bundeswehr. In: Frankfurter Rundschau, 22. Februar 2001.
85 Ebenda.
86 Vgl. Detlef Bald, Militär und Gesellschaft 1945–1990. Die Bundeswehr der Bonner Republik. Baden-Baden 1994.
87 Klaus Naumann zit. nach Reinhard Mutz, Deutsche Soldaten in alle Welt? In: Friedensgutachten 1992, Münster 1992, S. 27.
88 Vgl. anders Klaus Naumann (Mitarbeiter des HIS).
89 Vgl. Hannes Heer, Tote Zonen. Die deutsche Wehrmacht an der Ostfront. Hamburg 1999, S. 298.
90 Der Vorstoß von Wolfgang Schäuble (CDU) und anderen angesichts des bevorstehenden Auslandseinsatzes der Bundeswehr in Mazedonien August/September 2001, das Zustimmungsrecht des Parlaments durch eine Grundgesetzänderung abzuschaffen, muß als weitere Stufe gewertet werden, sich der Kontrollinstanzen zu entledigen und militärisch »flexibler« durch die Exekutive reagieren zu können.
91 Reinhard Mutz, Die Rehabilitierung des Krieges – Paradigmenwechsel der Sicherheitspolitik. In: Friedensgutachten 1995. Münster 1995, S. 95. Vgl. zum Begriff des »nationalen Interesses«: Egon Bahr / Reinhard Mutz, Deutsche Interessen und die Sicherheit Europas – Zur militärischen Verengung eines politischen Begriffs. In: Friedensgutachten 1998, S. 236–249.
92 Vgl. Andrei S. Markovits / Philip S. Gorski, Grün schlägt Rot. Die deutsche Linke nach 1945. Hamburg 1997, insbes. S. 191–230.
93 Markovits/Reich, Dilemma (wie Anm. 78), S. 241.
94 FrankfurterAllgemeine Zeitung, 2. Oktober 2001, S. 1 (»Keinen Handel«).
95 Vgl. Elke Grittmann / Monika Pater: Wider die Erinnerung. Der mediale Diskurs um die Ausstellung »Vernichtungskrieg«. In: Greven/von Wrochem: Krieg (wie Anm 44), S. 338.
96 Vgl. Wolfram Wette, Wehrmachtstraditionen, Rechtsextremismus und Bundeswehr. In: Johannes Klotz (Hrsg.), Vorbild

Wehrmacht? Wehrmachtsverbrechen, Rechtsextremismus und Bundeswehr. Köln. 1998, S. 126–154.
97 Johannes Klotz, Die Rezeption der Ausstellung »Vernichtungskrieg« in Leserbriefen. In: Greven/von Wrochem (Hrsg.), Der Krieg (wie Anm. 44), S. 307–323.
98 Wolfgang Benz in der Frankfurter Rundschau vom 12. April 1997.
99 Vgl. im einzelnen Johannes Klotz: Die Rezeption der Ausstellung. In: Greven/von Wrochem (Hrsg.), Der Krieg (wie Anm. 44), S. 309 ff.
100 Ilka Quindeau, Erinnerung und Abwehr. Widersprüchliche Befunde zur Rezeption der Ausstellung »Vernichtungskrieg«. In: Greven/von Wrochen (Hrsg.), Der Krieg (wie Anm. 44), S. 291 bis 306; und Karsten Stephan u. a., Arbeitsbericht des Instituts für Sozialforschung Frankfurt/M. zur Ausstellung »Vernichtungskrieg«. Stand März 1999.
101 Vgl. Stefanie Christmann und Dieter S. Lutz, Die Zerstörung der Vernunft in Zeiten des Krieges. Berlin 2000.
102 Giordano, Traditionslüge (wie Anm. 55), S. 360–374.
103 Vgl. Wolfram Wette, Retter in Uniform. Handlungsspielräume im Vernichtungskrieg der Wehrmacht (erscheint 2002, Frankfurt/M.); und derzeit laufende Forschungsprojekte, gefördert von der Bremer Stiftung »die schwelle. Beiträge zur Friedensarbeit«, an denen u. a. auch Wolfram Wette und Detlef Bald mitwirken.
104 Vgl. Norman Paech, Wehrmachtsverbrechen in Griechenland. In: Kritische Justiz, 3/1999, S. 380–397; »Ansprüche die ins Astronomische gehen«. In: Frankfurter Rundschau, 20/21. April 2000; »... Wehrmachtsverbrechen in der Toscana verdrängt«. In: Frankfurter Rundschau, 13. Juli 2001.
105 Alexander Götz / Swantje Helbing / Christoph Moosbauer / Christian Simmert, Die »Dritte Generation« und die deutsche Erinnerungsarbeit. Wider den Schlußstrich. In: Frankfurter Rundschau, 4. Juli 2000.
106 Horst Möller, Eine Blamage, wahrlich keine Pionierleistung. In: Frankfurter Allgemeine Zeitung, 3. Januar 2000.
107 Frankfurter Allgemeine Zeitung, 23. Dezember 1999.
108 Frankfurter Allgemeine Zeitung, 3. Januar 2000.
109 Vgl. Jörg Friedrich, Die 6. Armee im Kessel der Denunziation. In: Berliner Zeitung, 30./31. Oktober 1999.
110 Norbert Frei, Faktor 100. In: Frankfurter Allgemeine Zeitung, 2. November 1999.

111 Christian Gerlach, In der Steppe versickert. In: Frankfurter Rundschau, 30. November 1999.
112 Alle Zitate Thomas Medicus: Schatten. Hannes Heer muß gehen. In: Frankfurter Rundschau, 15. August 2000.
113 Volker Ullrich, Will Reemtsma ein anderes Projekt? In: Die Zeit, 9. November 2000.
114 Zit. nach Ullrich in: ebenda.
115 Medicus, Schatten (wie Anm. 112).
116 Thomas Medicus, Abschied von gestern. In: Frankfurter Rundschau, 4. November 2000.
117 Dieses und das nachfolgende Zitat in: Medicus, Schatten (wie Anm. 112).
118 Ebenda.
119 Wir haben versucht, die neue »Totalitarismusdebatte« daraufhin zu untersuchen, was sich verifizieren und nicht verifizieren läßt: Robert Erlinghagen / Johannes Klotz / Gerd Wiegel, Die Renaissance der Totalitarismustheorie. Zur geschichtspolitischen Bedeutung und zur wissenschaftlichen Tragfähigkeit. In: Blätter für deutsche und internationale Politik, 1/1999. Mit den dort aufgeführten Argumenten möchte man sich nur ungern auseinandersetzen: Vgl. Wolfgang Kraushaar, Linke Geisterfahrer. Denkanstöße für eine antitotalitäre Linke. Frankfurt/M. 2001.
120 Friedrich Schorlemmer, Absturz in die Freiheit. Was uns die Demokratie abverlangt. Berlin 2000, S. 31.
121 Bericht der Kommission zur Überprüfung der Ausstellung »Vernichtungskrieg. Verbrechen der Wehrmacht 1941 bis 1944«. November 2000. In der Folge zitiert als »Bericht«.
122 Vgl. Gerlach, Morde (wie Anm. 76).
123 Bericht, S. 68.
124 Ebenda.
125 Vgl. ebenda, S. 75.
126 Ebenda.
127 Vgl. Neue Zürcher Zeitung, 17. November 2000.
128 Bericht, S. 65.
129 Bogdan Musial, Bilder einer Ausstellung. Kritische Anmerkungen zur Wanderausstellung »Vernichtungskrieg. Verbrechen der Wehrmacht 1941 bis 1944«. In: Vierteljahreshefte für Zeitgeschichte, 47. Jg., 1999.
130 Joachim Käppner, Drei Mythen von der sauberen Truppe. In: Süddeutsche Zeitung, 21. November 2000.

131 Vgl. dazu neuerdings Hannes Heer, Einübung in den Holocaust: Lemberg Juni/Juli 1941; und Hartmut Süß, Wehrmachtkritik aus ehemaligen SS-Kreisen nach 1945. In: Zeitschrift für Geschichtswissenschaft, 5/2001.
132 Eigene Tonbandaufzeichnung der anschließenden Diskussion.
133 Zit. nach ebenda.
134 Klaus Theweleit, Männerphantasien 1 + 2 (Nachwort). München, Zürich 2000, S. 490. Zur Problematik der Bildkritik vgl. die erhellenden Aussagen Theweleits ebenda, S. 490–495.
135 Vgl. neuerdings Bogdan Musial, Die Wanderausstellung »Vernichtungskrieg. Verbrechen der Wehrmacht 1941 bis 1944« und der Bericht der Kommission zu ihrer Überprüfung. In: Zeitschrift für Geschichtswissenschaft, 8/2001
136 Vgl. ebenda. Gegen die Historiker-Kommission gerichtet, stellt Musial allerlei Vermutungen an, warum ihr Urteil gegen die Ausstellungsmacher so milde und gegen die Kritiker so hart ausgefallen sei. Stichwort »Schadensbegrenzung«. Seine eigene Kritik erscheint dagegen nicht kritisierbar.
137 Vgl. dazu auch Gerd Wiegel, Die Zukunft der Vergangenheit, konservativer Geschichtsdiskurs und kulturelle Hegemonie. Köln 2001.
138 Fritz Göttler, Bilder einer Einstellung. In: Süddeutsche Zeitung, 9. November 1999.
139 Frankfurter Allgemeine Zeitung, 16. November 2000 (Feuilleton).
140 Ebenda, S. 1.
141 Franziska Augstein, Nach der Schlacht. In: Frankfurter Allgemeine Zeitung, 24. November 2000, S. 41.
142 Vgl. Frankfurter Rundschau, 4. November 2000.
143 Vgl. hierzu beispielhaft: Bogdan Musials Interview in »Die Welt«, 16. November 2000, S. 33; und den Beitrag von Susanne Leithäuser (ebenda) sowie den teilweise problematischen Beitrag von Rainer Blasius in der »Frankfurter Allgemeinen Zeitung« vom 16. November. Er schreibt, es heiße »Abschied zu nehmen von der These der 18 Millionen deutschen Täter« und »es gab weder eine ›saubere‹ noch eine ›verbrecherische‹ Wehrmacht«. Götz Aly überschreibt seinen Beitrag über den Kommissions-Bericht mit »Überheblich und unprofessionell« und hält die »Wehrmachtsausstellung« für anachronistisch. (Berliner Zeitung, 16. November, S. 13). Nur der Berliner »Tagesspiegel« und die »Süddeutsche« (Artikel von Johannes Willms) vom selben Tag gehen mit ihrer Berichterstattung etwas seriöser um. Allein

Volker Ullrich von der »Zeit« trifft kurz und bündig den Nagel auf den Kopf (vgl. Die Zeit, 9. November 2000).

144 Zit. nach Die Zeit, 9. November 2000.

145 »Das hat mit Relativierung nichts zu tun«. Gespräch mit Jan Philipp Reemtsma und Bogdan Musial. In: Die Welt, 16. Sept. 2000.

146 Volker Ullrich, Will Reemtsma ein anderes Projekt? In: Die Zeit, 9. November 2000. Reemtsma im Interview mit Christian Semler: »Das Verhalten erklären«. In: Die Tageszeitung, 27. November 2000. Eckhard Fuhr: Gezeitenwechsel. In: Die Welt, 16. September 2000.

147 Ullrich, Reemtsma (wie Anm. 113).

148 Vgl. Johannes Klotz / Gerd Wiegel (Hrsg.), Geistige Brandstiftung. Berlin 2001.

149 Fuhr, Gezeitenwechsel (wie Anm. 146).

150 Ebenda.

151 ZEIT-Gespräch mit Jan Philipp Reemtsma: »Der Zivilisationsbruch«. In: Die Zeit, 23. November 2000.

152 Ebenda.

153 Vgl. Gerhard Kaiser, Aufklärung oder Denunziation? In: Heribert Prantl (Hrsg.), Wehrmachtsverbrechen. Eine deutsche Kontroverse. München 1997, S. 52-60.

154 Ebenda, S. 55 f.

155 Vgl. Christian Gerlach, Kalkulierte Morde; Vortrag von Ulrike Jureit auf der Pressekonferenz des Hamburger Instituts für Sozialforschung am 23. November 2000 und Dokumente und Fotos zum Massaker von Babij Yar am 29./30. September 1941.

156 Vgl. Frankfurter Rundschau, 1. September 2001, S. 29.

157 Vgl. Klaus Naumann, Zwischen Tabu und Skandal. Zur Aufarbeitung der NS-Vergangenheit in der Bundesrepublik. In: Blätter für deutsche und internationale Politik, 9/1996, S. 1137.

158 Vgl. Jan Philipp Reemtsma, Eine ins Lob gekleidete deutliche Mahnung. Daniel Goldhagens »Modell Bundesrepublik« und das Echo. In: Blätter für deutsche und internationale Politik, 6/1997, S. 690–695.

159 Wird hier als Metapher dafür gebraucht, daß sich hinter dem Begriff Zivilisierung zahlreiche Mystifikationen und Verschleierungen verbergen. »Zivilgesellschaft« bedeutet historisch betrachtet, daß der Begriff von den Oppositionsbewegungen in Osteuropa aufgenommen und gegen den »vormundschaftlichen« Staat und die kommunistische Diktatur gerichtet wurde mit dem Ziel der Demokratisierung der Gesellschaften – in der aktuellen Dis-

kussion und seiner medialen Aufarbeitung verschwimmen dagegen diese Konturen. Faktisch wird mit »Zivilgesellschaft« unsere heutige Gesellschaft beschrieben. Das steht im Widerspruch zu vielen Entwicklungen seit 1989/90: der Einschränkung und Aufhebung von Grundrechten (Asyl, Unverletzlichkeit der Wohnung [Lauschangriff], Schleierfahndung u. a. sicherheitsrechtliche Entwicklungen; neue militärpolitische Konzepte; neue Armut, Verschlechterungen des Sozialstaats und negative Folgen der »Globalisierung« etc.) Die Betonung des Individuums bzw. des Individuellen in der Moderne hat zur Geringschätzung des Sozialen geführt, mit den hier angedeuteten Konsequenzen.
160 Reemtsma, Demokratiepreis. In: Blätter für deutsche und internationale Politik, 4/1997, S. 418.
161 Ebenda, S. 419. Vgl. ebenda zahlreiche Beispiele insbesondere zum Umstand, wie der Antisemitismus als Verständigungssystem, als eine Art Code, funktioniert, mit dem sich die »Truppe« vor dem ersten Mordeinsatz über dessen Notwendigkeit verständigt (S. 421 f. bzw. 419 ff.).
162 Alexander Götz / Swantje Helbing / Christoph Moosbauer / Christian Simmert, Die »Dritte Generation« und die deutsche Erinnerungsarbeit. Wider den Schlußstrich unter die Vergangenheit. In: Frankfurter Rundschau, 4. Juli 2000, S. 7.
163 Vgl. ebenda.
164 Harald Weber, Nationalsozialismus und Krieg im Gespräch zwischen den Generationen. In: Mittelweg 36, April/Mai 2001, S. 73.
165 Regierungserklärung von Bundeskanzler Schröder zur aktuellen Lage nach Beginn der Operation gegen den internationalen Terrorismus in Afghanistan vom 11. Oktober 2001, Berlin, S. 4 (htm.version).
166 Vgl. Günther Jacob, Die Metaphern des Holocaust während des Kosovokriegs. In: Zeitschrift für Sozialgeschichte des 20. und 21. Jahrhunderts, 1/2000, S. 160–177.
167 Vgl. hierzu das Kapitel »Wehrmachtsdebatte und neue Bundeswehr«.
168 Vgl. dazu die Ausführungen des Philosophen und Herausgebers des »Merkur« Karl Heinz Bohrer, Erinnerungslosigkeit. Ein Defizit der gesellschaftskritischen Intelligenz. In: Frankfurter Rundschau, 16. Juni 2001; und die Replik von Aleida Assmann, Erinnerungslosigkeit oder Geschichtsfixierung. Karl Heinz Bohrer auf der Suche nach dem verlorenen deutschen Geschichtsbewußtsein. In: Frankfurter Rundschau, 7. Juli 2001.

Zu den Autoren

DETLEF BALD, geboren 1941, Dr. phil.; Studium der Geschichte und Politikwissenschaft in Freiburg i. Br., 1969 Promotion, 1967 wissenschaftlicher Mitarbeiter am Arnold-Bergsträsser-Institut Freiburg, 1968 wissenschaftlicher Assistent an der Universität Frankfurt/M., 1971 wissenschaftlicher Direktor für »Militär und Gesellschaft« am sozialwissenschaftlichen Institut der Bundeswehr; seit 1996 freischaffender Historiker und Publizist in München; Mitarbeiter am Institut für Friedensforschung und Sicherheitspolitik an der Universität Hamburg.

JOHANNES KLOTZ, geboren 1952, Dr. phil.; schreibt u. a. für die Frankfurter Rundschau, Freitag, Ossietzky, Blätter für deutsche und internationale Politik, Tribüne, forscht und publiziert zu aktuellen Geschichtsdebatten; diverse Beiträge zur Auseinandersetzung um die Ausstellung »Vernichtungskrieg. Verbrechen der Wehrmacht 1941 bis 1944«; zahlreiche Vorträge an den Ausstellungsorten.

WOLFRAM WETTE, geboren 1940, Prof. Dr. phil.; Studium der Politikwissenschaft, Geschichte und Philosophie, 1971 Promotion in München, 1991 Habilitation in Freiburg i. Br.; von 1971 bis 1995 Historiker im Militärgeschichtlichen Forschungsamt (MGFA) in Freiburg i. Br.; seit 1998 apl. Professor für Neueste Geschichte am Historischen Seminar der Albert-Ludwigs-Universität Freiburg i. Br.; Mitbegründer und mehrfacher Sprecher des Arbeitskreises Historische Friedensforschung (AHF); Mitherausgeber der Reihe »Geschichte und Frieden« und des »Jahrbuch für Historische Friedensforschung«.

Literarische Spaziergänge mit Büchern und Autoren

Das Kundenmagazin der Aufbau Verlagsgruppe
Kostenlos in Ihrer Buchhandlung

  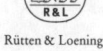    

Aufbau-Verlag   Rütten & Loening   Aufbau Taschenbuch Verlag   Gustav Kiepenheuer   Der >Audio< Verlag

Oder direkt: Aufbau-Verlag, Postfach 193, 10105 Berlin
e-Mail: marketing@aufbau-verlag.de
www.aufbau-verlag.de

Marion Kaplan

Der Mut
zum Überleben

*Jüdische Frauen
und ihre Familien in
Nazideutschland*

*Aus dem Amerikanischen
von Christian Wiese*

*Mit 7 Abbildungen
409 Seiten. Gebunden
ISBN 3-351-02519-X*

Marion Kaplan liefert mit dieser bahnbrechenden Studie eine Innensicht der Judenverfolgung. Ihr Blick verharrt zwangsläufig dort, wo ihn andere Historiker bislang rasch wieder abgewendet haben: in den Küchen und Wohnstuben, Straßen, Nachbarschaften, Kindergärten und Schulen, beim Einkaufen, in Cafés, auf Ämtern und Behörden. Erst aus dieser Nähe heraus begreift man die allmähliche Verengung des Lebens und den ungeheuren Mut, den das Überleben täglich gekostet hat. Marion Kaplan erzählt diese Geschichte mit den Worten jüdischer Frauen anhand einer Fülle von bislang nicht ausgewerteten Briefen, Tagebüchern, Erinnerungen und Interviews.

»Marion Kaplan gelingt es, in der Darstellung des Alltags den Weg durch die verschiedenen Kreise der Hölle sensibel und anschaulich nachzuzeichnen.«

F.A.Z.

Aufbau-Verlag

Uwe Soukup
Ich bin nun mal Deutscher
Sebastian Haffner

Eine Biographie

*Mit 62 Abbildungen
344 Seiten. Gebunden
ISBN 3-351-02526-2*

Mit den *Anmerkungen zu Hitler* legte er das wohl meistgelesene Buch über die Nazi-Zeit vor. Seine *Geschichte eines Deutschen* ist seit Erscheinen auf der Spiegel-Bestsellerliste. Der Journalist Uwe Soukup kannte Haffner noch zu Lebzeiten und war Herausgeber dreier seiner Bücher. In dieser ersten Haffner-Biographie schildert er die Lebensgeschichte eines »Historikers wider Willen«, der die »Deutschen mit sich selbst versöhnen« wollte, die Öffentlichkeit polarisierte und uns wie kein anderer half, komplexe geschichtliche Vorgänge zu verstehen.

»Klar und kundig. Eine Biographie Haffners war lange überfällig.«

taz

»Die erste und sehr bemerkenswerte Biographie, die dem Leben dieses Wanderers zwischen allen Welten mit großer Akribie nachgeht. Das ist endlich eine Biographie, die nicht das hundertmal Gesagte noch mal sagt, sondern Neuland erschließt.«

Wolf Jobst Siedler

Aufbau-Verlag

Geistige Brandstiftung
*Die neue Sprache
der Berliner Republik*

Herausgegeben
von Johannes Klotz und
Gerd Wiegel

Originalausgabe

263 Seiten
Band 7035
ISBN 3-7466-7035-7

Die Berliner Republik soll sich von der Erblast des Nationalsozialismus befreien, vernehmen wir aus der Mitte der Gesellschaft. Sie störe bei dem Versuch, zur Normalität zurückzukehren. Deutsche Normalität hat erschreckende Seiten: mindestens 117 Mord-Opfer rechtsextremer Gewalt seit 1990, 147 antisemtische Straftaten in nur drei Monaten. Anschläge auf Synagogen, auf Ausländer und Friedhofsschändungen häufen sich.
 Die Autoren dieses Buches erörtern den Zusammenhang zwischen den auch von Politikern und Intellektuellen popularisierten Forderungen nach einem »Schlußstrich« unter die Vergangenheit und der Konjunktur von Nationalismus, Fremdenfeindlichkeit und Antisemitismus.

A*t*V
Aufbau Taschenbuch Verlag

Ludwig Watzal

Feinde des Friedens

Der endlose Konflikt zwischen Israel und den Palästinensern

Originalausgabe

341 Seiten
Band 8071
ISBN 3-7466-8071-9

Der bei der Unterzeichnung der »Oslo-Abkommen« beschworene »neue Nahe Osten« ist eine Fata Morgana geblieben. Der Friedensprozeß hat den Palästinensern nicht die ersehnte staatliche Unabhängigkeit, sondern verstärkte Repression gebracht. Das Buch bietet einen Überblick über den israelisch-palästinensischen Konflikt von der zionistischen Besiedelung des Landes bis in die Gegenwart. Ludwig Watzal stellt erstmals den Friedensprozeß in seiner Komplexität dar. Seine Analyse sämtlicher Abkommen vermittelt ein differenziertes Bild der israelischen und der palästinensischen Gesellschaft.

Israel steht vor einer politischen, ethnischen und religiösen Zerreißprobe. Sein Besatzungsregime, die totale Zerstückelung der besetzten Gebiete und massive Verletzungen der Menschenrechte der Palästinenser durch Israelis sowie die palästinensische Autonomiebehörde haben zu einer zweiten Intifada geführt, die Gewalt und Terror eskalieren läßt. Einen Ausweg sieht Watzal nur in der Umsetzung aller den Konflikt betreffenden UN-Resolutionen und der Revision des israelischen Geschichtsverständnisses.

A^tV
Aufbau Taschenbuch Verlag

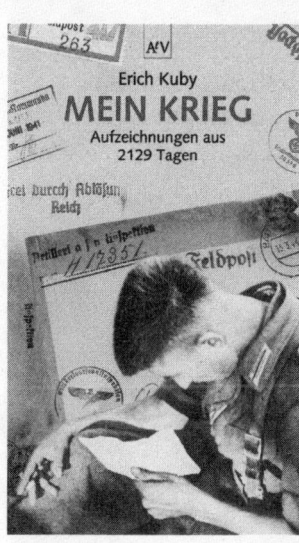

Erich Kuby
Mein Krieg
*Aufzeichnungen aus
2129 Tagen*

513 Seiten
Band 1588
ISBN 3-7466-1588-7

Erich Kuby hat vom 27. August 1939 bis zum 24. Juni 1945 Tag für Tag seine Erlebnisse ohne Rücksicht auf eine mögliche Zensur notiert. Gleichsam unter dem Diktat leidenschaftlicher Humanität entstand ein scharfsinniges Dokument des Zweiten Weltkriegs, verfaßt von einem jungen Mann, der sich innerlich verweigerte und die Realität aus nie aufgehobener Distanz beobachtete, der schreiben mußte, um zu überleben.

»Eines der hellsichtigsten und ernüchterndsten Kriegsbücher. Hier ist die Wehrmacht keinen Augenblick sauber.«

taz

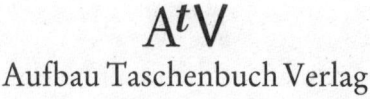

Victor Klemperer

Leben sammeln,
nicht fragen wozu
und warum
Tagebücher 1918–1932

*Herausgegeben von Walter
Nowojski unter Mitarbeit
von Christian Löser*

6 Bände in Kassette
2012 Seiten
Band 5513
ISBN 3-7466-5513-7

Ein Stempel des Arbeiter- und Soldatenrates macht es möglich: Victor Klemperer, gerade den Revolutionswirren und der zerbrechenden Front im Osten entkommen, kann vorläufig in Leipzig bleiben. Aber die ersehnte Rückkehr ins zivile Leben gestaltet sich schwieriger als erwartet. Er möchte endlich wieder arbeiten, Vorlesungen halten – doch wo? Auch in der Beziehung zu Eva, seiner Ehefrau seit 1906, deuten sich Konflikte an. Während er im Buchprüfungsamt Ober-Ost in Wilna Kriegsdienst leistete, hatte Eva in Leipzig Orgelstunden genommen. Ihre Liebe zur Musik weckt seine Eifersucht. Dann bietet München berufliche Hoffnungen. Über die turbulenten Ereignisse um die Münchner Räterepublik schreibt er unter Pseudonym Berichte für die Leipziger Neuesten Nachrichten und erwägt Pläne, zum politischen Journalismus überzuwechseln. Doch bei der Aussicht, eine Professur in Dresden zu erhalten, überwiegt wieder die Freude am Lehren.

A^{t}V
Aufbau Taschenbuch Verlag

Victor Klemperer
Ich will Zeugnis
ablegen
bis zum letzten
Tagebücher 1933–1945

*Herausgegeben von Walter
Nowojski unter Mitarbeit
von Hadwig Klemperer*

*8 Bände in Kassette
1800 Seiten
Band 5514
ISBN 3-7466-5514-5*

Victor Klemperers Tagebücher haben sich als unverzichtbare und unvergleichliche Zeitdokumente von außergewöhnlicher Faszination erwiesen. »Beobachten, notieren, studieren« – das war die ständige Forderung, die er an sich selbst stellte. Seine minutiösen Notizen über den Alltag der Judenverfolgung mitten in einer deutschen Großstadt lösten die selbstgesetzte Chronistenpflicht des zwangsemeritierten jüdischen Professors ein, den die Liebe seiner nichtjüdischen Ehefrau Eva vor der Deportation bewahrte. Tag für Tag, trotz ständiger Todesgefahr, Zwangsarbeit und entwürdigender Existenz im »Judenhaus«, hielt Victor Klemperer fest, was er erlebte, hörte, sah, was ihm zugetragen wurde: den täglichen Terror mit Razzien, ständig neuen Verboten und Schikanen, gelegentlich auch Gesten der Solidarität von Unbekannten, Gerüchte, politische Witze oder Berichte von Frontsoldaten. Er wollte der »Kulturgeschichtsschreiber der Katastrophe« sein, er wurde darüber hinaus auch der Chronist von bewegenden Schicksalen und Familientragödien, über die die Zeit hinwegging.

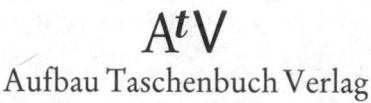

Aufbau Taschenbuch Verlag

Friedrich Schorlemmer
Absturz in die Freiheit
Was uns die Demokratie abverlangt

265 Seiten
Band 7029
ISBN 3-7466-7029-2

»... Aber der aufrechte Gang, das aufrichtige und aufrichtende Wort gehört zu unseren menschlichen Möglichkeiten und gehört zu unserer Menschwerdung.«

Friedrich Schorlemmer streitet in seinem jüngsten Buch für die Überwindung der »Sprachlosigkeit«, die sich inmitten der deutschen Medien- und Konsumlandschaft ausgebreitet hat. Er appelliert an die Verantwortung jedes einzelnen für die Bewahrung von Demokratie und Freiheit. Mit der Kraft des Wortes ruft er zu mehr Zivilcourage auf, um unsere »Massengesellschaft« individueller und menschlicher zu gestalten.

A^{t}V
Aufbau Taschenbuch Verlag

Dieter Noll

Die Abenteuer des
Werner Holt

Roman

544 Seiten
Band 1043
ISBN 3-7466-1043-5

Als »Remarque des zweiten Weltkriegs« wurde Dieter Noll von der Kritik gefeiert. Er schildert den Weg junger Männer seiner Generation, die, hungrig nach Abenteuern und männlicher Bewährung, begeistert in den Krieg zogen. Nach endlosen Nächten der Erschöpfung, Angst am Flakgeschütz und erniedrigendem Drill im Inferno der Rückzugsschlachten erleben sie ihre völlige Desillusionierung und den moralischen Zusammenbruch.

Weltweit wurde dieser Klassiker der Anti-Kriegsliteratur in über zwei Millionen Exemplaren verkauft.

A*t*V
Aufbau Taschenbuch Verlag